－ 给学校和教师 －

读懂孩子·学校家长社会协同育人

家校合作
操作手册

中学卷

边玉芳◎主编

北京师范大学出版集团
BEIJING NORMAL UNIVERSITY PUBLISHING GROUP
北京师范大学出版社

图书在版编目（CIP）数据

家校合作操作手册. 给学校和教师 中学卷/边玉芳主编. —北京：
北京师范大学出版社，2023.12

（读懂孩子·学校家长社会协同育人丛书）

ISBN 978-7-303-28256-2

I. ①家…　Ⅱ. ①边…　Ⅲ. ①中学生－家庭教育　Ⅳ. ①G782

中国版本图书馆 CIP 数据核字（2022）第 209153 号

主　　编：边玉芳

编委会成员：汤振君　谭漫书　韩　菲　夏　妮　陈艳娇　汪　芬　霍平欣

　　　　　　时晓萍　苏佳怡　许英美　陈一彬

营 销 中 心 电 话　010-58805532 58808058

出版发行：北京师范大学出版社 www.bnupg.com

　　　　　北京市西城区新街口外大街12-3号

　　　　　邮政编码：100088

印　　刷：天津中印联印务有限公司

经　　销：全国新华书店

开　　本：889mm×1194mm　1/20

印　　张：18.2

字　　数：360千字

版　　次：2023 年 12 月第 1 版

印　　次：2023 年 12 月第 1 次印刷

定　　价：77.80元

策划编辑：尹莉莉　　　　　责任编辑：尹莉莉
美术编辑：袁　麟　　　　　装帧设计：锋尚设计
责任校对：陈　民　　　　　责任印制：乔　宇

读懂孩子、家校合作，让每个孩子幸福成长

一、新时代呼唤家校合作：学校和教师既要提升自身的家校合作能力，也要为家长赋能；家长要做好家庭教育，与学校教育同向同行

儿童青少年是国家之未来，民族之希望。他们的健康成长不只取决于学校教育，学校、家庭、社会三者环环紧扣，缺一不可。学校、家庭、社会是促进儿童青少年健康成长的共同体，需要三者各司其职、互相配合。好的教育要在明确自身责任边界的基础上，实现与其他教育的融合与优势互补。学校、家庭与社会共同协作，向一个方向齐心协力，才能高效地整合资源，打造儿童健康成长的良好教育生态。大量研究已经证明，儿童青少年的健康成长不仅需要高质量的学校教育和良好的家庭教育，还需要学校与家庭之间持续的、高质量的互动与合作。但长期以来，我国普遍存在一些现象：重知识教育轻人格培养，重学校教育轻家庭教育，学校教育与家庭教育的职责与边界有待进一步厘清，家长的家庭教育能力有待进一步提升，家校合作效果不佳甚至双方还会产生冲突等，这些都影响着儿童青少年的健康成长。近几年来，党和国家从人民幸福、民族未来的高度充分重视基础教育和儿童青少年的成长，重视家庭教育和家校合作。在中共中央、国务院印发的《关于深化教育教学改革全面提高义务教育质量的意见》《中国教育现代化2035》等纲领性文件中，都将家校合作作为教育发展的战略方向。特别是2021年7月，中共中央办公厅、国务院办公厅印发《关于进一步减轻义务教育阶段学生作业负担和校外培训负担的意见》（以下简称"双减"政策）更是非常鲜明地体现了这一点。

"双减"政策作为我国教育领域"一号工程",从为党育人、为国育才的高度对如何做好家庭教育及学校如何与家庭协同育人提出了明确的要求。2022年1月1日起,《中华人民共和国家庭教育促进法》(以下简称《家庭教育促进法》)正式施行,中国家长由此进入"依法带娃"时代。《家庭教育促进法》要求全社会行动起来,共同为家长赋能,帮助家长承担起家庭教育第一责任人的重要任务,引导家长科学育儿、理性育儿、依法育儿,从而为孩子一生的幸福奠基。可以说,开展家校合作、提升家长的家庭教育水平是建设现代学校制度、推进教育治理的应然选择,是每一个家庭和谐幸福的重要保证,是促进我国中小学生全面发展的必然要求。

因此,新的时代对学校、教师和家长都提出了新的要求:学校和教师既要提升自身的家校合作能力,还要对家长开展家庭教育指导。家长自身不但要做好家庭教育,还要有效参与家校合作,与学校教育同向同行。学校要将家校协作共育纳入到学校顶层设计中去,将家校活动作为学校的常规工作和重点工作。教师要充分重视家校共育工作的重要性,提升自己的家庭教育指导能力、为家长赋能,还要提升自己的家师沟通能力。家长是家庭教育的责任主体,不仅是孩子的第一任教师,同时也是孩子一辈子的教师。家长自身的素质是决定家庭教育成败最重要的因素,正如苏联教育家克鲁普斯卡娅所说"家庭教育从某种意义上来说,就是家长的自我修养"。所以,新的时代要求学校、教师及家长都要及时更新教育观念、提升家校合作与家庭教育的能力。

二、读懂孩子是提升家长家庭教育能力和做好家校合作的基础:以孩子发展为中心,才能做好家校合作,才能真正促进孩子健康成长

如何才能提升家长的家庭教育能力,帮助他们做好家校合作呢?从学校、教师和家

长的角度，都必须首先做到"读懂孩子"。好的教育，无论是学校教育还是家庭教育，首先要尊重儿童的主体地位，保护儿童的基本权利，这也是每一位家长和教师应当履行的基本法律义务。教育者要将孩子看作具有独立人格的个体，遵循孩子的身心发展规律，了解孩子的性格特点、兴趣喜好，尊重孩子的隐私权、决策权。因此，好的教育首先是"看见"孩子的教育。

做看见孩子的教育，就要遵循孩子的成长规律。0—18岁是一个人社会化的过程，是为未来发展奠基的阶段，教育者要在这一阶段内促进孩子的认知发展和非认知发展，培养其进入社会后所需要的能力和品质。孩子的发展，自有其要遵循的普遍成长规律。每一个教育者都要做孩子成长规律的体察者和学习者，在了解孩子成长各阶段特点的基础上，增进对孩子的理解，承认其发展的客观差异性，正确看待其优势与不足，正确看待伴随孩子成长而出现的"问题"。教育者还应了解和尊重孩子真实的内心需求，根据不同年龄段的成长特点采取正确有效的教育策略，把握不同能力和品质培养的最佳时期，在合适的时间里做合适的事，真正做到科学教子。而要做到以上这些，就需要教育者要先受教育，学会理解孩子、走进孩子的内心，可以说，家长和教师只有真正读懂孩子，才能促进孩子健康成长。

三、"读懂孩子·学校家长社会协同育人"丛书：为提升新时代学校、教师和家长的家校合作能力及家庭教育能力而作

《家庭教育促进法》要求全社会"合力指导家庭教育工作、建立健全家庭学校社会协同育人机制"，中小学校，无论是在开展家校合作还是在指导家庭教育工作，在提升家长的家庭教育能力上都是责无旁贷的。但目前，中小学校和教师自身的家校合作能力

和家庭教育指导能力还非常不足。尽管许多学校都非常重视这一工作，但如何科学而有效地开展好家长学校、家长委员会、家长会等工作，如何指导家长做好家校合作与家庭教育，还缺乏专业的指导。同时，由于家庭教育对孩子一生的发展具有基础性、独特性的作用，一方面要求家长必须提高自身家庭教育的水平，另一方面社会各界尤其是学校要通过家长学校等途径帮助家长提高家庭教育能力。而目前，尽管有一些零碎的家庭教育指导手册或家校共育指导手册，但对整体系统地提升学校的家校合作能力和家庭教育指导能力的书籍和资源还是相当缺乏。正是为了满足新时代基础教育的新要求，我们编写了这套《读懂孩子·学校家长社会协同育人》丛书，分别包括《家庭教育实操手册——给家长》5本、《家校合作操作手册——给学校和教师》2本。

本套丛书以学校开展家校社协同育人为切入点，为提升学校和教师的家校合作及家长的家庭教育能力提供了整合性方案，是对"双减"政策以及《家庭教育促进法》实施的有力回应。

1.《家庭教育实操手册——给家长》：一套为家长精心打造的家长学校教材和家长自我修炼工具箱

《家庭教育实操手册——给家长》的主要读者是家长。本手册旨在帮助家长正确理解家庭教育，读懂孩子的身心发展规律，采取科学有效的家庭教育措施和方法，关注孩子不同发展阶段的关键任务。为此，本套操作手册依据儿童青少年的发展阶段，共分为5本，分别为《家庭教育实操手册——给家长（小学卷一~二年级）》《家庭教育实操手册——给家长（小学卷三~四年级）》《家庭教育实操手册——给家长（小学卷五~六年级）》《家庭教育实操手册——给家长（初中卷七~九年级）》《家庭教育实操手册——给家长（高中卷十~十二年级）》。每本手册关注该阶段儿童青少年发展的关键问题，主要包括以下五个篇章：身心健康、学业发展、人际交往与社会化、家校合作，以及家庭建设。每册的五个篇章根据儿童青少年发展的连续性和阶段性特征，各有侧重地遴选和确定较具代表性和典型性的主题，既系统又有针对性地对家长给予家庭教育的指导，每个家长阅读书籍的过程既是给自己实施家庭教育赋能的过程，也是自我成长的过程。

2. 《家校合作操作手册——给学校和教师》：学校管理者和教师提升家校合作能力的操作说明书

《家校合作操作手册——给学校和教师》的主要读者是学校管理者和教师。家校共育需要学校自上到下的整体努力，这不仅是德育干部和班主任的工作，还是所有教育管理者和每一位教师的工作。该套手册旨在帮助学校和教师认识到家校共育的重要性和必要性，具体阐述家校合作应该"做什么"和"怎么做"。根据学生发展阶段，本套手册包含两本：《家校合作操作手册——给学校和教师（小学卷）》《家校合作操作手册——给学校和教师（中学卷）》。其中，《家校合作操作手册——给学校和教师（小学卷）》从现代学校整体发展的视角延伸开，从面向学校管理者的现代学校制度建设，到面向一线教师的家校合作具体方法，例如家访、家长会、家长学校、家委会等，全面阐述如何开展以学校、教师为主体的家校共育工作。学校和教师可以根据本手册内容，搭建符合本校特色文化的家校共育工作顶层设计，完善家校共育工作机制，做好每一次家校共育的沟通和活动。《家校合作操作手册——给学校和教师（中学卷）》则以学生发展的关键期为路径，在阐述家校共育工作机制的基础上，从学生的入学适应、青春期教育、职业生涯规划、学习品质、人际关系、网络媒介素养、生命教育、中高考等主题切入，分别阐述每个主题对学生发展的重要性，以及如何通过家校共育工作来提升相应的品质。学校和教师可以根据本手册内容，结合本校学生和家长的实际情况，设计、开展相应的家校共育工作机制和活动。

四、本套丛书要体现的特色与创新：兼具系统性和全面性、发展性和典型性、科学性和操作性，全面而系统地阐述了从小学至高中各年级家庭教育和家校共育的实施要点，满足学校开展家校合作、家长学校及家长提升家庭教育能力的多方需求

本套丛书具有以下特色与创新：

1. 兼具系统性和全面性：覆盖儿童青少年从小学一年级到高三毕业的12年发展历程，纵向以发展性的眼光看待个体的成长，系统解决我国中小学校和家长的家校共育问题与家庭教育问题；横向涵盖该学段的孩子成长规律和教养要点，做到全面解决儿童青少年在该发展阶段的问题

儿童青少年发展的基本特点是既有连续性又具阶段性，作为教育者，无论是学校、教师还是家长，都既要遵循每一个阶段儿童青少年发展的独特性，又要考虑儿童青少年发展的连续性和系统性。在学校开展学校教育和家校合作相关工作及家庭在开展家庭教育工作时，都要尊重儿童青少年的成长规律。因此本套丛书覆盖儿童青少年从小学一年级到高三毕业的12年发展历程，并从阶段性特点分类，将给家长的家庭教育分为5个阶段，将家校共育分为小学与中学两个阶段，系统性地阐述了儿童青少年在这12年发展的特点，又分阶段全面体现每个年龄段儿童青少年的发展特征。特别是《家庭教育实操手册——给家长》，每本书从身心健康、学业发展、人际交往与社会化、家校合作，以及家庭建设5个方面全面反映这一阶段儿童青少年发展特征及家庭教育实施要点。因此，这套丛书是小学、初中、高中一体化的家校合作手册及家庭教育指导手册。从编写这套丛书开始，就是以儿童青少年成长规律为纵向主线，以儿童青少年在每一个年龄阶段获得充分的成长为横向目标，体现出系统性和全面性的特点。

2．兼具发展性和典型性：既统一全套丛书的基本内容体现出孩子从小学至高中的发展特征，又根据不同阶段孩子的特点找出该阶段的典型问题，满足学校开展家校合作与家长学校等多方需求

为了进一步体现儿童青少年发展的连续性和阶段性特点，了解不同年龄阶段儿童青少年的发展性，并且帮助教师和家长解决每个年龄段孩子的家庭教育问题和家校合作问题，我们对一年级至高中的近三万名学校管理者、教师、家长开展了问卷调查，充分了解他们在家庭教育、家校合作方面存在的困惑与问题，了解不同年龄阶段学校、教师和家长面对问题的共性和个性，经反复研究与讨论，我们将小学至高中每本书分为导言部分以及5个决定孩子成长的重要方面，分别为身心健康、学业发展、人际交往与社会化、家校合作和家庭建设，全面体现儿童青少年成长与家庭教育、家校共育的要点。"导言"部分以"认识该学段的孩子"为主题，系统介绍本阶段孩子的发展发育特点以及家庭教育的关键任务：孩子的大脑发育特点、生理发育特点、人际交往的变化、社会性发展的特点等。这些普遍规律是解答孩子成长密码的重要基础，在开篇进行系统阐述，有助于家长迅速进入状态，对该阶段的孩子有一个较为清晰和全面的认识。之后的5个方面，分别根据这一阶段家庭教育中存在的关键问题而在每个年龄段各有侧重，体现出典型性。因此，这套丛书既体现了不同年龄阶段孩子整体发展的连续性，又很好地体现了每个阶段家庭教育与家校合作的特殊性。

3．兼具科学性和操作性：丛书整合多学科成果，坚持专业性及实用性并重，是"读懂孩子"系列书系的进一步深化

2014年，笔者出版了自己在家庭教育领域的第一套丛书：《读懂孩子——心理学家实用教子宝典》系列，令人没有想到的是，得到了广大家长和教师的热烈欢迎，也开启

了我和团队在家庭教育与家校社协同育人领域深入的研究和探索。本丛书在研究团队多年的理论研究和实践探索的基础上写作而成，体现了团队一直秉承的教育理念：以孩子发展为中心，以读懂孩子为基础。既希望在理论上做到顶天立地，以最新科学研究成果为指导，又希望在操作上做到踏实落地，让读者获得切实可行的具体操作方法。因此本套丛书不只是一套科普读物，也不是"泛泛而谈"的说教课本，而是一套基于科学研究的操作手册。在专业理论的基础上，结合大量的家庭教育案例、家校共育案例，给出明确的操作化步骤和"解渴"的问题解决方法，让家长和教师可以一边读懂理论，一边照着做，真正做到知与行的结合与统一。可以说，本套丛书是《读懂孩子——心理学家实用教子宝典》的进一步深化，不仅年龄更细化，而且内容可读易懂，更适合各种层次的家长及教师。

本套丛书既是学校和教师如何开展家校合作的使用说明书，更是学校和教师开设家长学校的教材，还是每一个家长实施家庭教育的操作手册。本套丛书综合了学校及家长双方的需求，为学校、教师及家长开展家校合作、系统提升家长家庭教育能力提供了系统解决方案。教师可以读全部7本书，而家长可根据孩子的年龄选择读5本书中的某一本或某几本。

本套丛书是我们团队共同努力的成果，是我们三年来的用心之作，希望本套丛书能够助力教师和家长成为更好的教育者，助力我们的孩子全面发展、健康成长。

边玉芳

于2022年初夏

目录
Contents

第1章

家校共育　合作共赢

第1节　学校要与家庭形成教育合力　3

第2节　新时代开展家校共育的意义　22

第3节　建立良好的家校关系　29

第2章

家校共育需要专业的教师队伍

第1节　教师在家校共育中的职责　41

第2节　教师在家校共育中的角色　44

第3节　教师在家校共育中需要具备的综合素质　51

第 3 章

中学家校共育的主要任务和途径

第 1 节　中学家校共育的主要内容　63

第 2 节　中学家校共育的有效途径　78

第 4 章

家校联动　帮学生顺利度过入学适应期

第 1 节　中学阶段也要重视入学适应　97

第 2 节　开好第一场家长会　101

第 3 节　做好新生全员家访　112

目录

第5章

跟家长一起 做好学生的青春期教育

第1节 帮助家长读懂青春期 123

第2节 与青春期孩子"和平相处" 132

第3节 做好青春期学生性教育 139

第6章

家校同握笔，助学生绘制职业生涯蓝图

第1节 生涯教育是中学生的重要课题 149

第2节 丰富形式，多途径开展生涯教育 158

第3节 整合资源，充分发挥家长在生涯教育中的作用 176

第4节 精准滴灌，做好个别化生涯辅导 182

第 **7** 章

寻求家长助力　共同提升学生的学习品质

第 1 节　与家长一起培养学生的自主学习能力　197

第 2 节　让家长成为学生学习压力的"缓冲器"　206

第 3 节　家校合作打造学生的阅读人生　213

第 **8** 章

家校密切沟通　助力学生建立良好的人际关系

第 1 节　青春期学生人际关系的特点　223

第 2 节　指导家长建立良好的亲子关系　230

第 3 节　指导家长正确对待异性交往　238

第 4 节　家校携手应对校园欺凌　241

目
录

第 9 章

家校配合　提升学生网络媒介素养

第 1 节　帮助家长树立正确的网络使用观念　253

第 2 节　学生沉迷网络的原因及其应对方法　261

第 3 节　家校共管，预防学生沉迷网络　267

第 10 章

家校携手　做好学生的生命教育

第 1 节　生命教育为学生筑起安全防线　281

第 2 节　在家校活动中渗透生命教育　290

第 3 节　家校协力呵护学生心理健康　298

Contents

第 11 章

家校齐心　为学生中高考保驾护航

第1节　家校共助学生做好中高考"备考初期"的准备　313

第2节　家校共助学生做好中高考"备考中期"的准备　321

第3节　家校共助学生做好中高考"冲刺阶段"的准备　327

第4节　家校共助学生顺利度过中高考考后时光　338

目录

第 **1** 章

家校**共育**
合作**共赢**

第 1 节 ● 学校要与家庭形成教育合力

第 2 节 ● 新时代开展家校共育的意义

第 3 节 ● 建立良好的家校关系

教师1 中学老师教学压力很大，做好本职教学工作就已经很辛苦了，时常加班到深夜，为什么还要搞家校共育呢？

教师2 在中高考的指挥棒下，家长们看重的依旧是学生的成绩，只愿意参加和学生学习相关的家校共育活动，对其他助力学生成长的主题活动并不感兴趣，这样的家校共育还有意义吗？

教师3 邀请家长参与家校共育活动，他们总说自己忙，没时间，不乐于接受学校的指导，经常敷衍了事。而且有些家长监督学校教育教学就是在"添乱"。既然这样，我们为什么还要和家长合作，费力不讨好呢？

教师4 青春期的孩子不仅仅要重视学习，也要重视身心发展，但是家长往往都是出了事才想起来"问责"学校，还什么事情都往学校、教师身上推，好像自己一点儿问题都没有。这些事情都要怎么跟家长沟通呢？

随着社会的不断进步以及教育改革的持续深入，"家校共育"以及"只有家校共育才能真正教育好孩子"的教育理念，被越来越多的教师和家长所熟知，家长或多或少都了解、参与过"家校共育"。

然而，从中学以及中学教师的角度来说，可能并非完全出于自愿，而是有点"迫于无奈"才被卷入这股家校共育的"洪流"之中。有些学校和教师对于为什么要家校共育其实心存疑惑，认为中学的首要任务应该还是帮助学生做好学业提升，为学生升入高一级学校或步入社会做好准备。家校共育似乎就成了一件可做可不做的事情，不做也没有太大影响，但做不好却可能引发问题，比如，造成家长过度干预学校正常教育教学，引发家校冲突等。

对于这些困惑，我们当然能够理解，但是在新的时代，所有学校和教师都必须认识到，在中学做家校共育，有其不可忽视的必要性和重要性；要认识到家校共育不是可做可不做的事情，是必须做而且一定要做好的事情。只有家校共育，才能使学校和家庭合作共赢，才能真正造福于学生的健康成长。

第1节　学校要与家庭形成教育合力

家校共育，是指以家庭和学校这两个教育的重要阵地共同配合，协调互动，共同促进青少年健康成长。简单来说，就是学校和家庭共同开展对学生的教育活动。在传统的教育观念中，家长更偏向于将教育视为学校的责任，但其实家长自身也在不知不觉中发挥着重要的教育作用。所谓"养不教，父之过，教不严，师之惰"，古训就将"父"与"师"对学生的作用放在一起进行阐述。因此，家校共育本身其实也有其漫长的历史沿革与探索，如今我们说"家校共育"，并非是提出一个崭新的理念，而是在遵循教育规律的基础上，进一步提炼家校共育的时代特征和时代要求，共同为学生的健康发展创造良好的教育生态。

一、学校教育并非影响学生成长的唯一因素

苏联著名教育学家苏霍姆林斯基面对"谁在教育儿童，什么在教育儿童"这个问题

时，是这样回答的："假如把儿童比作一块大理石，那么要想把这块大理石塑造成一座雕像需要六位雕塑家，分别是家庭、学校、儿童所在的集体、儿童本人、书籍以及偶然出现的因素。"影响儿童成长的因素是多方面的。不过，从这些影响因素的排列顺序可以看出，"家庭"和"学校"是影响儿童成长的两大主要因素。而大量研究也表明，在学生成长的整个教育生态圈里，学校不可能成为一座"孤岛"，学校教育也并非影响学生成长的唯一因素。不少研究者从社会学、教育学、管理学、心理学、经济学和系统科学等不同学科视角或者交叉学科视角对家校共育进行研究，并据此提出了多种家校共育理论。目前应用最广泛，对我国家校共育影响最深远的理论主要有以下几种。

（一）社会资本理论

法国社会学家布迪厄（Bourdieu）、美国社会学家科尔曼（Coleman）等人从不同视角提出了社会资本理论。该理论认为家庭、学校和社会等都是孩子成长过程中的社会资本，尤其是家庭，如家长参与孩子教育的程度，亲子关系的稳定程度等。社会资本是影响孩子学校表现和学业成绩的重要因素，社会资本越丰富的孩子在教育中越容易取得成功。[1]如果学校能够充分意识到这些社会资本的重要性，并利用好这些资本，就能减弱因为家庭经济地位等不利因素带来的消极影响。[2]

社会资本理论让人们开始意识到学校以外的家庭、社会对孩子成长的意义，尤其是家庭社会资本。同时，让人们意识到家校共育的重要性，尤其是对处于低社会阶层的家庭来说。即使是拥有较少社会资本的家庭，只要家长能够积极参与孩子的教育，花时间和精力关心孩子的成长，与孩子建立良好的亲子关系，与学校保持良好的沟通等，就可以帮助孩子更好地成长。

---

[1] 张俊，吴重涵，王梅雾，刘莎莎. 面向实践的家校合作指导理论——交叠影响域理论综述. 教育学术月刊，2019.

[2] 吴重涵，王梅雾，张俊. 家校合作：理论、经验与行动. 南昌：江西教育出版社，2013.

（二）系统生态理论

美国发展心理学家布朗芬布伦纳（Bronfenbrenne）基于心理学、教育学和系统科学等学科提出的系统生态理论（System-Ecological Theory）认为，有五大环境系统会相互影响并影响着孩子的发展：微观环境系统（microsystem）、中观环境系统（mesosystem）、外观环境系统（exosystem）、宏观环境系统（macrosystem）和时间环境系统（chronosystem）（图1-1）。

其中，最内部的微观环境系统是由家庭、学校、社区等孩子的生存环境或孩子直接接触的环境构成的，比如父母的教养方式会影响孩子的发展，反过来孩子也会影响父母的教养方式。处在中间区域的中观环境系统是由各个微观环境系统之间的关系构成的，比如家长和教师之间的关系会影响孩子的发展，反过来孩子的发展也会影响家师关系。在外围一点儿的外观环境系统是由孩子未直接接触，但会对孩子造成间接影响的环境构成的，比如家庭经济条件、父母工作压力、父母受教育水平、社会媒体

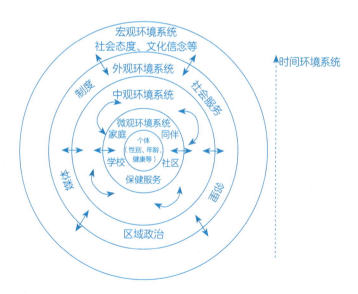

图1-1　系统生态理论模型

等。处在最外层的宏观环境系统是由孩子所处的社会文化背景等构成的，如社会政治经济制度、法律、文化价值观念等。除此之外，时间维度也被纳入系统生态理论模型，被称为时间环境系统，是由孩子所处的时代以及社会历史时间等构成的。

从生态系统理论可以看出，家庭、学校以及家校间的关系都是影响孩子成长的重要因素，如果这些因素可以良好互动、融合，就会对孩子的发展起到积极作用，反之，则会阻碍孩子的发展。家校共育正是帮助学校与家庭建立良好关系的方式。因此，增强家庭和学校之间的合作共育，营造良好的家校共育生态，对于孩子的健康成长至关重要。

（三）重叠影响域理论

美国霍普金斯大学的爱普斯坦（Joyce L. Epstein）在社会资本理论和系统生态理论基础上提出来的重叠影响域理论（Over-lapping Spheres of Influence）也认为，家庭、学校和社区三个主体共同影响孩子的发展，孩子处于整个重叠影响域的中心。这三个主体对孩子的影响既有重叠的部分，也有独特的部分，也就是说，家庭、学校和社区可以单独或者共同影响孩子的成长。[①]如果三者之间在经验、价值观和行为方面不一致，就会对孩子的成长产生单独影响，起着独特的育人作用；如果三者之间在经验、价值观和行为方面能够保持一致，就会在形成伙伴关系的基础上共同影响孩子的学习与发展，起着协同育人的作用。

为了更好地解释该理论，爱普斯坦使用了外部和内部模型（图1-2）。其中，外部模型解释的是家庭、学校和社区三个主体之间是既可以合作又可以分离的关系，我们既要重视三个主体对学生独特的影响力，比如，家庭氛围或社区环境对学生的独特影响等，也要重视三者协同合作对学生的影响力。这个模型在某种程度上也解释了苏

---

① 爱普斯坦. 学校、家庭和社区合作伙伴：行动手册. 吴重涵，薛惠娟，译. 南昌：江西教育出版社，2013.

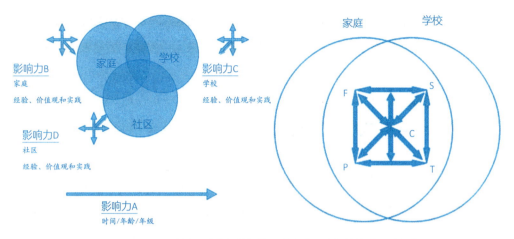

图1-2 重叠影响域理论外部结构模型（左）和内部结构模型（右）

联著名教育学家苏霍姆林斯基的观点："教育的效果取决于学校和家庭的教育影响的
一致性。如果没有这种一致性，那么学校的教学和教育过程就会像纸做的房子一样倒
塌下来。"

内部模型是对外部模型重叠区域的"特写"，解释三个主体之间是如何发生互动
和影响的。以学校和家庭为例，其中，C是处于中心的学生，F是指家庭，P是指家
长，S是指学校，T是指教师，内部作用不仅有组织（家庭）对组织（学校）、个人（教
师）对个人（家长）、也有组织（学校或家庭）对个人（家长或教师的相互关系），
它们都共同对学生发挥着重叠影响作用。

重叠影响域理论是目前家校共育理论中较为系统全面且应用广泛的。重叠影响域
理论强调：家庭、学校和社区之间既要建立伙伴关系，以学生为中心形成教育合力，
发挥协同育人的效果，同时，学校在三者之间起着重要的主导作用。因为学校是专业
教育机构，更应该关心三者的协同关系，共同发挥对学生的积极影响作用。

这些理论从不同角度证实了学校并不是影响孩子成长的唯一因素，在儿童和青少年成长的每一个阶段，家庭教育、社会教育和学校教育都相互联系地共同发挥着整体的作用，形成一种整合的优势。尤其是家庭教育，既是学校教育的重要基础，也是学校教育的重要补充。

二、学校教育需要家庭的配合

学校教育有其自身的局限性，要实现教育目标、培养健康健全的学生，离不开家庭的支持与配合。此外，学校要应对诸多挑战，解决各种层出不穷的新问题，也必须与家庭教育紧密相连。

（一）学校教育有一定的局限性

尽管学校是专门的教育机构，教师是专业的教育人才，但由于时间、空间、教师、社会、学生个体差异、学校组织结构等多种因素的影响，学校教育有其自身的局限性，主要体现在以下几个方面：

1. 从教育内容来看，中学的学校教育以学业成长为主，难以兼顾全部教育内容

学生需要在家庭、学校、社会中通过各种活动，获得教育经历，从而不断成长。教育不仅仅是提升学生的智力、能力，更要促进学生身心健康、健全人格等发展。

学校作为专业的教育机构，通常是根据国家教育主管部门制定的教学大纲来组织教学，其教育内容、课程进度、课堂设计都有严格的计划，不能随意更改。中学的学校教育也是以课堂教学为主要教育活动，且相比小学阶段具有更大的升学压力。因此，学校更容易将注意力放在学生的知识教学方面，通过这个帮助学生掌握具体的学科知识，促进学生智力潜能的发展，培训学生的考试能力，促成学生顺利完成升学。

家庭虽然不是专门的教育机构，家长也不是专门的教育者，但是家庭作为学生成

长的"第一所学校"，家长作为学生成长的"第一任教师"，在帮助学生形成良好的道德品质、行为习惯等"育人"方面具有相当的优势。中学生正处在"剧变"的青春期，在生理、自我认知、情绪、同伴交往等多方面都发生着变化。这些看起来是非"学习因素"，但是会对学生的学业发展、健康成长产生重要影响，而这方面的教育，仅仅依靠学校是难以有效开展的，更需要家庭的参与。因此，根据学校教育和家庭教育的职责和分工，家庭教育是对学校教育的有益补充，有了学校的"教"和家庭的"育"，教育这件事才能变得更完整。

2. 从教育过程来看，学校教育缺乏连续性，难以持续对学生施加影响

学校教育受时间和空间限制，只贯穿于孩子求学的过程中，缺乏连续性，属于阶段性教育。一旦学生离开学校，学校和教师就很难再对学生施加影响，学校教育的效果可能就会大打折扣甚至消失。

家庭教育对孩子来说则时时刻刻都在发生，是一种长期、连续甚至终身的教育，贯穿于学生成长的整个过程。因此，家庭教育对孩子的影响是深远而漫长的，一个好老师对学生的影响可能只会持续几年，但是一个家长对孩子的影响却是一辈子的。在优秀孩子身上，往往都有父母的积极影响；而在一些"问题学生"的背后，往往也都存在或多或少的家庭问题。

3. 从教育方式来看，学校教育是集体教育，难以顾及学生的个性发展

学校教育采取的是"班级授课制"，即年龄上大致相同的学生在同一个班级中接受相同的授课内容，遵守相同的规章制度。[①]

然而，学生的发展和成熟水平存在个体差异，针对每个学生，教育内容、教育形式以及要求等也应当有差别。班额越大，教师对每个学生的关注度就越会降低，学生

---

① 申卫革. 试论当代学校固有职能的异化——学校教育对人的个性化发展的局限. 当代教育论坛，2006（10）.

的个性化发展需求也越难以得到满足。因此，教育行政部门对学校的班额上限都有明确规定。尽管现代学校教育已经在努力尝试个性化教学，但班级授课制这种"一对多"的教育形式使得学校和教师会更多考虑"全体学生"的发展，较难充分考虑到学生的个性化发展需求。

相比班级授课的规模而言，家庭教育的规模则要小得多。通常是父母双方或由一方主导对孩子进行教育。因此，家长更容易了解和掌握孩子的具体情况，并且有针对性地采取措施，为孩子"量体裁衣"。这种针对孩子个体的关注、指导和教育是学校无法替代的。同时，家长可以采用丰富的方式对孩子进行教育，比如，在校外实践、游戏、劳动，或亲子活动等过程中实现教育目标，而这些是学校和教师在现有办学条件下很难实现的。

总之，学校和教师要清醒地认识到，学校教育并不是万能的，要承认其教育职能存在一定的局限性，而家庭教育在教育孩子方面所具备的优势正好可以弥补学校教育的不足。因此，学校和教师要善于借助家庭和家长的力量，实现优势互补，形成教育合力，从而更好地促进学生的成长。

（二）学校教育面临诸多新挑战

可能很多老教师都会感慨，现在的学生越来越难教，家长越来越难沟通，如今的学校跟几十年前也大不一样。在这个信息时代，社会发生着日新月异的变化，学校教育也面临着越来越多的新挑战。凭借学校和教师的"一己之力"恐怕很难顺利应对，需要家庭的共同参与。

1. 如今的学生有独特的时代性

社会经济、信息时代的繁荣发展，人类命运共同体的远大视角，都让如今的学生具有独特的时代性。这些特性是之前的学校教育不曾面对过的。一方面，学生普遍享有基本的物质生活保障，他们也不会再为了"吃饱穿暖，改变命运"而学习，甚至在一些生活富足的家庭，学生的学习动机缺失，不明白已经有钱了、有了生活保障，为什么还要辛苦学习；另一方面，如今的学生是网络"原住民"，从小接触智能电子产品，他们学习、看问题的方式已经大不相同，网络搜索、网络学习已经能够代替学校的一部分知识教育，他们甚至掌握了比教师还多、还"时髦"、还多元视角的信息和知识，也更容易受到网络良莠不齐的信息的影响。总而言之，时代变了，学生也变了，学校"关起门来办教育"的方式注定无法完成对学生的全面教育，也无法达成自身的育人目标。

2. 学生心理健康与网络沉迷等问题需要引起重视

近年来，越来越多的学生出现抑郁、厌学等心理健康问题，而且愈发严重，学生心理健康教育问题成为困扰学校和教师的一大"心病"，也给家庭带来了巨大的负担。据中国科学院心理研究所发布的《中国国民心理健康发展报告（2019—2020）》显示，2020年青少年抑郁检出率为24.6%，其中重度抑郁为7.4%。总体来看，青少年抑郁检出率呈现随年级增长逐渐上升的趋势。教育部门和学校也都在积极探讨促进学生心理健康的有效措施，但如果没有家长的配合，这些措施往往难有成效。

另外，随着移动互联网的快速发展，我国未成年人的互联网普及率越来越高。2021年7月，共青团中央维护青少年权益部、中国互联网络信息中心发布的《2020年全国未成年人互联网使用情况研究报告》显示，2020年我国未成年网民达到1.83亿人，互联网普及率为94.9%，初、高中学生的互联网普及率更是高达98.1%和98.3%。大部分（82.9%）学生拥有自己的上网设备，其中，拥有手机的超过六成（65.0%），其次为平板电脑（26.0%）。电子产品对学生具有极大的吸引力，一旦教育不到位，很可能让学生陷入网络的旋涡中而无法自拔，危害其身心健康。不管是心理健康问题，还是网络沉迷问题，仅仅依赖学校教育是不够的，还需要家长和家庭的共同参与。

3. 家长对孩子教育期待不断提高

随着经济水平的不断提升，家长对于孩子教育的期待也不断提高，主要体现在高度依赖学校和教师，希望学校可以帮助自己解决一切教育问题，特别是对孩子学习成绩的要求普遍较高。

由北京师范大学中国基础教育质量监测协同创新中心发布的《全国家庭教育状况调查报告（2018）》显示，九成以上的八年级学生家长对孩子的学习成绩有要求，其中，期望孩子成绩至少是"班里中等"的家长比例达到95.8%，希望孩子学习成绩是"班里前十名"的家长比例则达到了42.7%。可见，家长对孩子、对学校教育存在不合理的期待，而帮助家长树立对学校教育的合理期待，正确认识学生的能力和发展水平，将是学校教育的一大挑战。

4. 社会发展导致家庭结构变化

随着社会的发展与进步及国家政策的变化，学生的家庭结构也在不断发生着变化。单亲家庭、多子女家庭、流动和留守家庭数目都在不断增加。面对家庭结构的变化，学生和家长的心态也会发生相应的改变，比如，单亲家庭的孩子出现情绪障碍、问题行为，在学业成就、阅读认知上表现不佳；多子女家庭的孩子不适应家庭新成员，出现各种让人深感困扰的心理行为表现；流动和留守家庭的家长既没有时间陪伴孩子成长，也缺乏主动参与孩子教育的意识。对于学校和教师来说，适应这些新变化，做好这些家庭学生的教育工作，也将是一大挑战。

5. 新冠等其他社会重大事件

2020年初突发新冠疫情，迫使学校和教师的教育方式由线下教学转为线上教学，学生由在校学习转为在家学习。未来学校教育可能需要向实体学校和在线教育的结合体转变，如何面对这种新变化，保证在线学习的效果，增强学生的自主学习能力等，都将是学校需要解决的问题。而网络学习的主要空间，一般都在家庭，因此，从这方面来说，家庭参与学校教育也势在必行。

总之，如果学校想要经受住来自新时代的各方面的挑战，就必须要打破自己与外界的"围墙"。只有这样，学校才能真正实现自己的育人目标，促进学生全面而个性化的发展。

三、家庭教育需要学校的指导

（一）家庭教育对孩子的发展至关重要

美国科尔曼教授及其团队在《关于教育机会平等性的报告》中指出，家庭背景才是影响学生学习成绩的最主要因素，其次才是学习氛围、教师素质、教育设备、图书和课程等学校因素。

具体而言，家庭教育的重要性主要体现在以下两个方面。

1. 家庭是一切教育的基础

习近平总书记在2018年全国教育大会上提出："家庭是人生的第一所学校，家长是孩子的第一任老师，要给孩子讲好'人生第一课'，帮助扣好人生第一粒扣子。"精简地阐述了家庭和家长是孩子一切教育的基础。父母是孩子的第一任启蒙老师，对孩子的教育进行得最早，时间最长。家庭教育对孩子的影响是最深入、最全面的，奠定了一个孩子人生与发展的"底色"，是孩子最初的价值观、人生观、世界观、行为习惯、品德性格等的重要来源，可以说家庭教育是其他一切教育的基础。

家庭在学生良好情绪情感、行为习惯以及健全人格等非认知能力的发展方面有着不可替代的作用。家长的教育理念、教育方法、教养方式会深深影响着孩子，甚至延续终生，即使是一些细小的生活习惯，也会在孩子身上烙下印记。孩子就是父母的一面镜子，如果父母语言、行为、习惯不良，也很难保证孩子在这些方面能做好。

（1）家庭教育影响孩子的情绪情感

根据依恋理论，家庭是儿童安全感的最初来源。良好的家庭关系（包括和谐的夫妻关系、亲子关系等）可以帮助儿童建立安全型的亲子依恋关系。拥有安全型依恋关系的儿童也会有更稳定、更积极的情绪和情感。反之，如果孩子处在家庭结构松散（比如冷漠的家庭氛围），矛盾冲突多（比如家庭成员之间公开表露愤怒、攻击和矛盾），父母关系紧张，父母情绪不稳定等不良家庭环境中，则可能出现情绪不良甚至抑郁、焦虑等情绪障碍。此外，大量心理学研究还发现，不恰当的家庭养育方式，比如父母经常使用惩罚、打骂等严厉的教育方式，或者对孩子过分干涉、过度保护等也不利于儿童良好情绪的发展。

（2）家庭教育影响孩子的行为习惯

根据班杜拉的观察学习理论，家长在家庭中经常表现出什么样的行为习惯，孩子就会学会相应的行为习惯。研究发现，家庭氛围、家庭教养方式等家庭因素都会影响孩子的生活行为习惯、学习行为习惯以及社会交往行为习惯等的养成。良好的家庭氛围有助于孩子形成良好的积极认同，减少孩子问题行为（攻击、撒谎、退缩等）的发生。反之，一个在家庭中经历过暴力的孩子也更容易在生活中表现出暴力行为。也就是说，如果家庭不能发挥其良好的职能，则不利于孩子良好行为习惯的养成。

（3）家庭教育影响孩子的人格发展

人格是儿童个性的社会化过程，是儿童社会化的重要内容之一。培养孩子健全的人格也是家庭的重要教育职能之一。研究发现，家庭是影响儿童人格形成和发展的重要因素，其中包括父母教育观念、家庭经济地位、父母是否共同养育和父母教养方式等。这些家庭因素会在潜移默化中影响孩子性格与个性的形成。例如，如果父母采用民主型的教养方式对待孩子，则有利于孩子养成自信、乐观、独立等积极的人格特点；如果家长采用专制型教养方式对待孩子，则容易导致孩子形成自卑、顺从、缺乏独立性与判断力，或者叛逆、暴力等不良的人格特点；如果家长采用放任不管的方式对待孩子，则容易导致孩子出现内向、自闭等不良性格特点。总之，父母不良的教养方式均不利于孩子健康人格的发展。[①]

2. 家庭在孩子道德品质的培养和养成方面作用巨大

中国有句老话："三岁看大，七岁看老。""看"的并不是孩子的认知水平，而是他们的道德发展水平及相应的性格特征。可以说，儿童和青少年阶段是孩子思想品德形成的最关键的时期，基本上决定他们成年以后的道德水平，而孩子道德意识和道德行为能力的培养是家庭教育最重要和最基本的职能。

一方面，家庭是孩子个人私德培养和形成的关键空间，也是培养孩子社会公德的重要基础。另一方面，家庭作为社会的最基本单元，营造良好的家风，弘扬家庭美德有助于构建和谐社会，弘扬社会主义核心价值观，是社会文明程度的重要标志。

因此，家庭在整个德育过程中具有非常重要的责任与功能。父母对孩子的责任不只是教会孩子读书识字，更在于培养一个完整的人。一旦错过这个阶段，将来的"补偿"往往需要更大的努力，甚至需要社会为之付出代价。

所以，尽管家庭和学校都是影响学生成长的重要因素，但有时家庭在学生的成长中起着更重要的作用。家庭教育作为一切教育的基础，作为教育的重要组成部分，它在孩子的成长和发展过程中承担着独特的、终身的教育功能。学校和教师要看到这一点，并引导家长重视和做好家庭教育。

（二）目前我国家庭教育仍需要专业指导

家庭教育的重要性不言而喻，但在实际过程中，家庭教育也存在着种种问题，主要表现为：

1. 家长对家庭教育的重要性认识不足

近年来社会对家庭教育的重视程度不断提升，并于2022年正式实施《中华人民

---

① 刘胜男. 试论家庭环境对儿童人格发展的影响. 兰州教育学院学报，2015（9）.

共和国家庭教育促进法》，但仍有一些父母没有清醒地认识到家庭教育的重要性，无法做到家庭教育与学校教育的有效衔接与合作，使得家庭教育难以取得良好效果。

2. 家长欠缺家庭教育能力

现实中，一些家长缺乏科学系统的家庭教育知识和行之有效的家庭教育方法，导致家庭教育效果不佳，甚至产生适得其反的效果。例如，家长把教育理解成管教、教训、控制、呵斥，而不是尊重、交流、对话、陪伴、唤醒和支持。再如，家长重"教"轻"育"，重"分数"轻"能力"，对"家庭教育"的诠释就是抓孩子的学习，而忽视培养孩子健全人格等家庭最基本职责的履行。尤其到了中学阶段，不少家长还是只关注孩子能否考上重点高中、考上好大学，而忽视孩子青春期成长的各种心理需求。这些教育理念和教育方法不但对孩子起不到教育作用，还很容易导致亲子冲突，甚至导致悲剧的发生。

一项针对我国9省（市）的调查研究[1]表明（表1-1），家长最需要接受的家庭教育指导服务内容中，"孩子心理健康"占比最高（54.7%），其次是"培养孩子形成良好行为的方法"（47.1%），第三是"促进孩子学习的方法"（43.5%）。由此可见，家长在这些方面亟须得到专业的指导，提升自身的家庭教育能力。

3. 亲子间的代沟加剧家庭教育困难

由于时代的快速变迁，孩子的成长环境明显异于家长的成长环境，导致家长难以读懂孩子的想法和真实需求，无法走进孩子的内心世界，亲子间常常会因为兴趣、观念、生活习惯的不同而产生冲突，比如父母不能理解孩子为什么辛苦攒着自己的零花钱，只为买一堆"没用"的盲盒、游戏皮肤等。这也是现代父母在家庭教育时面临的巨大挑战。

---

[1] 边玉芳，袁柯曼，张馨宇. 我国学校家庭教育指导服务体系的现状、挑战与对策分析——基于我国9个省（市）的调查结果. 中国教育学刊，2021（12）.

表 1-1　家长对家庭教育指导服务内容的需求

报告主体	家长最需要接受的家庭教育指导服务能容	占比
家长	孩子心理健康	54.7%
	培养孩子形成良好行为的方法	47.1%
	促进孩子学习的方法	43.5%
	孩子的发展规律与年龄特点	26.5%
	孩子的营养保健和体育锻炼	25.7%
	提升孩子安全意识	22.1%
	孩子的思想道德发展	21.8%
	提升自身抚养和教育孩子的能力	10.5%

信息链接

当前家庭教育"八大陷阱"

低头族：上了一天班回家，家长就是把电视一开让孩子自己看，然后自己窝在沙发上玩手机。又或是嘴上说陪孩子，但是就是坐在一起然后给孩子手机让他自己玩。总之，在这类家长面前手机是万能的，能解决所有的事。

唯分数式教育：以是否需要考试区分应不应该学，以分数区分孩子的好与坏。对影响分数的内容态度强硬必须要学，无视孩子的学习兴趣。

严以待娃，宽以待己：不让孩子做的事情，自己却可以做；自己给孩子的许诺不兑现。

极权式教育：家长说的都是对的，家长的权威不容挑战，孩子必须服从，不得有异议。然后冠以"都是为了你好"这种道德绑架式教育。过分树立家长权威，孩子一旦有质疑，要么语言暴力，要么棍棒教育。

撒手式教育：认为孩子去学校学习，家长就不用管了，没有任何的引导和关心，孩子学习不好就是学校教得不好，就是孩子自己的问题。

因此，家长要开展有效的家庭教育，需要得到专业的指导，而由接触和了解学生最多的学校、教师来指导家长开展家庭教育，无疑是最合适的。我国首部家庭教育相关的立法《中华人民共和国家庭教育促进法》也明确提出："中小学校、幼儿园应当将家庭教育指导服务纳入工作计划，作为教师业务培训的内容。"学校和教师要帮助家长树立正确的家庭教育思想，改变错误的家教态度和方法。与此同时，教师也要加强学习，不断提高自身素养与家庭教育指导能力。

四、家校共育是新时代下学校和教师的"必选项"

新中国成立以来，随着社会的不断发展，我国的基础教育从"有学上"到"上好学"，发生了深刻的转变。而有效开展家校共育，正是提高教育质量、促进教育公平的必要措施。也因此，国家和教育行政部门相继出台一系列政策、文件，对家校共育提出了明确的要求。结合我国教育事业的发展进程，可以将我国家校共育的政策历程

简单划分为以下几个发展阶段：①

（一）初步萌芽时期（1949—1977年）

自新中国成立至改革开放前近30年的时间内，我国共发布了7份涉及家校共育的政策，包括1952年颁布的《小学暂行规程（草案）》与《中学暂行规程（草案）》，1955年教育部发布的《小学语文教学大纲草案（初稿）》，1963年印发的《全日制小学暂行工作条例（草案）》和《全日制中学暂行工作条例（草案）》，1978年修订的《全日制小学暂行工作条例（试行草案）》与《全日制中学暂行工作条例（试行草案）》。

这些关于家校共育的相关要求散落在中小学管理与教学等方面的文件中，主要表现为因学校现实需要而开展的家校联系力度相对较弱，家庭参与程度也较浅。"家庭与学校共同教育学生"的思想和要求在这一时期有了初步萌芽，出现了家访、家长会等家校联系形式，但因历史因素未能广泛施行。

（二）正式推进时期（1978—1998年）

改革开放后，教育事业受到空前重视，家校共育工作开始正式推进。从改革开放开始至20世纪末共20年的时间内，我国共有23份政策文件涉及家校共育。

这一阶段，家校共育作为创设良好育人环境的重要措施受到重视，尤其是因德育工作的需要，相关要求频繁出现在中央层面的政策文件中。学校教学与管理方面的文件也都开始强调家校共育，覆盖德育课程、班主任工作、教师职业道德、校长专业要求、教育督导评估等不同方面。1993年发布的《中国教育改革和发展纲要》首次将家校共育写入国家教育规划，同时还出台多部法律（如《中华人民共和国未成年人保护法》《中华人民共和国教育法》等），明确了家庭与学校在教育与儿童保护方面各

---

① 边玉芳，周欣然. 我国70年家校合作：政策视角下的发展历程与未来展望. 中国教育学刊，2021（3）.

自的职责，为家校共育提供了一定的法律基础。

家校共育的实施力度在这一阶段明显增强，并被扩展为"家校社结合"。鉴于我国家庭教育中的种种现实问题，"学校指导家庭教育"成为家校共育的新任务，家长学校得到快速发展。

（三）规范提升时期（1999—2012年）

为培养我国适应新世纪所需要的社会主义新人，党中央作出推进素质教育的决定，使家校共育成为教育改革的必然要求。从1999年至党的十八大前，不到15年的时间里，我国共发布25份涉及家校共育的政策文件，促进家校共育朝向规范化、制度化发展。教育部在2012年出台的专项文件《关于建立中小学幼儿园家长委员会的指导意见》，是我国规范家校共育的第一份专门文件，也是第一份专门针对家校共育制度化建设的文件。

这一阶段，家校共育作为实施素质教育、提升教育质量的重要手段，成为教育改革的重要议题。建设现代学校制度成为学校改革新趋向，对家长参与的重视达到空前高度，家长委员会建设成为重点。《国家中长期教育改革和发展规划纲要（2010—2020年）》中提出要建立"依法办学，自主管理，民主监督，社会参与"的现代学校制度，吸引家庭和社会力量参与学校教育和管理。

同时，规范化、系统化的家校共育以及"协同育人的机制建设"的建立开始受到政策关注。家长学校制度也逐渐完善，对家长学校提出了"有挂牌标识，有师资队伍，有固定场所，有教学计划，有活动开展，有教学效果"的规范化建设目标，并在组织管理、教学形式与内容、督导评估等方面做出规定。

（四）战略发展时期（2013年至今）

党的十八大以来，在"立德树人"教育目标引领下，在党和国家对家庭教育高度重视的契机下，特别是在推进教育治理现代化的过程中，家校共育的意义价值与实施力度提升到新高度。2013年至今，我国陆续发布家校合作相关政策文件14份。

这一阶段，《国家教育事业发展"十三五"规划》首次从"全面落实立德树人"的角度提出"全员育人，全过程育人，全方位育人"，要发挥家庭、学校、社会各自的优势，凝聚起强大的育人合力，家校共育成为实现立德树人根本任务的关键路径。2019年发布的《中国教育现代化2035》则明确提出："到2035年要形成全社会共同参与的教育治理新格局，强调加强学校、社会、家庭等多形式、多途径的参与。"显示出家校合作将长期作为教育发展重要任务的战略地位。2021年6月1日正式实施的新修订的《中华人民共和国未成年人保护法》和2022年1月1日正式实施的《中华人民共和国家庭教育促进法》则进一步保障了家校共育的有效实施，让家校共育更有力量。

同时，家校共育迎来新的发展契机，家风、家教的重要作用再次被推到台前。2018年9月10日，在全国教育大会上，国家领导人更是从"四个第一"的高度表现对新时代家庭教育的重视，并指出："办好教育事业，家庭、学校、政府、社会都有责任。"党的十九大以后，在推进教育治理体系和治理能力现代化的过程中，家校合作在我国进入战略发展时期，将在今后相当长一段时间内得到长足的发展。

2021年7月24日，为深入贯彻党的十九大和十九届五中全会精神，切实提升学校育人水平，中办、国办印发《关于进一步减轻义务教育阶段学生作业负担和校外培训负担的意见》，即"双减"政策。这可以算作对我国现有教育观念的大变革，它重新定义了教育的目的，要求全社会加入进来，落实"立德树人"根本任务。学校要做好落实"双减"政策的主力军，就不能"关起门来"上课，而是要努力化解家长的焦虑和压力，帮助家长认识自己的孩子，读懂孩子的身心发展规律……而这些都是学校教育面临的重大挑战。

从家校共育政策的历史沿革和发展趋势可以看出，在当今时代背景下，做好家校共育工作既是学校和教师落实党和国家教育方针政策的必然要求，也是新时代下学校和教师必须承担的责任和义务。

第 2 节　新时代开展家校共育的意义

　　家校共育的实施主体是学校和教师、家庭和家长，双方建成合作互惠的同盟军，并且在此过程中实现教师的职业发展和学校的育人愿景，以实现为国家和社会培养健康健全的学生的共同目标。因此，新时代的家校共育，不仅仅是学校单方面的诉求，也不仅仅是一句口号、一种形式，而应该做深、做透，以真正实现全面共赢。

一、家校共育可以提升现代学校教育管理水平

　　有一些学校可能还存在"让家长参与学校教育就是在给学校教育添乱"的错误认知，认为家校共育对学校本身没有帮助，其实这是对家校共育的一大误解。现代学校具有有序独立、多方参与、活力多元等特点，要全面提升现代学校的管理水平，仅仅依靠学校领导层关起门来的"人治"是远远不够的，而是需要融合全社会各方面的资源。《国家中长期教育改革和发展规划纲要（2010—2020年）》明确提出要在适应我国国情和时代要求的背景下，"建设依法办学、自主管理、民主监督、社会参与的现代学校制度"，这就是鼓励学校要积极主导，吸引家庭和社会各方面力量参与学校的管理与运行，以全面提高学校管理的科学化水平。

　　家庭与学校共同成为影响学生成长的重要因素，同时，家庭和学校之间彼此也存

在着相互影响。良好的家校关系、家校沟通、家校合作，可以反过来促进学校自身的发展。

（一）丰富学校教育资源

我们必须承认，学校的教育教学资源其实比较有限，教师的时间、精力以及知识面等也很有限。然而，学生家长来自社会各界、各行各业，有着不同的职业、兴趣爱好、技能特长、知识储备、人生阅历等，家长群体本身就是一个非常丰富的教育资源库。

在家校共育过程中，家长可以有效弥补学校教育资源的不足，促进学校教育资源和家庭教育资源的整合，服务于教育教学，使学生能够身处一个丰富、多元、充满营养的教育生态环境中。因此，学校主导协调校内外的资源与关系，开放办学，多元办学，是现代学校提升活力和办学质量的必要途径。同时，家校共育还可以为家长提供一个展示自我的平台，促进家长和学生之间的交流。

（二）促进现代学校制度建设

建设现代学校制度是我国教育体制改革的重要内容之一，也是推进依法治校的重要举措。家校共育和现代学校制度建设之间有着密切的联系，二者相互促进，互为保障。一方面，家校共育是现代学校制度建设的重要内容和保障，有助于家庭发挥其教育功能，有助于现代学校制度的建设；另一方面，现代学校制度建设也可以促进家长参与学校教育决策和管理，促进家校共育从浅层次的"交流式"向深层次的"管理式"发展。[1]

---

① 朱永新. 我国家校共育的问题及对策. 教育研究；2021（1）. 朱红. 现代学校制度建设与家校合作关系构建. 教育探索，2014（1）.

家长参与是现代学校制度建设与发展的重要组成部分，也是家校共育的重要内容之一。学校成立家长委员会等组织，邀请家长参与学校教育管理和决策不仅有利于学校发现自身存在的问题，进一步改进学校教育管理工作，也有利于现代学校制度建设，推动依法治校。

二、家校共育可以为教师赋能

乍一看，家校共育似乎是在给教师增加工作量。确实，如果家校共育流于形式，各方应付敷衍，那自然谈不上有什么效果，而且会给教师、家长双方都增加不必要的麻烦，这种家校共育不如不做。真正有效果的家校共育不是一种表面的要求，而是教师日常工作中潜移默化的内心需求：为了更了解学生，及时对学生的情况互通有无，就需要跟家长建立良好的日常沟通；为了帮助特殊学生，就需要深入家庭进行交流；为了预防、应对学生青春期可能遇到的问题，就需要首先向家长普及相关知识……因此，教师做好家校共育，其本质是在为自己赋能，是为了更好地培养学生，实现自我职业价值。

（一）有助于教师家校共育综合素质的发展

从教师专业理念角度来看，家校共育使得教师的教育理念不断得到更新，特别是能促进教师反思性思维、实践性思维以及批判性思维的发展。这使得教师在家校共育实践中，无论是对于家校共育本身，还是对于其他教育教学内容，都会有更多的思考。

从教师专业知识的角度来看，家校共育可以促进教师教育心理学、发展心理学等教育学、心理学知识的学习，还可以促进教师社会学、家庭教育学以及法律知识的学习。这是因为家校共育是一件专业性很强的工作，需要教师具备多方面的知识，同时也可以促进教师多方面知识的发展。

从教师专业能力的角度来看，家校共育可以促进教师多方面能力的发展，既包括家校共育能力，比如，与家长沟通、写作的能力，发现、解决家校共育实际问题的能力等，也包括其他能力的发展，如教学能力、学习能力、研究能力等。在家校共育过程中，教师既需要与同事进行沟通协作，也需要与不同层次、不同需求的学生家长进行沟通交流；教师还需要根据不同的情景选择合适的语言，比如，打电话和开家长会或者使用微信、QQ等需要使用的语言就有所不同。因此，家校共育工作对教师的沟通能力既是一个挑战，也是一个锻炼的好机会。

另外，家长群体本身也在发生着变化，具有更高教育水平、更高素质的家长越来越多，他们对子女的教育也越来越关注和期待，其自身也具备一定的教育理念，对学校教育、学校管理的看法也有一定的可取之处。因此，教师跟家长的深入沟通，也有利于促进教师从家长的视角看待教育，不断精进教学方法。

（二）有助于提升教师的职业幸福感

家校共育不仅可以促进教师的专业发展，还能够满足教师的归属与爱、自尊、自我实现等心理需求，提升教师的职业幸福感。

首先，家校共育会增加教师与其他同事的交流，促进教师与教师之间良好关系的建立。同时，可以增加教师和家长之间的沟通交流，帮助教师建立更多的"关系"。这从一定程度上满足了教师归属和爱的心理需要。

其次，家校共育为增进教师和家长之间的互相理解提供了一个很好的平台，有利于家长从内心更加理解教师、尊重教师、认同教师。这种家长理解老师、老师感谢家长认可的情感互动，满足了教师自尊的需要，会对家师关系、家校共育产生积极的影响。

此外，教师在家校共育过程中可以促进学生学业、行为习惯、品德等多方面的发展，促使家长更加支持自己的工作，并促进自身各方面能力的发展。学生、家长以及教师自身的这些变化都可以满足教师自我实现的心理需求，让教师对自己有更多的信心，也更加热爱自己的事业。

总之，通过家校共育，教师可以收获更多的"盟友"，获得更多来自家长、同事以及学校的认同，还会对自身的能力产生更多的自信。这使得教师可以更加认同自己的职业，收获更多的职业幸福感，减少职业倦怠。

三、家校共育可以促进学生全面发展

从学校育人目标来看，教师做的所有工作都指向一个目标：培养合格的社会主义建设者和接班人，促进学生德、智、体、美、劳全面健康发展。教师的这一育人目标和家校共育的核心目标高度一致，因此家校共育不是在浪费时间，而是在践行学校育人目标。对于学校和教师来说，做好家校共育其实就是在促进学生健康全面地发展。

（一）促进学生的学业发展

国内外大量关于家校共育的实践研究发现，家校共育具有促进学生学业成绩的作用。美国明尼苏达大学克里斯坦森教授的研究发现，家校共育可以提高学生的学业成绩，使得学生有更高的出勤率，对待学校的态度更积极，会完成更多的家庭作业且完成情况更好，会投入更多时间在班级学习活动中，中学毕业后也更可能继续学业而不是辍学。[1]

近年来，国内关于家校共育的实践研究也发现，在控制了性别、家庭社会经济地位、父母教养方式等影响因素以后，家庭和学校之间的合作共育对中小学生的学业表

---

[1] 梁霞. 家校合作——提高学生学业成绩的途径. 外国中小学教育，2004（11）.

现或学业成绩有明显的正向预测作用。[1]这是因为家校合作有助于营造积极的家庭和学校环境，提高学生的学习投入程度，从而促进学生的学业发展。家校合作还可以通过影响亲子沟通状况来影响青少年的学业成绩。

（二）促进学生情感和社会性的发展

家校共育在促进学生情感和社会性发展上也有重要价值，即让学生成长为一个有完整人格、幸福而快乐的、能够适应未来学习和生活的人。有研究发现，家校共育可以培养学生良好的行为习惯和自我适应性。这是因为家长积极参与家校共育，与学校和教师建立良好的合作关系可以对学生起到良好的榜样示范作用，让学生在潜移默化中学会如何建立良好的人际关系，如何与人合作。

还有研究发现，家校共育可以有效预防学生不良心理和行为问题的出现。例如，家校共育具有预防校园暴力，减少学生逆反心理，以及促进学生心理健康等重要价值。这是因为家庭和学校之间的合力共育有利于及时发现学生可能出现的各种问题，并将问题扼杀在摇篮之中。

四、家校共育可以促进家庭和谐

家庭是孩子的"第一所学校"，家长是孩子的"第一任教师"。家校共育为家长提供了一个重要的学习机会和成长平台，有助于改变家长的家庭教育观念，提升家长的家庭教育能力，从而使家长成为具有教育智慧的"合格父母"，营造良好的家庭氛围、和谐的家庭关系，并培养出健康快乐的孩子。

---

[1] 张和平，刘永存，吴贤华，张青根. 家校合作对学业表现的影响——学习投入的中介作用. 教育学术月刊，2020（1）；李哲，张敏强，黄菲菲，李岩，崔雪平. 家校合作对青少年学业成绩的影响：一个有调节的中介模型. 心理科学，2019（5）.

（一）更新家长的家庭教育理念

家校共育可以更新家长的教育理念，比如帮助家长树立权利意识和责任意识。父母在子女教育中拥有不可剥夺的权利，并不能也不应因为孩子进入学校而被替代或者被削弱。"家长参与"体现的是家长对子女教育权的进一步延伸，是家庭作为教育消费者的权利体现，是家长作为公民参与社会管理的民主权利表达。家长参与子女教育的过程，也是唤醒其权利意识和责任意识的过程。

同时，《中华人民共和国家庭教育促进法》的立法，也是国家层面对家长提出"依法育娃"的殷切需求。目前，我们家长可能仍旧存在一些做得不到位、做得不够好的地方，在孩子的青春期，也容易因为陈旧、错误的教育观念或教育方式与孩子产生亲子冲突，学校有责任、有义务向家长开展"普法"教育。

（二）促进家长的家庭教育知识和能力的提升

目前，家长们普遍存在"育儿焦虑"，之所以焦虑是因为对孩子的教育有一定期待，又缺乏相应的知识和能力。在中学阶段，家长在孩子学业知识方面能够提供的帮助已经非常有限，"着急上火"也帮不上忙，反而会造成亲子冲突。其实在满足孩子的心理需求和情感需求方面，家长能做的事太多了；跟青春期的孩子沟通，也自有方式方法。如今，家长会、专家讲座等已经成为家长获取家庭教育知识的重要途径，家校共育也确实可以促进家长教育行为的改变。在实际工作中，我们也发现许多家长都在家校共育过程中有所收获。

（三）增进家长对学校的认同

家校矛盾产生的主要原因之一就是家长缺乏对学校教育工作的了解和认同，而家校共育给了家长走进学校的机会，让家长能够了解学生每日的生活和教师的工作，甚至有机会参与学校的决策和管理，从而让家长真真切切地看到、听到和感受到学校和教师的用心与付出，帮助家长更好地建立对学校及教师工作的认同，增进家校沟通，促进家校之间融洽关系的形成，使得家长从学校的"阻力"转变为学校的"助力"，减少家校矛盾的发生。

　　家庭是社会的细胞。家庭和睦则社会安定，家庭幸福则社会祥和，家庭文明则社会文明。家庭的和谐与社会的稳定休戚相关。家校共育有助于良好家风和学习型家庭的建设，从而促进社会的和谐与稳定。研究发现，家校共育有利于转化学困生，增强学生心理素质，丰富课外活动，从而起到减少辍学率的作用。[1] 就社会而言，学校对家庭的指导能帮助弱势群体更好地为孩子成长提供有效的支持，一定程度上阻断贫穷的代际传递，起到促进教育公平和社会和谐的作用。总之，做好家校共育，可以帮助学校提升管理水平，达成育人目标，让教师在专业发展中获取职业幸福感，让学生直接受益，成长为健康健全的未来人才，促进家庭和社会的稳定、和谐发展。

第3节　建立良好的家校关系

　　良好的家校关系是家校共育的基础，是家校共育有效性的保证。然而，目前家庭和学校、家长和教师之间的关系仍然存在地位不平等、缺乏信任、缺乏尊重等问题。为了更好地推进家校共育工作，学校需要和家庭成为合作伙伴，建立良好的家校关系。

---

[1] 杨兴国. 浅谈家校合作对民族地区控辍保学的重要性与价值性. 中国管理科学研究院教育科学研究所2018年教师教育能力建设研究专题研讨会论文集，2018.

一、家校共育离不开良好的家校关系

有研究发现，家校共育并不总是有效的，这取决于家庭和学校、家长和教师之间是否建立了良好的关系。不良的家校关系，使得家庭和学校、家长和教师之间难以开展有效的合作，也难以达到"共育"的目标，还可能引发矛盾，甚至引起社会舆论。这样的家校关系自然也不利于学生成长，容易让学生产生更多学习问题、人际问题乃至心理问题。

（一）良好的家校关系可以强化家校共育的效果

有人说，老师和家长之间并不是以"一加一等于二"，而是以"一加一等于十"（一横一竖在一起）的力量在促进孩子成长。国内外大量关于家校共育的理论和实践研究也证明，家校共育可以促进学生、家长、教师和学校共同成长。

这是因为如果家庭和学校之间建立了良好的关系，家庭和学校、家长和教师之间便能更好地配合，学生也就能获得更多来自父母和老师的支持，有更多的自信，更好的学业表现，更高的社会化程度以及更清晰的未来规划，自然也就发展得更好。例如，良好的家校关系可以使学生学业进步更快，更热爱学习；使家长对教育孩子更有信心，更多地融入学校教育；如果家长更多地参与学校教育，学生会感到自己受重视，受鼓励，也能更多地理解父母的良苦用心；使教师工作更安心，使学校教学评估结果更好，等等。

因此，家校关系是影响家校共育效果好坏的关键因素，良好的家校关系可以促进家校协同教育的顺利开展。对于学校和教师来说，开展家校共育的前提和基础就是建立良好的家校关系。

（二）不良的家校关系会阻碍家校共育的开展

所谓"和则两利，斗则俱伤"。学校、教师与家长之间的关系决定了家校共育效果的好坏，不良的家校关系势必阻碍家校共育工作的开展。

如果没有良好的家校关系，家长在家校共育过程中很容易出现不理解学校的一些要求、规定和做法，不愿意配合学校做好孩子的教育工作，或一味将教育孩子的责任推卸给教师等问题。

例如，由于教师没有与家长之间建立良好的沟通关系，导致家长将亲子作业误以为教师是在"故意折腾家长"或"推卸教育责任"，只是一味地不愿配合，甚至因此引发家校矛盾，却不理解教师想促进家长和孩子之间的交流，改善亲子关系的初衷。

不良的家校关系在应对校园突发事件时也会暴露出更多的矛盾。例如，如果家长平时跟老师关系不好或总是对学校有意见，一旦发生学生在学校受伤、受欺负等事件，家长就很难第一时间冷静分析，求证事件真相，很容易将冲突扩大化，不利于事件的解决。其实，不良的家校关系某种程度上也源自家长对学校的"不信任""不满意"，而为这些不良关系承担后果的，往往都是学生。相信这是我们学校、教师和家长都不愿看到的现象。

二、家校关系的现状和问题

目前，我国的家校关系还存在一些问题，了解这些问题有助于学校和教师做出有针对性的调整，从而进一步改善家校关系。

（一）教师对家长缺乏一定的尊重

由于学校和教师在教育方面的专业性，目前家校共育大都是由学校和教师主导，家长是家校共育的"旁观者"或"服从者"，更多是被动地听从学校和教师的"指挥"，被迫配合学校工作，并没有太多的发言权，家长也因此缺乏一定的主观能动性。

家校关系这种地位上的不平等让家长和学校之间更像是一种附庸关系：教师处于支配主体地位，家长处于配合服从地位。在一项针对教师的访谈中，就有教师坦诚地表示："与家长沟通主要就是希望家长配合老师的工作。"[1]基于此种不恰当的关系，一些教师在家校沟通过程中难免缺乏对家长的尊重。例如，当教师和家长交流时，很难做到耐心地倾听，习惯打断家长的话，甚至以命令、训斥的语气对待家长，尤其是当学生犯错时，家长和孩子站在一起聆听教师的训话，这让家长自然很难有效配合家校共育的工作。

也因此，有些家长不仅不愿意跟学校、跟教师保持沟通，甚至将见老师看作一件"苦差事"，还有父母双方为了"谁去见老师"而发生争吵。一项针对江苏省部分家长的调查发现，当因为孩子犯错而遭到老师批评时，38%的家长表示不乐于接受批评，因为犯错的是孩子又不是自己；36.6%的家长表示不理解孩子犯错为什么家长要被批评；1.6%的家长表示会反过来指责老师没有把孩子教好。[2]也有家长表示自己有苦难言，为了服从学校或教师的安排，配合学校和教师的工作，自己仿佛成了学校的"编外教师"和教师的"免费助教"，"呼之即来挥之即去"，心理上缺乏被尊重的感受，但为了孩子又不得不忍气吞声。这也是非常不利于建立良好家校关系的现象。

（二）教师面临"不信任危机"

在许多家校矛盾面前，家长与学校、老师之间存在一条"不信任"鸿沟，教师面临"不信任危机"，而这种现象在家长学历高、社会地位高、家庭经济条件好的学校会更为明显。

---

① 陈美言. 协同教育视角下的家校合作对教师角色的影响. 亚太教育，2016（20）.
② 钱焕琦. 当前家校关系中存在的问题及伦理调适. 中国德育，2006（3）.

例如，随着家长受教育程度的普遍提高，他们会对教师的专业知识和专业理念等存在质疑，从而对学校教育指手画脚，不配合老师的做法。再如，当学生在校园内发生危机事件时，家长总是不信任学校的处理结果，担心自己的孩子"吃亏"或未被公平对待，千方百计调查取证。

这种信任危机除了家长自身的因素外，也有社会的因素，比如大众媒体的渲染、网络的推波助澜等。此外，教师"信任危机"与自身家校共育能力有限，缺少有效的家校沟通也有关系。

教师要及时破解家长的"信任危机"，以免形成蝴蝶效应，使整个班级的孩子和家长都不信任教师，对班集体的建设乃至良好学风的形成造成严重的影响。

（三）忽视学生在家校共育中的主体地位

家校共育从根本上是为学生服务的，学校和家庭也是因为培养全面发展、健康成长的学生这一共同目标而走到一起的。因此，学生也是家校共育的主体，而且是家校共育的最终目标。然而，在实际的家校关系中，我们却很容易忽视了学生的主体地位。

例如，大多数学校在召开家长会时都是只有教师和家长参加，忽视学生的参与；或者教师和家长在一起商量怎么"教育"好学生时，却忽视在家校共育过程中学生的感受。有学生就抱怨不懂老师和家长背着自己交流"居心何在，意欲何为"。这有时使学生成为"缺席的被审判者"，遭受学校和家庭的"双重压迫"，导致他们并不希望教师和家长保持密切的联系，不愿意家长去开家长会，也不欢迎老师到自己家去家访。

学生对自己在家校共育中的位置也缺乏正确认识。有研究发现，有70%的学生找不到自己在家校关系中的正确位置。其中59%的学生将自己在家长与教师的关系中定位为"作用对象"，11%的学生将自己的角色定位成"旁观者"，30%为

"参与者"。[①]

认识不到学生的主体地位，也容易导致教师和家长双方在沟通时过于情绪化，更多地站在自己的角色立场思考问题。比如在处理家校矛盾的时候，家长担心自己的利益受损，认为学校的重视程度是"按闹分配"，因此不能理智地解决问题，而是不惜将事件扩大、引发舆情，毫不顾及孩子在整件事情中的感受。

（四）家校关系多以问题解决为导向

目前的家校关系多是建立在"学生出了问题"的基础上，具有比较强的问题解决导向。当学生问题改善或暂时没有问题时，许多教师就不再主动联系家长，不再保持密切的家校关系。

有调查研究发现，教师主动联系家长的主要原因是"指出学生的问题"，包括学习问题（70.4%）和心理行为问题（51.0%）；而家长主动联系教师的主要原因则是"当孩子学习成绩下降时（73.1%）"。当学生学习成绩提高了，或者心理行为问题改善时，教师就很少继续主动联系家长的比例分别占33.7%和23.7%，家长也很少主动联系教师的比例分别占5.8%和31.5%。[②]

三、建立家校新型"合作伙伴"关系

为了更好地推进家校共育工作，学校和家庭、教师和家长之间需要建立新型的"合作伙伴"关系。这意味着，在家校共育中，教师和家长不再是一方支配另一方的不对等关系，而是志同道合的伙伴，双方是目标一致、地位平等、互惠互利的可持续发展的关系。

---

① 钱焕琦. 当前家校关系中存在的问题及伦理调适. 中国德育，2006（3）.
② 邓林园，许睿，赵鑫钰，方晓义. 中国高中阶段家校合作的现状以及与高中生发展的关系. 教育学报，2016（6）.

（一）以学生为中心

学生的健康成长才是教师和家长合作共育的终极目标，也是家校关系建立的重要前提。无论什么时候，教师都应该意识到自己和家长在教育目标上是一致的，即让学生更好地接受教育和接受更好的教育。只有把握了这个大前提，家校关系才能得以更健康地发展。因此，家校新型"合作伙伴"关系的第一个特征就是"以学生为中心"。

以学生为中心的家校关系中，不会忽视学生在家校共育中的主体地位，而是在邀请家长参与学校教育和决策的同时，以学生需求为第一考量，能照顾到学生的心态，能让三方的沟通透明、公开、坦诚。例如，教师可以增加学生在家长会中的参与，让学生有权利、有机会发出自己的声音。只有当学生真正参与进来，家校共育才会变得更有价值和意义；反之，如果忽视了学生的位置，那么家校共育就失去了它应有的意义。

以学生为中心的家校关系中，不会"重智轻德"，而是以学生的全面发展、身心健康为出发点。"重智轻德"的家校共育倾向可能导致"家庭教育学校化"，使学生在学业上遭受学校和家庭双重压力。这不仅损害了学生身心健康，损害了亲子关系，也严重损害了家校关系。

以学生为中心的家校关系中，不会忽视家校沟通中学生的感受。例如，教师在跟家长反映问题时，多考虑一下学生的心情和"面子"，考虑一下青春期孩子越来越强烈的自我意识，在没有征得学生同意的情况下，不要冒昧地"请家长"，更不要将"请家长"作为惩罚学生的一个"撒手锏"。比较好的做法是在请家长之前先征求学生的意见，至少不要引起学生的反感。同样，教师也要引导家长不要在公共场合批评孩子，不能把从学校和教师处带来的负面情绪发泄在孩子身上，比如要顾虑孩子在同学面前的"面子"，不要在校园内公开场合指责孩子，批评孩子，无论有什么事，都可以回家慢慢解决。

（二）地位平等

家校新型"合作伙伴"关系的第二个特征是"平等"，即在家校共育的过程中，教师和家长，学校和家庭之间在合作共育地位上是完全平等的，不存在谁是绝对"权威"，谁必须听谁的，谁必须服从谁等问题，二者只是在分工和角色上存在差异。因此，在"平等"的家校关系中，教师不能一味要求家长配合、服从自己，也不能对家长"颐指气使"，要学会给家长"留面子"。

平等的家校关系中，教师和家长是"合伙人"，是"朋友"，学校要从环境等细节入手，给家长一种"受欢迎"的感觉，比如在学校设立专门的家长接待室、家长休息区等。当学校心中有了家长的位置时，家长心中也自然有了学校的位置，彼此之间拉近了情感距离。

平等的家校关系中，无论家长是什么职业、身份、文化水平，教师在与家长交流时，都要尽量使用尊称和敬语，如"您"或者"某某妈妈"等称呼；多倾听家长的想法和意见，不要只顾着"说"；多使用商量、询问等较委婉的语气，如："我认为……，您觉得如何？""我需要您的协助，可以吗？"切忌简单地命令、质问、批评家长甚至向家长发泄情绪；在指出学生的问题之前，可以先表扬学生的优点、进步和努力，感谢家长一直以来的努力配合，避免让家长觉得是来受批评的，从而产生抗拒心理。

（三）互相信任

家校新型"合作伙伴"关系的第三个特征是"互信"，即家长相信教师的专业能力，也相信教师所做的一切都是为了使孩子变得更好；教师也信任家长，相信家长有能力、有意愿配合学校做好学生的教育工作。

互相信任的家校关系中，教师不再逃避与家长的沟通与合作，即使家长和教师之间出现了冲突或矛盾，彼此也依然相信对方不会推卸责任，能够一起心平气和地妥善解决问题。

其实，越是缺乏信任，学校和教师越应该敞开心扉，增加和家长之间的沟通交流，增进彼此的了解，努力把家校关系从"相互猜忌"导向"相互信任"。对于教师来说，最好的做法就是从一开始就不要轻易打破家长对自己的信任。这就要求教师认真对待每一次家校沟通，妥善处理好每一次家校问题，不要把锅甩给家长。教师只有急家长之所急，爱家长之所爱，把学生放在家校共育的中心，才能更好地赢得家长的心。

（四）互相帮助

家校新型"合作伙伴"关系的第四个特征是"互助"，这也是家校共育中非常关键的一点。家庭和学校、家长和教师在教育中各有各的优势，家庭和学校之间互帮互助，才能发挥出各自在教育中的优势，更好地形成教育合力，共同促进孩子发展。

互相帮助的家校关系中，家庭和学校是各司其职的。教师在家校共育中主要帮助学生掌握各类科学文化知识，家长则在家校共育中主要承担培养品德、习惯、健康人格等职责；教师要指导家长开展良好的家庭教育，家长要配合学校践行育人目标。

互相帮助的家校关系中，家庭和学校是信息共通、资源共享的。教师需要帮助家长了解学生在学校的表现，家长也需要帮助教师了解孩子在家庭的情况。通过信息共享，使彼此对学生有更全面的认识和了解，从而采取更有效的教育措施。

互相帮助的家校关系中，学校可以充分利用家长中蕴藏的丰富教育资源，极大丰富学校教育的内容；家长也可以以学校为平台，学习更多的家庭教育知识，跟其他家长互通有无，共同提升自己的家庭教育能力。

　　总之，家校新型"合作伙伴"关系是一种以"学生为本"的关系，是一种彼此平等的关系，是一种彼此信任的关系，是一种彼此协作的关系，只有这样的关系，才能更好地推进家校共育工作有序、有效开展。

第 2 章

家校共育需要
专业的教师队伍

第 1 节 ● 教师在家校共育中的职责

第 2 节 ● 教师在家校共育中的角色

第 3 节 ● 教师在家校共育中需要具备的综合素质

教师和学校的困惑

教师1：每个家长都不一样，诉求也不一样，教师在家校共育中到底要履行哪些具体职责，才能更好地帮助到每一个家长呢？

忙碌完一天还要再和学生家长沟通真的好累，特别是如果家长一直说个不停，我就会莫名烦躁，甚至想打断他。这样的沟通还能起到应有的效果吗？怎样和家长沟通才是最好的呢？

中学家长哪里还关心孩子的其他方面啊，都只盯着学习成绩看，很少主动跟老师交流孩子的情绪状态、心理感受。有时候我们也很困惑，到底要怎么跟家长说，他们才会听呢？

我当然知道家校共育的重要性，也发自内心地想要做好它，但大多时候对家校共育的理解和操作还停留在表面，并不专业，经常"心有余而力不足"。怎样做才能提升家校共育的能力，更好地处理各种家校问题呢？

家校合作操作手册

给学校和教师 · 中学卷

　　教师，是家校共育的具体执行者，是学校与家庭教育合力的纽带，是学校对家长进行家庭教育指导的桥梁，在家校共育中起着重要的主导作用。因此，教师，尤其是班主任，是开展家校共育工作的"主力军"。教师的家校共育胜任力水平对家校共育实施效果起着至关重要的作用。

　　总体来看，目前有些教师在家校共育中存在以下问题：一是不清楚自己在家校共育中应该做哪些事情，没有承担好自己本该承担的职责，扮演好自己本该扮演的角色，反而成为学业焦虑的强化者、低效信息的制造者。[1]二是欠缺家校共育的相关素质和能力，无法有效引导家长参与学校教育，与家长进行沟通，制订家校共育活动方案等。这导致学校家校共育工作流于形式，效果不佳，甚至引发家校冲突和矛盾。

我们将在本章中详细探讨教师在家校共育中的职责、角色以及应当具备的素质和能力等问题，从而更好地进行家校共育，培养一批合格的家校共育"主力军"。

第 1 节　教师在家校共育中的职责

美国霍普金斯大学的爱普斯坦教授结合自己多年在家校合作共育领域的研究成果，总结了家校合作共育的六种实践模式，分别是当好家长（Parenting）、相互交流（Communicating）、志愿服务（Volunteering）、在家学习（Learning at home）、决策（Decision making）、与社区协作（Collaborating with community）。[2]基于爱普斯坦的分类方式，并结合我们国家的实际情况，我们认为教师在家校共育中需要承担以下几种职责或任务：

一、做好家校沟通

跟家长打交道，是教师最基本、最日常的家校共育工作。教师在家校共育中要承

① 梁潇. 教师角色的危机与重构——基于家长群引发的思考. 中国德育，2021（4）.

② Epstein J L, Sheldon S B. 学校、家庭和社区合作伙伴：行动手册. 南昌：江西教育出版社，2013.

担起做好家校沟通的职责，即教师需要通过多种途径与家长建立双向的沟通，构建良性的家校互动关系。

具体来说，教师可以通过家长会、家访、校园开放日、家校活动、家校联系本、电话、微信和《给家长的一封信》等多种方式加强与家长之间的信息沟通，包括学校的教育教学情况，家校共育活动计划，以及学生在校学习、心理健康、行为习惯、思想品德等多方面内容。

例如，定期召开家长会和开展家访，与家长交流学生学习和生活情况，向家长提供有关学科要求、学习计划和活动等方面的信息，了解学生的成长环境以及在家表现等；定期举办各类家校活动，邀请家长走进校园，近距离了解学校、教师和孩子在学校的情况。

二、引导家长参与学校管理

教师要承担起引导家长参与学校决策和管理的职责，即教师需要充分尊重家长在家校共育中的主体地位，通过多种方式引导家长参与学校决策和管理。

具体来说，教师可以通过支持建立家长委员会等组织的方式，培养家长领导者和家长代表，引导家长参与学校重大事务的决策，鼓励家长为学校发展提出合理建议。例如，通过问卷调查、电子信箱、留言本等多种方式征求家长有关学校发展、食堂管理、教育教学和家校活动等多方面事务的建议。

三、做好家庭教育指导

教师要在家校共育中承担起做好家庭教育指导，做好家长教育的职责，即通过多种形式和途径帮助家长"当好家长"，帮助家长解决家庭教育问题，提高家庭教育实效的工作。

首先，教师可以通过家长学校、家长会、家长手册、短信平台、校刊等多种途径帮助家长了解基本的家庭教育理念和知识，包括孩子身心发展的一般规律等；其次，教师要学习掌握科学的家庭教育方法，包括有效亲子沟通、高质量亲子陪伴的方法等；最后，要帮助家长营造良好的家庭氛围，包括如何处理好夫妻关系，如何做情绪稳定、不断反思的父母等。

父母需要教师的家庭教育指导，但并不等于教师对家庭教育要包办代替，家庭教育最终要由父母完成，任何人无法替代。教师在指导过程中要搭建平台，帮助家长成长，"授人以鱼"不如"授人以渔"。只有家长素质提高了，家庭教育才有保证，家校共育才有可能。

四、整合家校共育资源

教师还要在家校共育中承担起整合各方资源的职责，既包括整合家长资源，也包括整合社区资源。

一方面，教师可以通过招募并组织家长志愿者的方式整合家长资源，让家长志愿者帮助和支持学校工作。例如，教师需要通过问卷调查、书面通知、座谈会或者《给家长的一封信》等方式了解家长的兴趣爱好、特长、空闲时间和参与志愿服务的意愿等，以便在家校活动中更好地整合家长资源，协调家长工作。

另一方面，教师可以在学校的主导协调下，与社区机构、人员进行协作，开发图书馆、博物馆、科技馆、银行以及社会组织等多种社区教育资源，开发社区志愿者参与家校共育工作。例如，通过向社区发布通知、宣传材料等方式招募社区志愿者，开发社区资源，也可以邀请校友参与学校活动。

家校共育要1+1＞2^①

学校教育和家庭教育要融合发展成一个共同体，才能形成强大的教育合力，共同为人才培养奠定坚实基础。为此，学校管理者和班主任要充分利用好家长资源，组建家校育人"联盟"，构建家校共育体系，实现1+1＞2的育人效果。

比如，学校可以设立"第二教师"，开办家长大讲堂。让家长成为学校和班级的"第二教师"，充分发挥每个家长的专业特长和优势，将人际交往、公共关系、心理健康、交通安全等教育内容搬进课堂，丰富、扩充学生的教育内容，促进他们全面健康发展。譬如，做医生的家长可以给学生讲解传染病的预防知识及人工呼吸、心脏按压等急救技能等，从事法律行业的家长可以给学生传授法律常识。

再如，学校可以发挥家长资源优势，由班级家委会组织开展各类校外实践活动，如研学旅行、植树造林、社区服务、文明城市创建、参观访问、野外郊游等，创建校外教育基地，让家长担任学生的校外辅导员，在确保学生安全的前提下，不断提升学生的综合素质。

总之，教师在家校共育活动中，需要承担跟家长的日常沟通交流，引导家长参与学校管理，做好学生家庭的教育指导，整合家长资源等职责。

第2节　教师在家校共育中的角色

虽然教师和家长都是家校共育的重要主体，但是二者承担的角色却存在差异。教

---

① 武同辉. 家校共育要1+1＞2［N］. 中国教师报，2019-05-01（13）.

师要想成为合格的家校共育"主力军"中的一员，首先需要明确自己在家校共育中的角色定位。只有摆正了自己的位置，才不会行偏踏错，知道什么该做，什么不该做。具体来说，教师角色定位不清的问题主要有"角色缺位"和"角色错位"两种表现。

"角色缺位"是指教师在家校共育中没有承担好自己应该承担的职责与任务，没有扮演好自己本该扮演的角色，简单说就是"该做的没做或做不到"。例如，有调查发现，约13.9%的教师认为自己不需要帮助家长提高家庭教育能力，帮助家长处理家庭教育问题，这就是对自身需要承担的职责缺乏认识。"角色错位"，即教师在家校共育中不但没有承担好自己应该承担的职责与任务，没有扮演好自己本该扮演的角色，反而"做了不该做的"，这也会导致教师有时候出现"好心办坏事"的情况。

微信、钉钉等新媒体技术的出现也给教师在家校共育中的角色带来了新的问题。由于微信群不受时间、空间的限制，沟通起来非常方便、快捷。所以，有的教师会将微信家长群视为自己与家长之间沟通交流的主要阵地，过于依赖微信群。例如，有的教师会将教学信息、学生作业信息、学校活动信息等多种信息都发布在群里，不自觉地成为学业焦虑的强化者和低效信息的制造者。还有家长一怒之下退出了各种家长群，得到了不少家长网友的理解。这也导致家长微信群成了家校矛盾、家师矛盾的发源地。

教师在家校共育中应该扮演的角色与其需要承担的职责是互相关联的，教师在家校共育中需要承担什么样的职责，就决定了他们应该扮演什么样的角色。

一、教师在家校互动中的"沟通者"角色

家庭和学校之间良好的、双向的沟通交流是开展家校合作共育的重要前提，也是

构建家校之间平等合作伙伴关系的关键。如果没有这种良好的互动，家校之间就难以达到相互了解、相互配合以及相互支持的目的，也难以真正合作共育，共同促进儿童的成长。因此，教师需要在家校之间充当"桥梁"的作用，扮演好"沟通者"的角色。

（一）教师要做"告知者"

几乎所有的家长都关心自己的孩子，希望自己的孩子获得成功，并且家长迫切想从学校这个教育合伙人这里获得一些有效的信息。教师扮演好"告知者"的角色，家长就可以成为学校教育的"知情者"。这有利于家长进一步了解学校、教师和学生。包括学校的教育教学安排、活动计划，教师对学生着装、行为规范以及学习等方面的要求，学生在学校的学习和生活情况等。可见，教师在家校互动中扮演好"告知者"的角色具有重要价值。

（二）教师要做"倾听者"

真正的"沟通"应该是双向的信息交流，是彼此的观念、情感和意见的交换，而不是"一厢情愿"的单向信息传递。在家校互动中，家长需要从教师这里获取学校和学生的信息，同样教师也需要从家长这里获取家庭和学生成长的有关信息。例如，教师需要从家长这里了解孩子在家的学习情况，教师也需要从家长这里了解学生的成长背景、生活经历等，教师还需要了解家长在教育孩子上存在的困难、问题等。这就需要教师像朋友一样扮演好"倾听者"的角色，而不是像"独裁者"一样搞"一言堂"。

（三）教师要做"鼓励者"

在家校互动的过程中，有时候家长可能会因为种种原因出现不愿意沟通的情况，从而影响家校之间的良性互动。例如，对于学历程度不高、单亲等特殊家庭，或者家庭经济状况相对较差的家长来说，可能在与教师沟通交流时存在自卑、胆怯的心理，不敢和教师进行互动。那么，此时教师就需要扮演好"鼓励者"的角色，帮助这些不愿意表达、不敢表达或者不擅长表达的家长转变观念，为他们提供一个安全、平等的交流平台，鼓励他们积极主动地交流。

二、教师在家校互动中的"支持者""引导者""被监督者"角色

教师在引导家长参与学校的决策和管理时所扮演的并不只有一种角色。这是因为家长参与学校决策和管理的内容比较丰富，既包括家校组织的建立，也包括家校组织的运行等。因此，教师应根据不同的需要分别扮演好不同的角色。

（一）教师要做"支持者"

家校共育组织可以协调家庭和学校各方力量，是家长参与的重要组织保障。其中最常见的家校共育组织就是"家长委员会"（简称"家委会"）。家委会主要是由家长代表组成的，家长自愿成立、家长自主管理的一个以推进家校共育为目的的组织。家委会的建立有利于保障家长参与的权利，规范家长参与的行为等。因此，教师应该扮演好家校组织（主要是家委会）的"支持者"，即教师首先要支持家委会的成立，并且为家委会的成立以及独立开展工作提供帮助和支持。2012年，《教育部关于建立中小学幼儿园家长委员会的指导意见》（以下简称《意见》）中指出，"要把家长委员会作为建设依法办学、自主管理、民主监督、社会参与的现代学校制度的重要内容"，并提出"建立家长委员会，要发挥学校主导作用，家委会应在学校指导下履行职能"。

（二）教师要做"引导者"

家委会等家校组织建立以后，最重要的是如何正常运行，有效开展工作，切实履

行职责。由于家委会是一个主要由家长组成的群众自治组织，而家长又不是专业的教育人员，因此要想真正发挥家委会的作用，保障家委会正常运行，还需要学校和教师做好方向的引领，扮演好"引导者"角色。例如，教师可以引导家委会建立相应的制度，如家委会会议制度，明确会议流程、保障会议次数；教师还可以引导家委会建立好章程、值班制度等；教师还可以为家长提供参与决策所需要的背景知识，包括决策本身需要的知识和现行学校规章制度等。总之，教师不仅要保障家长在家委会中的主体地位，还要在方向上避免家委会工作"偏航""脱轨"。

（三）教师同时还是"被监督者"

家长参与学校决策和管理的目的就是加强家长对学校教育教学工作的监督，帮助学校改进工作。在家长参与的过程中，家长是被赋予了监督权的，承担着监督者的角色。从这个角度来看，教师是被家委会、家长乃至整个社会监督的。因此，教师在家长参与过程中还需要扮演好"被监督者"的角色。因此，教师需要为家长监督自己的工作提供便利，比如，在醒目的地方悬挂意见箱，利用问卷调查、电子信箱、开放日、家长会等多种途径主动收集家长的反馈意见等。同时，教师还需要向有贡献的家长，如提出了建设性意见的家长，表示感谢。

三、教师在家校互动中的"组织者"角色

家校活动既是家校互动的一种有效方式，也是家长参与的一种具体形式，在家校合作共育中具有重要价值。在家校活动的不同阶段，教师应该扮演不同的角色。

（一）教师要做"组织策划者"

家校活动的开展既是为了加强家庭和学校的联系，更是为了促进学生的健康成

长。教师作为家校共育中的专业教育人员，在组织策划家校活动方面具有先天优势。因此，在活动之初，教师应该扮演好"组织策划者"的角色，包括选择贴近家长需求，有利于学生健康成长，有利于增进亲子关系、家校关系等的活动内容或主题；选择有利于激发家长参与热情和积极性的活动形式；选取有利于家长参与的时间等。总之，教师应该多站在家长和学生的角度思考，选择合适的家校活动主题、时间和形式。

（二）教师要做"实施推行者"

一场成功的家校活动除了需要教师做好组织策划者之外，还需要教师做好实施推行者。在活动过程中，教师需要妥善安排，合理组织，才能保障活动顺利进行。为了提升家长参与活动时的体验，教师需要保持开放、热情的态度，让家长感到舒适、受尊重。例如，教师可以在活动场所布置好欢迎家长的标语，或者站在门口迎接家长等。总之，教师需要在活动过程中营造良好的活动氛围，维持良好的活动秩序，让家长不仅能体验到参加活动的价值，还能体验参加活动的快乐。

（三）教师要做"反思调整者"

任何一场活动都不可能绝对完美，都会存在一些需要改进的地方。因此，为了进一步提升活动效果，教师还应该在活动结束后收集家长对于活动的意见和建议，做好活动的反思、总结和调整。例如，教师可以在活动结束后，设置一个评估环节，了解活动到底发生了多大作用，存在哪些问题等。

四、教师在家校互动中的"指导者"角色

学生的成长离不开良好家庭教育的支持与配合，但目前仍有大量家长缺乏

家庭教育方面的系统知识，无法理性、科学地对待和解决孩子成长中的诸多问题。

例如，有的家长认为只要把孩子送进学校了，教育就全部是学校和教师的事情，缺乏对孩子应有的陪伴和指导，导致孩子无法从家庭中获得安全感和支持感。有的家长只重视孩子的学习成绩，不关心孩子的身体健康和心理健康，在教育上表现出"重智轻德"的倾向，导致"鸡娃""内卷"等现象的发生。有的家长在遇到问题时习惯采取简单粗暴的打骂、威胁等不恰当的教育方式，给学生造成不良的身心影响。

这些问题都暴露出家长在家庭教育能力上的不足。这也使得对家长进行家庭教育指导变得尤为迫切。因此，教师应该在家长教育中扮演好"指导者"的角色。

（一）教师要在集体化的家长教育中做"家长教师"

教师面向全体家长集中开展家庭教育指导，应是一种面向大多数家长的高效率的家庭教育指导，可以同时解决多数家长普遍存在的家庭教育问题。在这个过程中，教师可以通过家庭教育讲座、家长学校、家长沙龙、育儿经验交流会等多种形式，面向家长群体开展指导。此时，教师的教育对象不再是学生，而是学生的家长。因此，教师扮演的其实是"家长教师"的角色。

（二）教师要在个别化的家长教育中做"咨询师"

除了"家长教师"的角色之外，教师还需要针对个别家长和家庭的特殊问题进行个体化的指导。集体化的家庭教育指导只能解决大多数家长的、普遍性的问题，无法解决家长个性化的问题。此时，就需要教师当一名"被咨询者"或"咨询师"。当教师个人能力无法处理一些学生个案的时候，教师也需有相应的判断力和能力将个案予以转介，例如介绍给青少年心理门诊、婚姻关系咨询师等。

五、教师在家校互动中的"资源整合者"角色

尽管教师是家校共育的"主力军",在家校共育中起着主导作用,但是这并不意味着教师只能凭借自己单方面的力量做好家校共育。相反,教师应该在家校共育的各个环节(包括家长教育、家校互动、家长参与和家校活动等)主动开发和整合多方资源。因为再能干的教师,自身知识储备、时间和精力等都比较有限。因此,教师在家校共育中还应该扮演的一个重要角色就是"资源整合者"。

具体来说,教师需要整合以下几种资源:

一是家长资源,比如教师可以挖掘不同职业背景、教育背景、爱好特长的家长教育资源;

二是社区或社会资源,比如教师可以挖掘社区家庭教育指导服务站点、医院、派出所、科技馆等多种教育资源;

三是网络资源,比如教师可以挖掘网上家长学校、网上家庭教育指导服务中心、微信公众号、家庭教育影视资源等多种资源;

四是其他教师资源,比如教师可以挖掘心理健康教师、德育骨干教师、优秀班主任等其他同事资源。

第3节 教师在家校共育中需要具备的综合素质

为了更好地承担相应的家校共育职责,扮演好自身在家校共育中的角色,教师也需要具备相应的专业水平和能力素质。具体说来,主要包括以下几方面。

一、要有专业的态度

有研究发现，教师的专业精神、专业态度有时候甚至比能力更重要。如果一位教师对于家校共育工作没有正确的态度和价值观，能力越强，反而越容易犯错误。因此，做好家校共育的主力军，教师首先应该具备一定的专业态度和专业精神。

（一）教师要认同家校共育的价值，主动投入

教师首先要认同家校共育的价值，认识到开展家校共育工作不是给自己"增负"，而是给自己"减负"。有了这种认知之后，教师才能积极主动地投入到家校共育工作中，提升自己的专业能力，丰富自己的专业知识，积极创造条件与家长建立良好的关系，并积极面对家校共育工作中可能出现的问题。主动不仅意味着教师需要在出现问题时积极与家长沟通联系，还意味着在没有问题出现的时候，教师也要保持与家长的联系，与家长建立稳定的、良好的关系。

（二）教师要有责任心，做好自己在家校共育中的份内事

教师不仅需要主动投入家校共育工作，还需要在家校共育中积极承担自己应有的职责，做好自己的分内事。教师和家长都是家校共育的重要主体，都在家校共育中承担着重要职责。只有教师和家长各自做好自己的分内事，履行自己的职责，才能真正做好家校共育工作。教师作为家校共育中的主导者，不仅要承担好自身的职责，还要对家长起到提示、引导的作用，帮助家长做好他们自己的分内事。

教师在做好自己分内事的过程中，也需要注意掌握好分寸，不"越界"，也就是说，教师不能够越俎代庖，替家长做事。

（三）教师要认同家校共育的专业性，做到终身学习

家校共育是一件专业的事情，且是一件需要与时俱进的事情。比如，在家校共育过程中，教师需要面对各种各样的家庭和家长，要和各种不同性格、知识背景、文化水平的家长进行沟通，引导不同层次的家长参与学校活动，替不同需求的家长解决问题等。因此，教师还需要有终身学习的意识，主动通过家校共育实践、书籍、网络等多种途径不断丰富自己的专业知识，提升自己的专业能力。只有这样，教师才能够保持自己在家校共育上的专业性，保证自己不走弯路或者少走弯路。

二、要具备专业的知识

家校共育是一项专业性较高的工作，教师想要做好家校共育工作，就必须要有一定的专业知识储备。这是教师有效开展家校共育工作的前提条件和基础。这不仅可以帮助教师有效应对家校共育中的各种问题，还能帮助教师树立在家长心目中专业、权威的形象，从而提升家长对教师的信任度。

具体来说，教师到底应该掌握哪些家校共育有关的专业知识呢？按照学科分类标准来看，一方面教师需要掌握教育学、心理学，包括家庭教育、成人教育、婚姻与家庭心理，以及学生相关的发展心理学、青少年心理学等方面的知识；另一方面教师需要掌握一些管理学、人际交往等方面的知识和技能，包括沟通传播、组织协调，等等。总之，按照不同的分类，教师需要掌握的具体专业知识也有所差异。鉴于教师需要掌握的专业知识内容非常丰富，且是随着时代发展逐渐变化的，因此我们介绍几种教师需要掌握的主要知识，大概包括以下几种：

（一）家校共育有关的政策和法律知识

为了把握家校共育工作的"大方向"，避免在具体的工作过程中"踩红线"，教

师首先需要掌握的是家校共育相关的国家政策、文件和法律相关知识。了解这些知识可以帮助教师找准家校共育在整个教育改革、国家发展中的位子，从而进一步帮助教师明确自己在家校共育中需要承担的职责任务，以及需要扮演的角色等。总之，这些知识可以帮助教师在家校共育实践工作中"不走歪路""少走弯路"。

同时，教师还需要掌握一些地方性的家校共育政策。例如，1989年北京市就在教育工作会议上明确提出了要"建立家庭、学校和社会三结合的教育网络体系"，并编制了《中小学家庭教育大纲实施细则》《中学生家长必读》等家校共育资料。近年来，北京市还颁发了《北京市"十一五"时期家庭教育工作规划》《北京市关于进一步加强中小学家庭教育指导服务工作的实施意见》等家校共育相关的文件。

除了政策性文件外，教师还需要了解一些和家校共育有关的法律知识。例如，2021年6月新修订的《中华人民共和国未成年人保护法》，2022年1月1日开始实施的《中华人民共和国家庭教育促进法》，地方上的《山西省家庭教育促进条例》《江西省家庭教育促进条例》《江苏省家庭教育促进条例》《浙江省家庭教育促进条例》，等等。

（二）家校共育有关的理论和实践知识

教师除了需要掌握家校共育有关的政策法律知识外，还需要了解一些和家校共育或家校合作本身有关的理论和实践知识。这些是教师开展家校共育工作的理论依据，也是教师开展家校共育工作的重要借鉴。

具体来说，教师需要掌握的家校共育理论和实践知识包括：家校共育的经典理论，家校共育的国内外实践模式，家校共育的主要内容和形式，国内外可借鉴的经验，以及影响家校共育效果的主要因素等。

（三）家庭教育指导知识

目前，面向家长开展家庭教育指导工作是学校教师开展家校共育的重点内容之一。因此，在开展家校共育工作过程中，教师尤其需要掌握的一类知识就是家庭教育指导专业知识。教师需要掌握的家庭教育指导知识内容非常丰富，涵盖了家庭教育、家庭建设、儿童发展、心理健康、成人教育等多方面知识，包括帮助家长认识孩子的身心发展规律，了解先进的家庭教育理念，掌握科学的家庭教育方法，构建和谐的家庭关系，营造良好的家庭氛围等。

三、要有专业的技能

关于"做好家校共育，教师应该具备哪些能力"这个问题，不同研究者有不同的答案。例如，有研究者认为它应该包含理论理解能力、持续学习能力、反思能力、沟通能力、问题解决能力、移情共情能力、积极协调能力、情绪调节能力共8项指标[1]；有人认为它主要包含日常沟通能力、移情共情能力、问题解决能力、教育反思能力、持续学习能力共5种能力[2]；有人认为它主要包含有效沟通能力、协调合作能力、组织管理能力和自主学习能力共4种能力[3]。综合目前国内外有关教师家校共育胜任力的研究，以及爱普斯坦有关家校合作的6种实践活动类型，我们认为做好家校共育，教师的专业技能应当跟教师的主要角色和工作职责对应，具体说来包括以下几个方面：

（一）家校沟通能力

除了进行家庭教育指导之外，教师在家校共育中还有一个重要任务就是进行家校互动，即促进家庭和学校，家长和教师之间的沟通交流，使彼此能够达到互通有无的目的。当家庭和学校之间出现矛盾或冲突时，教师需要妥善化解这些矛盾。因此，做

---

① 曾子原. 小学教师家校合作胜任力研究. 广西民族大学，2020.

② 姜仁建. 小学教师家校合作胜任力现状分析及提升路径. 现代教学，2019（20）.

③ 袁柯曼，周欣然，叶攀琴. 中小学教师家校合作胜任力模型研究. 中国电化教育，2021（6）.

好家校共育工作，教师还需要具备的一项能力就是家校沟通能力。这是家校之间建立良好互动关系的前提，也是家校共育顺利推进的"润滑剂"。

具体来说，教师的家校沟通能力至少包括2个部分：一是语言表达的能力，二是理解与倾听的能力。在家校沟通中，教师首先需要具备良好的语言表达能力，确保能够顺利开展与家长的对话，准确无误、言简意赅、理性客观地将信息传达给家长。其次，教师需要具备良好的倾听能力，能够积极接收和理解家长表达的信息，并给予恰当的回应。在这里，尤其值得说明的是，在家校沟通能力中有时候倾听能力比表达能力更重要，因为"听"是"说"的基础。因此，教师应该具备一定的倾听技巧。除此之外，随着互联网和新媒体技术的发展，教师还需要具备一定的新媒体沟通能力，比如如何利用微信、QQ等软件与家长沟通，需要注意哪些问题等。

（二）家校活动组织与策划能力

教师在开展家校共育过程中需要组织、策划、参与一些家校共育活动，比如校园开放日、亲子活动、家长讲座、家长沙龙等。很多活动，如家长会、家访等，都需要教师亲自规划、实施，做好全程把控。要想使这些活动能够顺利进行，并且发挥最大的效果，妥善的组织策划必不可少。因此，教师还需要具备一定的组织策划家校共育活动的能力。

具体来说，教师的组织策划能力包括以下几个部分：一是对于活动的策划能力。在活动开始之前，教师需要具备一定的选择与决策能力，以及撰写活动方案的能力。因为教师是否能够选择合适的活动主题、活动形式等对于活动的成功十分关键。在活动开始时，教师需要具备一定的组织、指挥、控场能力，保证活动能够按照"预设"进行。在活动开展过程中，如果出现了一些突发事件，比如突然下雨了，有人受伤了，或者有家长要求提前退场等，教师还需要具有一定的随机应变能力，以便扫除活动障碍，让活动顺利开展。

（三）家庭教育指导能力

教师的家庭教育指导能力，是指通过多种学科的教育理念、手段、技术和方法，对实施家庭教育的家长从理论、方法、内容和技术等方面进行指导，帮助家长提高科学育儿素养，提升家庭教育水平。如果家长的家校共育意识淡薄，或者家长的家庭教育能力不足，那么就会严重影响家校共育工作的推进情况以及实际效果。因此，在家校共育过程中，教师的一个重要作用或者说一项很重要的工作，就是开展家庭教育指导，提升家长的家庭教育能力，帮助家长成长为"合格父母"。只有让家长意识到家校共育的价值和作用，主动参与到学校教育中，跟学校育人目标与方向保持一致，用正确的方式方法教育孩子，营造和谐的家庭环境，才能真正实现家庭教育和学校教育的合作共育，最终走向共赢。

因此，在教师的家校共育胜任力中，有很大一部分是教师的家庭教育指导能力。可以说，教师家庭教育指导能力的高低，直接影响着家校共育效果的好坏。

（四）家校资源开发与整合能力

教师是家校共育的"主力军"，但是教师自身的力量有限，所以教师还需要充分开发身边可利用的家长、社区和社会资源。因此，如何寻找合作资源，以及将这些资源整合起来为自己所用，也是教师在家校共育过程中需要具备的一项专业能力。

具体来说，教师的资源开发与整合能力应该包括以下两方面的内容：一是家校资源开发能力，即教师需要具备根据自己的工作需要挖掘各类家校共育资源的能力，例如，教师可以与不同类型家长、社区工作人员、以及家校共育专家建立良好的关系，并具备邀请这些"编外人员"参与家校共育的能力。二是家校资源整合能力，即教师可以清楚地知道在什么时候使用何种家校共育资源，或者如何同时使多种资源联动，并发挥出最大的价值。

（五）学习与反思能力

随着科技的进步、社会的发展、教育改革的深入，学生的成长环境在变化，家长的教育观念在变化，因此教师面临的家校共育问题也在不断变化。为了适应这种变化，教师就必须具备一定的学习能力。这要求教师保持开放的态度，积极主动更新自己的教育观念、专业知识以及教育方法，不断提升自己的家校共育素养。例如，教师需要具备一定的阅读能力，从家校共育相关书籍中获取新的知识和技能；教师还需要具备一定的网络搜索能力，从浩瀚的网络知识中提取出适合自己的学习内容。总之，如何在有限的时间和精力范围内，获取想要的新知识和新技能，对于教师来说也是一种挑战。

除了保持学习之外，教师还需要具备一定的反思能力。即教师能够在家校共育实践中，对来自家长、学生以及其他教师的反馈信息进行自我反思，然后不断调整自己在实践中的方法。

（六）情绪管理能力

教师在家校共育过程中，由于自身精力不够、工作太忙、无法得到家长和学校领导理解等多方面原因，很有可能出现情绪不稳定的情况。例如，在一项调研中，一位教师说："和家长沟通时很多老师都会比较情绪化。比如一次开家长会前做准备工作时，老师们都挺忙、挺烦躁的。这时正好有一个家长打电话来请假，我当时劈头盖脸把家长说了一顿。"[1]这时候，如果教师不能够管理好自己的情绪，就可能引起家校矛盾，甚至家校冲突，导致家校关系恶化，使家校共育工作无法正常开展下去。因此，要想做好家校共育工作，教师还需要具备一定的情绪管理能力。

所谓情绪管理能力，是指教师在家校共育过程中，能够有效调节自己与他人（包

① 陈美言. 协同教育视角下的家校合作对教师角色的影响. 亚太教育，2016（20）.

括家长、学生和领导等）的情绪，保持自己与他人情绪稳定的能力。具体来说，教师在家校共育中的情绪管理能力包含以下几个部分：一是教师能够有效识别自己和家长、学生等对象的情绪，二是教师能够通过一定的方法，有效管理自己和家长、学生等对象的情绪。例如，教师与家长沟通学生在学校的情况时，提到学生在学校犯了错误，家长的脸上表现出了不愉快的表情。这时候，教师需要及时捕捉家长的情绪变化，对交谈内容做适当的调整，而不是任由家长情绪发酵。此时，教师可能还会觉察到自己内心也有一些委屈、愤怒的情绪，应及时中止谈话，去给家长倒一杯水。

教师家校共育的能力素质并非一朝一夕就能养成的，需要长期的学习和积累。尤其是新入职的教师，其自身的人生阅历有限，也缺乏处理复杂问题的经验，就更需要积极投入家校共育工作的学习与实践中，通过端正自己的专业态度，不断丰富专业知识，锻炼专业技能，努力提升自己的家校共育能力。学校层面也需要重视教师队伍在家校共育工作中的"主力军"作用，为教师提供成长的机会和平台。

第 3 章

中学家校共育的
主要任务和**途径**

第 1 节 ● 中学家校共育的主要内容

第 2 节 ● 中学家校共育的有效途径

教师和学校的困惑

教师1 中学阶段的家校共育除了要关注学生的学习，还要注重培养和发展他们的哪些优良品质呢？

教师2 家校共育的途径有很多，但是中学教师的教学任务很重，尤其到了初三、高三，师生的应考压力都很大，哪种家校共育的途径才是最有效的呢？

教师3 相比小学阶段的家校共育，中学阶段学生家长对于家校共育工作的了解和参与主动性远远不够。我们在开展家校共育工作时需要注意什么，才能增强中学家校共育的效果呢？

家校共育是家庭和学校之间，家长和教师之间相互支持、相互配合、共同努力，促进学生健康全面发展的协作过程。中学阶段是学生身心发展的关键时期，是人生重要的成长阶段，中学阶段的家校共育对学生终身发展的影响尤为重要。

然而，中学阶段的家校共育目前还存在一些问题。比如中学阶段学业压力过大，家校双方都容易忽视学生青春期的身心发展、人际关系等方面；家长认为中学学校教育能参与的不多，教师认为只要学生正常学习不出状况就行，因此家校沟通过分以问题为导向，甚至要等到学生出现重大问题，家校双方才不得已地沟通，往往为时太晚；学校开展家校共育的活动形式单一，无法激发家长的主观能动性，也导致家长参与体验不佳，渐渐就不愿意参加家校共育活动了。

因此，学校要做好中学阶段的家校共育工作，提高家校共育的有效性，需要对家校共育的内容和途径做好顶层设计，既要选择合适的家校共育内容，还要选择合适的家校共育途径。

第1节　中学家校共育的主要内容

中学生正处于青春期阶段，他们的身体和心理开始快速发展，逐渐摆脱童年期的幼稚，开始走向成熟，但又由于认知能力不足，社会经验欠缺，不能完全离开家长。因此，中学生处于一种"半成熟""半幼稚"的状态。他们的这些变化对家校共育也提出了新的要求与挑战，学校和教师需要根据中学阶段的教育特色、学生特色厘清家校共育需要注意的问题，适当调整家校共育的内容，才能满足学生和家长的新需求。

一、中学家校共育需要注意的问题

相比小学阶段的家校共育来说，中学阶段学生家长对于家校共育工作的了解和重视程度远远不够，且存在一定的"重智轻德""重考轻育"的现象。这与中学阶段学生、家长和教师面临更大的升学压力有关，也可能与家长和教师没有认识到中学阶段家校共育的重要性有关。为了提高家校共育的有效性，中学阶段家校共育需要注意以下几点。

（一）尊重中学生的成长规律，变"共管"为"共育"

学校在中学阶段开展家校共育的内容，既需要考虑学生的年级差异和个体差异，还需要考虑学校之间的差异和家庭之间的差异等。不过，需要重点考虑的还是中学生的成长规律，根据不同年龄阶段学生所面临的这些重点问题有针对性地确定家校共育主题。

例如，初一年级学生主要面临入学适应的问题，初二年级学生主要面临同伴关系和学习分化等问题，初三年级学生主要面临中考升学压力、生涯规划等问题。进入高中阶段后，高一年级学生要重新面临入学适应和选科（生涯规划）等问题，高二年级学生主要面临学习分化、异性交往等问题，高三年级学生主要面临高考升学压力、志愿填报等问题。

同时，中学阶段的家校共育应该更多从"共育"的角度出发。传统的家校共育往往将重点放在"共管"上，学校开展家校共育的目的在于希望获得家长的支持、配合，共同"管好"学生，让学生可以更好地完成学校的学习任务，更加遵守学校的规章制度等。家长也希望可以通过与教师的配合"管好"孩子，让孩子更加"听话"，把更多的时间用在学习上。

但这种以"共管"为目的的家校共育相对而言更适合年龄较小的学生，如小学生和幼儿园学生，而对于进入青春期的中学生来说已经不再适合。因为中学生的自我意识已经开始飞速发展，有非常强烈的"成人感"心理，希望自己能够"自主""自立"。而且，中学生已经具备相对成熟的自我管理能力，独立思考和判断能力，家校共育也没有必要再像小学和幼儿园一样"管"着他们。

因此，了解和尊重中学生的身心发展规律，家校共育还要从学生的心理需求出发，以学生的全面健康成长为目标，采取科学的方式方法，而不是简单粗暴的"管理"和"控制"。比如关于沉迷手机游戏、异性交往等问题，最好的方法从来都不是"堵"，而是"疏"。

（二）尊重中学生家长的需求，"重智"不"轻德"

中学阶段家校共育的内容还需要考虑家长的实际需求。有研究发现，家长对孩子学习成绩的关注程度随着年级的增长而提高，而对于孩子的身体发展、个性品质、行为习惯等的关注程度则随着年级的增长而下降。在幼儿园和小学时，家长更关注孩子的心态好不好，而到了初中和高中后，家长更关注孩子的能力好不好。[1]在高二年级时，家长对学生考试成绩的关注程度达到最高水平。[2]这表明，进入中学阶段后，家长们对孩子的期望发生了变化，表现出一定的"重智轻德"倾向。

作为学校和教师，要关注和理解中学生家长的真实需求，多安排一些与学生学习能力提升有关的家校共育内容。但"重视学生的学习"并不等于"只关注学生的学习"，学校和教师需要清醒地认识到家长的需求也可能存在不合理的地方，适当进行引导，避免家长陷入"功利化"的家庭教育陷阱。学校作为专业的教育机构，教师作为专业的教育人员，既要正视和重视家长在家庭教育中的真实需求，又要智慧地辨别哪些需求是合理的，哪些需求是需要学校帮助家长调整的。

（三）关注特殊家庭学生的家校共育

单亲、流动、留守和重组等家庭的学生，由于家庭结构和功能不完整，家长教育职责缺失以及家庭冲突等多种问题的存在，更容易出现各种心理问题，比如人际关系不良，情绪控制能力差，学习困难等。

学校和教师在家校共育过程中需要重点关注特殊家庭学生，做好他们的家校共育工作，不仅能够帮助学生成长，促进教育公平，也有助于维持和谐的班级氛围，增进班级管理实效。但特殊家庭的家长在家校共育过程中可能会出现不太配合的问题，比如有的家长是因为没有时间和精力，无法配合学校和教师工作；有些家长是因为没有意识到家校共育的重要性，不愿意配合。因此，做好这些学生的家校共育工作对于学

① 周明，殷亭匀，卜江. 长大后你会成为谁——万名家长对孩子未来发展期许的调查研究. 上海教育科研，2019（8）.

② 姚计海. 教师与家长对学生发展的关注点比较研究. 中国教育学刊，2014（2）.

校和教师来说也是一大难点。

（四）建立家校冲突预警与干预机制

在家校共育过程中，由于学校和家庭之间在文化背景、价值观以及教育期待值等方面的差异，不可避免会出现一些冲突、矛盾。如果处理不好这些矛盾和冲突，常常会引发一些负面舆论，严重影响学校和教师在家长以及社会各界心目中的形象。

对于学校和教师来说，如果不能妥善处理家校冲突，那么也就谈不上建立良好的家校关系。反之，如果教师能够积极回应家校之间的矛盾和冲突，则有利于提升家长对学校和教师的信任度，有利于构建家校新型"合作伙伴"关系。

因此，学校和教师要妥善处理家校矛盾和冲突。学校可以从顶层设计出发，建立合理的家校冲突预警和调解机制；建立合理的教师培训制度，提升教师的冲突解决能力。教师则首先要在观念上重视冲突和矛盾，不要让"小摩擦"升级为"大矛盾"；其次要不断提升自己的家校冲突处置能力，尤其是家校沟通技巧。另外，对于社会上发生的家校冲突舆情，学校也可以组织讨论，分析成因，规避错误的行为，探讨正确的处理思路，及时补充进本校的家校冲突预警机制，制订相应的干预措施，以避免类似的情况在本校发生。

二、了解中学生身心发展的基本规律

若要中学阶段家校共育起到良好的效果，教师自身和家长首先要了解中学生身心发展的基本规律，才能提出恰当的育人策略，对症下药。

（一）中学生生理发展的基本规律

初中、高中学生基本处于青春期阶段，这是个体发展过程中非常关键的时期，他们在生理上会发生急剧的变化，具体表现出以下规律：

1. 大脑和神经系统的变化

中学生的大脑在结构上和成人基本没有什么差异，大脑反应速度和精确性都快速提高。大脑枕叶、颞叶、顶叶和额叶等各个部位的功能相继成熟，特别是杏仁核快速发育促使脑和神经系统的兴奋性增强，但前额叶的抑制功能尚未完全发育成熟。

2. 外形的变化

中学生最突出的变化就是"长个"，除了身高的变化外，他们的体重、胸围、肩宽等也在快速增长。从外形上看，男生显得肌肉紧实，女生则显得丰满。最重要的是，中学生开始出现性发育的外部表现，即"第二性征"。比如男生开始长胡须，声音开始变粗，喉结变得更突出，还出现了阴毛和腋毛等；女生的乳房开始发育，骨盆变宽，臀部变大，声音变细，出现阴毛和腋毛等。

3. 内脏机能的变化

除了外形的变化之外，中学生的内脏器官及其功能也在逐步增强，并日趋成熟。比如心脏在外形大小上已接近成人，供血功能大大增强；肺也发育得又快又好，并且肺活量变大；肌肉的力量、耐力和灵活性等都大大增强。

4. 性的成熟

中学生进入青春期后，性器官及其功能开始快速发育和成熟。比如男生和女生的内外生殖器官都开始成熟，男生出现"遗精"现象，女生出现"月经初潮"，并逐渐形成规律的月经。性的成熟是中学生生理发展的一个重要标志。

5. 个体差异和性别差异

不同学生进入青春期的时间存在一定的个体差异和性别差异，从而在生理发展上会出现"早熟"和"晚熟"现象。一般来说，女生要早于男生，有的男生要等到高中才开始进入青春发育期。

（二）中学生心理发展的基本规律

生理是心理的基础。伴随着生理上出现的一系列剧变，中学生的心理也慢慢发生了一些改变，具体表现出以下规律和特点：

1. 思维上批判性与片面性并存，表现出"矛盾性"的特点

随着大脑和神经系统的成熟，中学生已经具备一定的抽象思维能力。有研究发现，从初中开始，学生的抽象逻辑思维由经验型水平（需要感性经验的直接支持）向理论型水平（能够以理论为指导对材料进行分析综合）转化。[①]

思维的变化使中学生的独立性和批判性有了显著发展，他们开始喜欢怀疑、辩论，不再轻信教师、家长及书本上的"权威"意见，容易出现"顶撞"长辈或老师的情况。但中学生的思维仍存在一定局限性。这导致他们有时毫无根据地争论，有时孤立、偏执地看问题，有时爱走极端、钻牛角尖等。

2. 情绪上丰富、敏感又脆弱，表现出"不稳定性"的特点

处于青春期的中学生情绪被形容成"疾风骤雨"。这个时期的学生一会儿高兴，一会儿难过，一会儿开心，一会儿沮丧，经常弄得教师和家长不知所措。取得好成绩时非常高兴，表现得唯我独尊；一旦失败了，又陷入极端苦恼的情感状态。

中学生在情绪上的这些变化主要是由于脑区发育不平衡导致的，他们情绪控制能力较弱而情绪体验又增强，从而情绪丰富多变。相对而言，女生通常比男生更早经历情绪的"疾风骤雨"期。女生更敏感，情绪体验更细腻、更丰富；而男生情绪则更易怒，不稳定，遇事更容易激发强烈的情绪反应。

此外，相较于儿童或成年人，处于青春期的中学生更容易受到压力的影响。他们对压力有更强烈的反应，也需要有更长的时间从压力中恢复过来。这也导致中学阶段学生的抑郁发生率显著增高。据统计，抑郁症在儿童期的临床发病率在

---

① 林崇德. 发展心理学. 杭州：浙江教育出版社，2002.

0.4%~2.5%，在12岁增长到约5.0%，而到17岁时则急剧增长到17.0%。

3. 行为上冲动、大胆又自恋，表现出"个人神话"的特点

"个人神话"是在中学生身上存在的一种典型的观念或体验，主要表现在三个方面："独一无二""无懈可击""无所不能"，即认为自己是与众不同的，拥有一种别人没有的能量或者力量，不可能受到伤害。[1]

因此，中学生有时会感到自己无比强大、刀枪不入，做出一些让教师和家长不能理解的违纪、冒险、冲动、自恋又危险的行为，比如打架斗殴、抽烟、喝酒、赌博、性行为、飙车、网恋、沉迷网络游戏等。当一名中学生开始抽烟时，他们往往会觉得"我不会染上烟瘾，我仅仅是用它来提神，只有那些没有自制力的人才会上瘾"。其实，这就是他们一种典型的"个人神话"心理。

之所以出现这些行为，与中学生的感觉寻求行为和低冲动控制能力之间的矛盾有关系。其中，感觉寻求是指个体寻求多变、新异、复杂、强烈的感觉和体验，并且采取生理、社会、法律、经济等方面的危险行为来获取以上体验的人格特质；冲动性是指个体缺少自我控制和意志力，会进行草率的、没有计划的行为的人格特质。[2]一方面，随着性激素分泌增加，中学生大脑的神经结构和功能也产生了变化，大脑对新异刺激等的敏感性增强，感觉寻求行为大量出现；另一方面，由于中学生大脑额叶还未发育成熟，自我控制能力还比较弱，导致他们在行为上容易冲动。

4. 人际交往上，重视别人对自己的评价，渴望自由与独立，表现出强烈的"成人感"特点

同伴关系上，由于受到中枢神经系统活动增强的影响，中学生会对周围的各种刺激，包括别人对他们的态度、评价等过于在意和敏感，在人际交往中非常注重维护自

① 郭菲，雷雳. 初中生假想观众、个人神话与其互联网社交的关系. 心理发展与教育，2009（4）.
② 胡春梅，张晓燕，何华敏. 青少年感觉寻求、冲动性的发展特点. 中小学心理健康教育，2018（16）.

己的面子和尊严，且会为了寻求归属感而更容易受到同伴压力。同时，由于性意识的觉醒，中学生对异性交往有了更多的需求。

亲子关系上，由于身体外形的剧烈变化，中学生在心理上会有一种"我不再是小孩子了"的感觉。因此，他们强烈渴望被当作"大人"来对待，希望有自己的空间，有一定的自由，被大人尊重等。他们与父母的关系开始疏远，更愿意和同伴分享自己的秘密，或是躲在房间写日记。如果家长还像对待小孩一样对待他们，比如监视、控制他们的话，就会引起他们的强烈反感，使其出现"逆反心理"。

中学生身心发展变化对家校共育提出了新的要求与挑战。学校和教师需要适当调整家校共育的内容与形式，才能满足学生和家长的新需求。

三、关注中学生成长的关键任务

在中学阶段，教师和家长把更多的注意力放在了孩子的学习成绩上，对孩子品德、行为、个性品质等的发展相对关注较少。然而，中学生除了面临巨大的中高考升学压力之外，还要应对各种可能遇到的成长问题，面临为未来发展做好规划和准备的问题。

因此，学校非常有必要从中学生的身心发展规律和特点出发，针对中学生成长中的关键任务，以及教师、家长最关注的问题，在中学阶段开展全面的家校共育工作，以保障中学生的身心健康发展。

（一）入学适应

学生新进入初中或高中，陌生的校园环境、陌生的老师和同学，以及知识量更多、难度更大的学习任务，使他们无论是在学习还是人际关系上都会发生巨大变化。

大部分学生都会面临一定的入学适应问题，具体包括学习适应、人际适应、环境适应、情绪适应和行为适应，其中学习适应是中学生面临的最主要的入学适应问题。例如，在学习上找不到明确的目标，对增多的学习内容感到迷茫，找不到合适的学习方法，遇到问题不敢求助老师和同学，等等。

教师如果可以对学生的入学适应问题加以关注，在科学诊断的基础上给予新生科学有效的指导，则可以有效提高他们的入学适应水平。因此，中学阶段家校共育需要重点关注的第一个问题就是学生的入学适应问题，其中尤其需要关注的是学生在学习任务、学习方法、人际环境和学习态度方面的适应情况。具体来说，教师就学生入学适应问题开展家校共育时需要指导家长注意以下内容：

（1）学习任务：帮助学生明确学科主次，以正确的心态对待增加的学习科目等。

（2）学习方法：帮助学生学会制订学习计划，科学规划学习时间，掌握学习重难点等。

（3）人际环境：帮助学生学会表达和沟通，建立良好的师生和同伴关系。

（4）学习习惯：帮助学生养成认真听讲、认真完成作业、复习、预习等习惯。

（5）学习动机：帮助学生明确学习目标，了解学习的意义，提升学习兴趣。

（二）青春期的身心变化

中学生正处于青春期，不单纯是长高了，外形改变了，更多的是他们心理上的改变。

一方面，随着性器官的发育及其功能的成熟，逐渐出现了对性的好奇心理，也可能出现对性的"恐慌"心理。最近一项针对我国安徽、福建、北京等9个省11个市的23所初中学校的调查发现，初中生存在与性有关的需求和行为，但是他们在学校获得的性知识明显不足，掌握性知识的情况不容乐观。例如，在接受调查的1016名初中生中，大约有13.8%的学生有接吻经历，约6.7%的学生曾与他人发生过对身体敏感部位的爱抚行为，约2.2%的学生已经发生过性交行为。[①]

另一方面，根据埃里克森的理论，中学阶段学生最重要的任务就是建立自我同一性，即弄清楚"我是谁""我未来想成为什么样的人"等一系列问题。如果学生能够在青春期建立自我同一性，就会形成正确的人生观和价值观，建立起真正的自尊、自信。反之，就可能失去自我存在感、人生价值感，产生迷茫、消极的人生态度，做出一些违反社会规则的事情，甚至走上违法的道路。而在建立自我同一性的过程中，学生一些探索性的行为会让家长觉得很"叛逆"，比如穿奇装异服，听各种小众风格的音乐，喜欢一些他们认为有个性的明星偶像等。

因此，中学阶段的家校共育应该重视和加强学生的性教育，帮助学生科学全面地了解青春期性知识，也帮助家长化解性教育的尴尬。同时，引导家长正确跟青春期学生相处，意识到出现叛逆是好的开始。孩子只有经历了自我怀疑、混乱、冲动，通过各种不同的尝试和探索，才能建立自我同一性，未来才能发展得更好。

具体而言，教师就学生青春期问题开展家校共育时可以重点关注以下内容：

（1）帮助学生了解和掌握有关青春期生理与发育的内容，包括男生和女生的生理结构与区别，青春期生理上会出现哪些变化等，并帮助学生正确对待青春期生理变化，包括正确看待月经和遗精现象，悦纳自己的外形等。

（2）帮助学生正确把握对待异性和与异性交往的尺度，掌握保护自己的知识与方法，包括哪些人和环境是危险的，遇到危险时如何保护自己等。

（3）指导家长树立正确的性教育观念，掌握相关的家庭性教育知识与技巧等，对学生的异性交往宜"疏"不宜"堵"。

（4）指导家长关注学生的情绪，尊重学生的隐私，学会与青春期学生正确沟通

① 郭凌风，肖瑶，芦鸣祺，刘文利. 基于全面性教育的初中生性知识态度和行为调查. 中国学校卫生，2020（10）.

的方法，变言传为身教，减少说教。

（三）学习品质

学习品质是影响学生学习效果的重要因素之一，它是指学生在学习过程中表现出来的一系列稳定的心理与行为特质，既包括注意力、观察力、记忆力等智力因素，也包括学习动机、学习兴趣、学习习惯等非智力因素。良好的学习品质可以促进学生的学习，反之则阻碍学生各科的学习效果。

有研究发现，家长参与提升学生的学习品质，不仅会直接影响学生的学业成绩，更是对学生的学习兴趣、学习自信心、学习习惯以及自主学习能力等学习品质有显著的积极作用。[①]因此，学校和教师应寻求家长助力，共同提升学生的学习品质。在这个方面，家校共育可以聚焦以下内容：

（1）帮助学生提升学习的主动性。指导家长营造自由的学习氛围，给孩子一些自主学习的时间和机会，停止唠叨和包办，让学生意识到"学习是自己的事情"。

（2）帮助学生树立正确的学习观。指导家长结合生涯规划，让学生清楚自己学习的目标，尽早树立人生理想，找到自己梦想的大学、专业、职业和人生发展规划。同时，指导家长激发学生学习的内部动机，帮助学生从"要我学"转变为"我要学"。

（3）帮助学生提升自主学习能力，包括自主制订学习目标、学习计划，自主管理学习时间等，比如主动完成老师布置的作业等。

（四）职业生涯规划

中学阶段是学生人生观、世界观和价值观形成的关键时期，也是学生对未来职业

① 梁毅明. 家校合作对初中生个体自我管理能力培养的研究. 教师，2021（7）.

生涯发展的重要探索期。在中学阶段开展生涯规划教育既是学生个体发展的需要，也是国家和社会发展的需要。

因此，中学阶段是对学生进行生涯规划教育的黄金时期，生涯规划教育应该也必然成为中学阶段家校共育的重点内容之一。具体来说，学校需要充分发挥自身在生涯教育中的启蒙、传授、支持、协调组织等作用，利用好家长和社会资源，从以下几个方面做好高中生生涯规划教育方面的家校共育工作：[①]

（1）帮助学生做好自我认知。即帮助中学生正确、全面地认识自己，包括了解自己的优势、劣势、兴趣爱好、价值观、能力特点等。比如自己喜欢做什么，不喜欢做什么，具备哪些特长，等等。

（2）做好专业和职业认知。即帮助中学生认识社会中的各种专业和职业，包括了解每种专业、职业的特点、功能、意义和价值等。比如医生是做什么的，有哪些要求，为社会创造了什么价值，能够获得什么收益，等等。

（3）做好生涯决策。即帮助中学生在了解自己、了解各个高校专业和社会上各种职业的基础上，选择适合自己的专业发展方向，以及未来职业发展领域等。包括选择合适的专业、填报合适的中高考志愿，等等。

（五）人际关系

进入中学阶段后，同伴关系变成了学生最重要的人际关系。良好的同伴关系不仅可以帮助学生更好地适应初中学习和生活，建立自我同一性，也是学生实现社会化的重要途径。但由于情绪不稳定，行为冲动，以自我为中心等年龄特点，以及家庭和学校环境等因素的影响，中学阶段的学生容易出现同伴矛盾和校园欺凌等问题。同时，青春期学生反感父母过多参与自己的事情，希望能够与家长"平起平坐"，亲子关系

---

① 杨青，陈云. 高中生生涯规划现状及对策研究——基于家校合作的生涯规划辅导. 教育导刊，2013（7）.

由亲密逐渐走向分离。青春期阶段师生冲突也明显增多，学生不再像小学阶段那样崇拜老师。

因此，中学阶段家校共育既要关注学生的同伴交往问题，预防校园欺凌，也要关注亲子关系和师生关系，避免激烈冲突影响正常的学习生活。具体来说，教师需要指导家长：

（1）关注孩子的同伴交往、异性交往情况。通过言传身教为孩子树立良好的人际交往榜样，教授孩子一些交友技巧，帮助孩子建立良好的同伴关系。正确看待孩子异性交往的需求和行为，帮助孩子明确异性交往的底线，不过分紧张，不过分干预。同时，重视校园欺凌，避免孩子陷入不良同伴压力或校园欺凌中，比如关注孩子的变化，通过"孩子不愿意上学""突然无故情绪低落"，身上频繁出现划伤、擦伤、淤青等表现来判断孩子是否受欺凌。

（2）关注家庭中的亲子关系，指导家长营造民主的家庭氛围，给孩子自由的空间，减少批评、打骂的家教方式；同时，通过亲子家长会、校园开放日、家长志愿者互助等途径，改善青春期学生和家长间的亲子关系，减少亲子冲突。

（3）指导家长以身作则尊重教师，并成为学生和老师间的润滑剂，引导学生客观评价老师，鼓励学生换位思考，尝试积极化解学生和老师间的矛盾。

（六）网络媒介素养

在这个信息时代，网络对中学生的影响不容小觑。一方面，网络极大丰富了他们的生活，满足了他们的学习和娱乐需求，另一方面，但如果把握不好使用的"度"，就可能让学生沉迷其中，影响他们正常的学习和生活。不过，有一些家长视网络为洪水猛兽，千方百计阻止孩子和网络接触，不仅收效甚微，还容易造成激烈的亲子冲突。

家校间的良好配合有助于学生充分发挥网络的资源优势，共同对学生进行有效的监督和控制，使他们免受网络的伤害，帮助学生成为网络的主人。具体而言，教师就中学生网络使用问题开展家校共育时可以重点关注以下内容：

（1）提高家长的网络媒介素养，帮助家长认识到孩子对网络使用的需求，引导家长正确看待孩子使用网络，了解网络对他们的正面意义，并了解网络成瘾的成因。

（2）帮助学生制订并坚持执行网络使用规则，让他们养成良好的上网习惯，逐步形成上网的自控能力。

（3）指导家长有效陪伴孩子，培养孩子的兴趣爱好，满足他们多元化的发展需求，将他们对网络的注意力引向正确的轨道，帮助已经成瘾的学生回归现实生活。

（七）生命教育

中学阶段是学生心理和行为问题的高发期，社会上层出不穷的关于青少年抑郁、自杀等新闻似乎也印证了这一点。根据2020年心理健康蓝皮书《中国国民心理健康发展报告（2019—2020）》的统计显示：初中阶段，学生的抑郁检出率为7.6%～8.6%；高中阶段，学生的抑郁检出率为10.9%～12.5%。这说明，随着年级的增高，中学生遇到的心理和行为问题越来越多，这可能与高中生面临更大的学业压力、更复杂的人际关系有关，也与高中生更容易受到压力影响，不善于调节情绪等身心发展特点有关。

因此，学校在推进家校共育的工作过程中，需要重点关注学生的生命教育，并充分利用好家庭教育的优势，通过多种途径加强与家长的沟通，对家长的指导，引导家庭积极参与生命教育，与学校形成生命教育合力。具体而言，教师就中学生生命教育问题开展家校共育时可以重点关注以下内容：

（1）指导家长做好生命意识教育，帮助学生认识生命的可贵，学会珍爱生命。

（2）指导家长做好生命价值观教育，帮助学生树立积极的人生态度，认识生命的独特性和差异性——"每个生命都是独一无二的"，从而活出生命的意义。

（3）指导家长做好挫折教育，帮助学生正确对待生命发展过程中的挫折，预防自杀。

（4）指导家长做好死亡教育，帮助学生正确理解死亡，正确面对身边人的死亡，并从死亡中发现生命的价值。

（5）指导家长关注学生的心理健康，对心理健康问题能及时处理，或求助专业人士。

（八）迎战中高考

中考和高考是中学生人生中的两场重要考试，许多学生感到压力巨大，根据耶克斯多德森定律，过高的压力并不利于学生的学习，还可能导致学生出现一系列心理和行为问题。家长也非常关心孩子的中高考，但有时他们并没有做好充足的准备，或者是过分紧张导致"帮了倒忙"。例如，许多家长过于看重成绩而忽视孩子的心理健康，或忽视孩子的职业生涯规划和志愿填报；还有的家长在备考期间过分关注孩子的复习情况，营造焦虑紧张的氛围，导致孩子考试压力过大。这都不利于学生在中高考中的正常发挥。

因此，学校还要重视家长在学生中高考过程中的作用，充分发挥学校教育和家庭教育的合力优势。具体而言，教师需要指导家长做到以下几点：

（1）指导家长在中高考备考期间摆正自己的位置，正确看待学生的考试成绩，科学缓解学生考试压力。

（2）指导家长做好中高考备考初期、中期、后期（冲刺阶段）以及考试后各个不同时期的准备工作，合理、有序、科学地安排孩子的学习和生活。

要想真正做好家校共育，将家校共育的实效下沉到家长和学生，离不开恰当的家校共育途径。具体来说，中学阶段的家校共育可以从加强家校沟通、做好家长教育、促进家长参与几个方面进行操作。

一、搭建家校沟通"连心桥"

良好家校关系的建立，离不开家庭和学校、家长和教师之间的相互了解。为了增进家校之间的了解，构建家校新型"合作伙伴"关系，学校要发挥家长会、家访、家长开放日等面对面渠道的沟通优势，加强家长和教师在家校共育中的"对话"。

（一）开好"家长会"，为家长集体充电

家长会将教师和家长聚集在一起，通过家校双方面对面的接触，促进教师、家长、学生间的沟通和交流。家长会可以说是学校最常用的一种面向全体家长的家校共育形式，也是一种重要的家校沟通方式，具有简单便捷、灵活高效、受益面广等优点。通过家长会，学校和教师可以快速向全体家长传达学校教育工作安排、教师教学情况、学生学习情况等信息。开好家长会是增进彼此了解，拉近彼此距离的一个重要途径。家长会可以大大提高学校和家长之间的沟通效率，是一种具有集体化沟通优势的家校沟通方式。

根据不同的分类方式，家长会可以分为不同的类型。例如，根据参与对象范围不同，家长会可以分为校级家长会、年级家长会和班级家长会；根据召开时间不同，家

长会可以分为学期初家长会、学期中家长会和学期末家长会；根据召开目的不同，家长会可以分为沟通交流型家长会、主题培训型家长会、学生展示型家长会等。

为了开好家长会，学校和教师需要摒弃传统家长会内容单一、形式老套、针对性差、效果有限等一系列问题，避免将家长会开成教师公布考试成绩的"发布会"，指责学生家长的"批斗会"或者学校下达任务的"布置会"。为了提高家长会的有效性，确保家长会在家校共育中的效果，学校教师在召开家长会时要注意以下问题：

1. 明确主题

中学阶段家长会的内容应该具有针对性，要针对不同年龄阶段学生的特点，根据学生的具体成长需要，以及家长对家长会的需求去设计。因此，家长会不应该只针对学习，还应该包含学生成长的方方面面，注重学生德、智、体、美、劳全面发展。例如，除了学习之外，可以在家长会上讨论如何培养孩子良好的行为习惯、积极乐观的心态等。只有这样的家长会，才能真正让家长有所收获并得到成长。此外，家长会也不能只从"问题"出发，开成"批斗会"和"告状会"，而是要多分享成功的经验、案例等。

2. 丰富形式

中学阶段的家长会不应该成为教师的"一言堂"，而需要充分发挥家长和学生的主体作用。学校在组织家长会时不仅需要尊重家长的参与权，充分考虑家长是否有时间参加，采取线上和线下等多种形式，还需要尊重家长表达观点和想法的自由，多给予家长和学生在家长会上分享、互动的机会，让家长或学生来组织、主持家长会等。

3. 强化反馈

要想使家长会落到实处，还需要做好会后的反馈、总结和评估工作。中学生已经具有一定的判断能力，因此，中学阶段的家长会结束后，教师需要定期对学生进行回访，确保家长会没有"流于形式"。

家长会应该这样开①

家长会是家长和班主任、学校之间联系的桥梁。为了更好地满足家长的需求，充分发挥家长会的作用，通过开展家长会问卷调查发现，家长会迫切需要在形式和内容上的创新。

1. **家长会应开出知识性。**家长要能够从家长会上获取科学的教育理念，树立正确的育儿观，从而清除自己的教育困惑，缓解自己的育儿焦虑。

2. **家长会应开出开放性。**在家长会上，教师还要帮助家长拥有更宏观的教育视野，比如向家长分析当前教育改革政策，分享国内外教育形式等，让家长可以更理性地看待孩子成长中的问题和确定孩子未来发展的方向。

3. **家长会应开出综合性。**将随堂听课、主题论坛、学校成果展、问卷调查等在"家长开放日"开展的活动融入到家长会中，可以让家长更加全面、立体地了解孩子，获得更加真实的感受，让家校互联进入到一个更高的层次。

4. **家长会应开出主题性。**家长会的主题要具体，并依据学生的年龄特征、成长需求和不同的学习阶段进行不同的设置，形成循环上升的内容序列，体现学校教育的引领性。

5. **家长会应开出现代性。**班主任可通过图文并茂的微课、微视频等现代化的方式，让家长更加直观地获取到学生的日常活动和表现信息，了解他们的在校情况，并感受到教师工作的用心，从而在日后更好地配合教师工作。此外，利用网络等现代化手段召开线上家长会也有助于工作繁忙的家长参与孩子的教育。

6. **家长会应开出互动性。**无论是学生和家长间的互动，还是家长和老师间的互动，都打破了教师一言堂的局面，可以加深家长对家长会的记忆，提升家长会的有效性。

7. **家长会应开出现实性。**孩子在学校的学习情况是家长最想了解的内容，无论家长会的形式怎样变换，班主任都需要在家长会前认真了解每一个学生的日常表现、成绩状况和个性特点，并做好个性化的培养建议，这是家长会是否有效的关键。

---

① 吴晓梅. 家长会应该这样开［J］. 新班主任，2021（08）：6-7.

8. 家长会应开出故事性。故事可以让道理更加通俗易懂，让经验更加生动易行。如果教师能在家长会上用一个接一个的故事讲述孩子的成长，相信一定能够点燃教师、家长和孩子们的心灵。

（二）做好"家访"，满足家庭的个性化需求

家访也是一种传统的家校共育形式，是"家庭访问"的简称，是指教师为了达成教育目的，走进学生家庭，与其家长取得直接联系的教育活动。家访是一种有温度、个性化的家校沟通方式。它不仅有利于学校和教师更好地进行"因材施教"，还有利于学校与家庭之间建立良好的合作共育关系。

在家访中，教师走进学生家庭，可以近距离、更直观地感受学生的成长环境，与学生家长进行面对面、个性化的交流，更深入地探讨那些在家长会等集体化沟通渠道中无法充分交流的问题，比如学生的成长经历、个性特征、情绪变化、交友关系等。

但由于受到机制不全、认识不深、精力有限等因素的影响，大多数教师都认为家访是一件"费力不讨好"的事情，因此忽视了家访在家校共育中的作用。为了做好家访工作，学校需要从顶层设计出发，从制度层面制订有利于教师开展家访工作的年度工作计划、教师培训计划、教师家访章程、教师家访考核制度等一系列措施，全面推进家访工作开展。同时，指导教师掌握家访技巧，具体包括：

1. 家访前：做好准备工作，做到有的放矢

教师在家访前的准备工作主要包括"备学生"和"备家长"两个方面。一方面，教师需要准备好被家访学生的性格特点、兴趣爱好、学校表现等各项情况；另一方面，教师需要了解家长的教育背景、家庭教养方式等情况，并提前和家长约定好家访时间等。

2. 家访中：注意谈话技巧

教师在家访时要采取平等的态度对待学生和家长，而不是居高临下的"教育"；态度要诚恳，语气不强硬；既有批评又有表扬，且表扬最好在批评之前等。

3. 家访后：要定期回访

真正有效的家访可能并不是一次就能够达到目的的，通常需要多次连续进行。因此，家访后教师需要注意观察学生在学校的表现，并定期进行回访。

 **案例分享**

三个"准"提升家访的有效性①

定位要准。明确家访的目的是为了实现与家长间的信息交流，并达成教育共识，促进学生健康成长。通过家访，教师可以对学生的成长环境、家长的文化素质、家庭教育开展情况等有一个较为全面的认识，从而理解学生行为背后的真实需求，做到因材施教；家长可以对学生在校期间的学校情况、个性特点、人际交往状况等有一个基本的了解，从而更好地理解和教育孩子；学生则可以感受到父母和教师对自己的深切关爱，从中获得鼓励和自信，积极进取。

方向要准。家访时交流的内容要有方向，并讲究说话的艺术。教师向家长反映学生的在校情况时，不要一味地告状或只提优点，而是指导家长用发展的眼光看学生，既要看到孩子的优点也要看到他们的缺点，并注意先说优点，让家长更容易接受，然后再提醒家长孩子的不足之处，明确日后努力的方向。

访时要准。家访时要避免漫无目的的闲谈，而是科学把握有限的家访时间，精心组织谈话内容，以达到家访的目的。为此，教师在每次家访前都要做足准备，有针对性地确定本次家访的主题，比如侧重谈孩子的学习情况或纪律情况。教师在家访时要和家长直接开门见

① 王运珍. 三个"准"提升家访的有效性[J]. 中学生博览，2022（33）：13.

山地提出话题，如果涉及多个问题，则需分清主次，掌握好先谈什么、后谈什么。

（三）开展"家长开放日"，在活动中促进与家长的深度交流

家长开放日或校园开放日也是一种有效的家校沟通渠道，是向家长展示校园生活，展现教师专业能力，更新家长教育观念，建立家校关系的好机会。

学校可以在特定的时间内，组织开展一系列丰富多彩、贴近生活、寓教于乐的家校活动，并邀请家长走进校园，使家长在真实的教育场景中亲身体验学校的教育，全方位、立体感受学校的教学管理水平、办学成果、教育理念等，近距离感受学生的学校生活和课余生活等，从而将学校的教育理念传递给家长。

为了充分发挥家长开放日活动的优势，让家长在真实的所见、所闻、所感中加深对学校和教师的了解，建立对学校和教师的信任，学校可以结合学校特色、教师专长以及学生和家长背景等因素，策划不同内容的家长开放日活动。例如，学校可以组织家长观摩学校特色社团和成果展，使家长了解学校"双减"工作和教育教学成就，等等。

学校还可以根据自身情况，选择固定的时间举办家长开放日、家长开放周或者家长开放月，比如有的学校就将每周四下午设为家长开放日，每到这一天，校长、学校中层干部以及班主任都会热情接待来访的家长。

 **案例分享**

共育希望　筑梦未来[①]

——绍兴市高级中学开展"家长开放日"活动

为充分发挥学校家委会的监督和管理作用，更好地加强家校联系，促进学生的健康成

① 参考自：浙江省绍兴市教育局官网，http://jyj.sx.gov.cn/art/2022/10/27/art_1489102_59018943.html

长，为学校的科学发展献计献策，绍兴市高级中学家长开放日如期开展。

开放课堂，共育成长。 首先家长们和孩子们共赴课堂，共同学习、共同思考，一起畅游学习的海洋，体会"顺性、和谐"的课堂魅力。课下，家长和教师相互交流，针对家长提出的问题，教师点对点地予以解惑。

参观校园，感受发展。 课堂观摩后，学校安排家长深入校园，了解学校文化建设情况。随后，家长们观摩阳光大课间活动，感受校园中积极向上的蓬勃与朝气。接着，家长们深入学校宿舍、食堂、超市等地，感受孩子们干净整洁的生活环境，了解食堂菜品菜价、超市商品种类，并在食堂进行午餐，全方位了解和体验孩子们在校的日常生活。

座谈交流，集思广益。 最后，学校在行政楼会议室举行家委会恳谈会，校领导与家委会委员们进行了面对面的交流，共同探讨学生发展相关问题。大家建言献策，提出了宝贵的意见及建议。会上，校领导还为家委会委员们颁发了聘书。

（四）坚持"日常沟通"，让沟通常态化

和家长的日常沟通是教师工作的一项重要内容，日常沟通往往非常琐碎，会耗费教师大量的时间和精力，但同时也是影响家长对于教师和学校教育看法的一扇重要窗户，有利于提升家校共育效果，是不可忽略和代替的。假如日常沟通做不好，会严重影响学校和家庭、教师和家长之间的关系。

在沟通的过程中，教师需要应对各种不同类型的家长，可能会遇到各种棘手的情况。随着移动互联网的发展和新媒体时代的到来，日常沟通的方式也在悄然发生着变化。因此，日常沟通也是一项需要一定专业性的工作，是教师必须要掌握的一种能力。对于学校教师来说，做好日常沟通要注意以下问题：

1. 合理选择传统和新媒体沟通手段进行日常沟通

从日常沟通的形式来看，传统的沟通方式主要是指电话、家校联系本、校长信箱、家长访校（与家长面谈）、家长会、家访和家长开放日等。学校教师需要意识到这些传统的沟通方式在新时代背景下依然具有重要价值，不可轻易

抛弃。

相对于传统家校沟通方式来说，在"互联网+"时代的大背景下也涌现出一些新的沟通方式，如QQ、微信、自媒体网络平台等。这些新媒体沟通方式不仅有更强的互动性，也很少受到时间、空间的限制，大大提高了沟通的效率，是对传统沟通方式的有益补充。目前，微信几乎成为学校教师使用最多的家校沟通软件，或者主要的家校沟通方式。

如何使用这些家校沟通方式做好日常沟通，应该保持怎样的沟通频率，日常沟通中应该和家长讨论哪些问题等，都是教师在家校共育中需要注意的问题，也是家校共育工作的重点和难点之一。例如，目前日常沟通最常用的家长微信群逐渐开始"变味了"，成了"炫耀群""马屁群"等，甚至成为家校矛盾的聚集地，教师要思考如何在家校共育中用好微信这种新媒体沟通方式来打造"正能量"的家长群。

2. 做好与不同类型家长的日常沟通

对于学校教师来说，在日常沟通中还有一个难点，那就是如何做好与不同类型家长的沟通联系工作。学校教师每天要接触的家长有学历高的，也有受教育程度不高的；有过分看重孩子教育的，也有对孩子放任不管的……另外，不同的家长在教育理念、家庭教养方式等方面也存在差异。还有一些家长在沟通中比较"急躁""气势汹汹"，而有些家长则比较"被动""沉默寡言"……总之，学校教师在家校共育中会面对形形色色的家长。因此，如何做好不同类型家长的日常沟通也是学校和教师工作的一个重点，同时也是一个难点。

🔧 工具箱

教师与家长的沟通内容①

- 孩子的学习成长经历，如是否存在多次转校，有什么学科特长，获奖经历等。

- 孩子的兴趣爱好，如是否有才艺特长，孩子的兴趣爱好形成原因、培养过程等。

- 孩子的社会活动经历，如是否参加过志愿者活动或特色夏令营、冬令营、特训营等，从中得到哪些收获体验。

- 孩子是否有做学生干部的经历，具体负责过哪些令人印象深刻的活动，以及有哪些收获和体验。

- 在孩子成长过程中，除父母以外，有哪些对孩子比较有影响的人或事件。

- 孩子家庭教养的核心和原则，如父母的分工，谁有家中的话语权等。

- 家长的教育理念，包括对孩子的教育教养观念，对整个教育大环境的看法、观点等。

- 父母对孩子成长的分析和期待，以及近期、中期和远期的愿景。

- 孩子的原生家庭是否存在特殊性或特殊要求，如父母离异，意外丧失重要家庭成员，是否需要学费补助等特殊情况，这些都需要在今后的学校教育中配合关注。

- 家长感兴趣的内容，如学校教育特色、班主任的德育工作、学校学科教学等。

- 孩子在家开展学习的状况，如自我时间管理、课外补习等。

- 孩子进入青春前期，亲子沟通中出现的困惑和问题，家庭中各个成员的应对方式。了解孩子手机和电脑的使用状况，孩子周末或休假中与同伴联系等情况。

- 孩子在学校一段时期内的具体表现、特定事件、呈现的问题、班主任对孩子的评价，以及与孩子在校状况相关的内容。

- 孩子学习情况分析，科任老师或班主任对孩子的评价等，如孩子近期学习成绩怎么样，跟往常相比是否有波动，以及造成波动的原因，需要家长协助的内容。

- 孩子的课堂表现，让家长更深入地了解孩子的学习习惯，如需改正，需要家长与老师共同努力引导。

---

① 刘静，李金瑞. 教师家庭教育指导实务（高中版）. 上海：上海社会科学院出版社，2018.

二、建好家长学校，培养智慧家长

良好家校关系的建立，离不开家庭和学校双方的共同努力。如果家长没有意识到自己在家校共育中的作用，或者缺乏家庭教育方面的基本理念、知识和方法，那么即使学校和教师再努力，也很难凭借一己之力构建出以促进学生健康发展为目标的、平等、互信互助的家校关系。因此，构建家校新型"合作伙伴"关系，关键还在于提升家长的素质，转变家长的观念。

"家长学校"正是对家长进行教育和培训，提升家长家庭教育能力的阵地。它也是学校开展家校共育，进行家庭教育指导的重要组织形式。因此，要想构建家校新型"合作伙伴"关系就必须依托"家长学校"，培养合格的家校共育"同盟军"。

首先，学校可以依托"家长学校"培养家长的家校共育意识，帮助家长明确自己在家校共育中的职责和角色，主动参与家校共育，而不是把教育孩子的责任全部推给学校和教师。

其次，学校可以依托"家长学校"帮助家长了解孩子成长的基本规律，树立正确的家庭教育理念，掌握科学的家庭教育知识和方法，避免家长和教师之间因为教育理念不一致而产生冲突。

再次，学校可以通过问卷调查，收集家长的需求，然后梳理出家长们的共性问题，设计不同主题的活动，对家长进行培训。例如，如何缓解考前焦虑，如何养成良好的学习习惯，如何选择高考科目，如何填报高考志愿，如何对待高中生"恋爱"，如何高质量陪伴孩子，等等。

最后，学校可以针对寄宿家庭、留守儿童家庭等有特殊需要的家庭中家长面临的家校共育个性化问题，建立"家校导师帮扶制"。家校导师每个月至少要和家长交流一次，每个学期至少要进行一次家访，要为每一位帮扶家庭的家长和孩子建立成长记录档案，要做好家庭辅导时的内容记录等。其中，成长记录档案需要记录的内容包括：家庭背景、社会关系；学生在校表现，包括学业成绩记录表等；家长的身体、心理健康状况；学生的身体、心理健康状况；学生的道德素养、行为习惯、个性特征、兴趣爱好等；辅导情况记录、效果达成记录等。

在互联网技术的推动下，学校还可以通过"网上家长学校"这一灵活的家校共育方式对家长进行家庭教育指导，或利用互联网来收集家长的家庭教育需求，从而确定家长会的主题和内容，提高家校共育的针对性和有效性。"互联网+"家校共育的模式已经成为未来家长学校建设或者家校共育的必然趋势。

 **案例分享**

福建省古田县第一中学"六级家长课程"①

福建省的古田县第一中学发现传统高中家长学校的课程存在三大问题：缺乏科学计划，无法针对不同职业和教育背景的家长实现"因材施教"；教学方式单一，以家长和教师讲座为主；内容实效性差，以传输知识为主，很难引发家长的兴趣并被家长实践等。

针对家长学校课程存在的这些问题，该校研发了内容多元、形式多样、方式灵活的"六级家长课程"，分别包括"主题家长会课程""公益家长学校中学家长班课程""公益网上课程""实践活动课程""个案咨询课程"和"家长自助课程"。

主题家长会课程是根据学生发展的年龄和年级特点开设的，目的在于帮助家长了解孩子成长规律。针对有特殊需要的家庭，学校还有针对性地集中开展了家长会课程。针对家长学习时间不固定和学习需求不同等特点，学校采用分年段的方式开展周末公益家长班课程，如每周六上午上课，每期课程12节，24课时。家长可以根据自己的意愿，自主选择报名参加。

---

① 卓张众，蓝秀瑜. 高中家长学校"六级家长课程"开发实践研究. 福建教育学院学报，2019（2）.

此外，为了满足家长多次反复学习的需求，以及方便无法参与线下家长课程的家长学习，该校还专门将线下家长课程转换成了"公益网上课程"。家长报名后只要取得账号和密码就可以随时通过手机、电脑等设备进行线上学习。为了丰富家长学校课程的形式，该校还创设了"亲子实践活动课程"，让家长们在真实的情境中，在参与实践活动的过程中，把学习的理论知识转化为实践经验。对于有特殊需要的家庭，学校还提供专门的个案咨询课程，帮助家长们答疑解惑。最后，学校还通过"家长自助课程"，开展家教沙龙、每日分享等活动，实现家长和家长之间的互助。

在这个过程中，学校改变了过去教师"孤军奋战"的管理方式，积极调动了家长参与家长学校课程学习的积极性。例如，学校设计了不同层级的家长学校课程，并实行家长"考勤、考核"制度。如果家长在初级课程中考核合格，便可参加更高级别的课程。如果家长考核优秀，还可获得表彰奖励。对于有热情的家长，学校还给予他们参与专业的家庭教育指导师考试和认证的机会。

三、促进家长参与，形成教育合力

家长参与学校教育指的是家长与教师和学校之间以学生的全面发展为中心目的的双向互动活动。这既是家长的权利，也有利于增进家长对学校工作的理解，促进良好家校关系的形成。

（一）组建"家委会"，发挥组织优势

"平等"是家校新型"合作伙伴"关系的主要特征之一，教师需要尊重家长在教育中的主体地位，尊重家长参与学校教育的权利。家长参与学校教育是建设家校新型"合作伙伴"关系的有效策略，它给了家长走进学校的机会，让家长能够了解学生每日的生活和教师的工作，看到教师和学校的用心与付出，从而增进对学校和教师的了解和认同，促进家校之间平等、互信关系的形成。

那么，如何才能够保证家长有效地、高层次地参与学校教育呢？家长委员会就是其中最常见的一种方式。构建家校新型"合作伙伴"关系可以首先从家委会入手，学校应充分发挥家委会在构建良好家校关系中的组织优势。

家委会是"家长委员会"的简称，是指由家长代表组成的群众性教育合作组织，其职能一方面是代表整个家长群体协助学校工作，另一方面是协助学校做好家长工作。学校要鼓励、支持家长组建家委会，并对家委会工作给予应有的帮助。家委会组建前的周密准备是家委会能够正常运转的基础，要搭建出一个成功的家委会离不开科学的组织架构和规范的竞选流程，学校要指导家长科学制定家委会章程，并积极动员家长参选，确保家委会发挥出应有的职能。

同时，家委会虽然是群众性自治组织，但也不能随心所欲，需要有相应的职能边界，其权利也要受到制约。如果自由运行，缺乏专业指导，就有可能越位脱轨。因此，学校要给予家委会积极指导和适时调度，才能把控方向，让家委会沿着正常的轨道有序运行，使其更好地为学校和家长服务，最终促进孩子更好地成长。但学校还需注意不要过度干涉家委会工作，真正实现向家长"让渡"权利，让家长平等、有尊严地参与学校教育。

 **案例分享**

四步建立班级家委会①

第一步，新学期开学一周后召开班级家长会，通过家长自荐或推荐，按班级人数比例、性别比例和职业搭配确定班级家长委员会成员名单。紧接着明确章程，做好家长委员会的学期工作计划，主要工作是协助班主任参与班级管理与建设。（班级家长委员会也需轮换制，一学期或一学年一换，让更多家长参与班级管理。）

---

① 张建明. 初中"班级家长委员会"之我见. 新课程·中学，2017（12）.

第二步，建立班级家长群、家长委员会讨论组，便于联系和讨论，方便彼此熟悉。

第三步，明确"家长委员会"的职责：

（1）及时了解家长们对学校工作、班级工作和班级任课教师的意见和建议，及时与班主任沟通、反馈；及时将了解到的孩子们的情况反馈给家长，如果是把学生的不良表现反馈给家长时，应注意方式方法。

（2）每月选出一名家长根据自身特长到班级上一节社会知识课，如交通安全注意事项、用法律保护自己、心理健康等主题，充分动员、发动各位家长关心班级建设，参与到教学互动中来。

（3）家长与班干部共同组织策划元旦、春游、秋游、传统节日庆祝等活动，家长亲自参与，既确保安全，又增进亲子关系。家长委员会还参与每学期一次的家长会的组织、安排等，协助班主任开展特色家长会活动。

（4）每月不定期选派家长参加班会课，促使家长详细了解班级纪律情况和学生的学习情况，并能够与相关家长更有效地沟通如何教育孩子。

第四步，班主任与家长委员会定期联系沟通，与家委会成员讨论班级出现的问题及解决办法，共商整改措施。

班级家委会的建立能够让家长更好地和老师沟通交流，使家长体会到班主任的辛苦，从而更好地配合学校的教育教学工作，缓和家校矛盾。

（二）推进"家长志愿者"工作，实现家校合作互助

传统的家校共育通常以学校和教师为主导，家长是"旁观者""参与者"的角色。这种"被动参与"的方式无法充分发挥家长的主体地位，体现家长参与的意义。而家校新型"合作伙伴"关系强调"互助"，培育"家长志愿者"就是实现家校合作互助的一种有效途径。

所谓"家长志愿者"，是指在学校的统一协调下，由关心教育、关心孩子、拥有爱心的家长代表组成的一种特殊的志愿者团体。家长志愿者通常有着不同的文化背

景、职业、特长爱好等，是家校共育中一种非常重要的人力资源。他们不仅是学校教育教学的促进者，第二课堂的协助者，还是师生关系的疏导者。[①]

具体来说，学校可以设计家长意愿表，提前收集家长在志愿服务时间、志愿服务内容等方面的意愿，然后采取"自主申报→竞争选拔→培训上岗→考核评估"的流程有序推进家长志愿者工作。学校还可以通过建立专门的"家长志愿者库"或"家长志愿者微信群"等方式推进家长志愿者工作。对于不同类型的学校工作，可以邀请不同类别的家长志愿者参与。

家长志愿者主要参与以下几类工作：一是学校常规教育教学工作，如校园值日、课间操秩序维持等；二是学校重大活动，如校园开放日接待、运动会秩序维持等；三是学校安全卫生工作，如检查学校食堂卫生、维护学生放学秩序等；四是学校第二课堂，如学生社团导师、家长学校讲师等。

推行家长志愿者制度，组建家长志愿者组织，让家长以"志愿者"的身份参与学校教育，可以变"被动"为"主动"，让家长从家校共育的"配角"变成"主角"。同时，只有充分发挥"家长志愿者"的资源优势，推动家长深度参与学校教育，使家长成为学校教育的"好帮手"，才能更好地促进学生成长，丰富学校管理制度，真正实现家校共育。

 案例分享

哈尔滨市第三中学——"家长职业联盟"和"普育讲堂"[②]

为了将家校共育和生涯规划教育二者结合起来，丰富学校德育与教学课程体系，哈尔滨市第三中学聘请了强大的家长导师团（涵盖八大类行业20余个具体职业），成立"家长职业

① 李化春. 家长义工组织：家校合作新途径. 中国德育，2013（10）.
② 吴霞. 形成家校合力　共育桃李英才——哈尔滨市第三中学"家校共育"路径探索与实践［J］. 黑龙江教育（教育与教学），2020（09）：16-17.

联盟"。例如，学校会给家长颁发"哈三中职业生涯导师"证书，并定期将家长请进学校，请进教室，在班会课上对学生进行职业生涯教育。

此外，哈尔滨市第三中学从2017年开始就创设了"普育讲堂"，并邀请学生家长成为该讲堂的主讲嘉宾。家长在"普育讲堂"上可以分享自己生活和工作的经验和感受，帮助学生了解大学，了解专业，并引导学生合理选择自己未来的专业、大学和职业。例如，该校曾邀请两位身为哈尔滨工业大学教授的家长为学生分享《建筑专业与建筑师》，帮助学生了解建筑学学科的特点，建筑学和其他专业的关系，建筑学的课程设置，建筑师应该具备哪些专业素养，建筑师的职业前景如何等问题。

比如，从高中阶段家校共育需要重点关注的内容来看，生涯规划教育是其中非常重要的一部分工作。对学生进行生涯规划教育，学校需要尽可能充分利用各种资源帮助学生了解各行各业，了解大学以及专业设置，了解社会和世界。而在广大的家长群体中，就蕴含着丰富的生涯规划教育资源，因为家长们都来自不同的工作岗位，拥有不同的专业背景和自身特长等。因此，家长是学校开展生涯规划教育的天然"助手"。除了生涯规划教育之外，性健康教育、心理健康教育等其他家校共育内容都离不开家长的参与和配合。

第 4 章

家校联动
帮学生顺利度过
入学适应期

第 1 节 ● 中学阶段也要重视入学适应

第 2 节 ● 开好第一场家长会

第 3 节 ● 做好新生全员家访

教师和学校的困惑

教师1 很多家长认为，孩子开启中学阶段的学习应该是"自然而然"的，也从来没有想过需要帮助孩子做好中学阶段的入学适应。孩子出现一些适应问题，家长就着急，以为孩子不用功了。我该如何改变家长的这种观念，让他们重视中学生入学适应问题呢？

教师2 进入中学后，一些学生还在沿用以前的学习方法，导致学习成绩一落千丈。我应该如何帮助学生尽快适应新阶段的学习生活呢？

教师3 在幼儿园和小学阶段，家长还会比较主动地跟学校保持联系。但是，进入中学阶段后，很多家长就认为家校合作没有那么重要了，也很少与我们联系。我们该如何让家长重新重视中学阶段的家校沟通呢？

进入中学阶段后，学生会面临许多新的挑战，比如学习难度增加，学习节奏加快，人际关系发生改变等。对于中学生来说，能否快速做好入学适应不仅关系到他们当前能否取得学业上的成功，能否形成健康稳定的情绪、情感，能否发展良好的社会技能，还关系到他们能否对未来生活产生美好的期望，从而自然顺利地踏入社会。

帮助学生适应新阶段的学习和生活，不仅是教师的工作，更需要家校联动。我们不仅需要帮助家长认识到做好中学生入学适应的重要性，还需要给予家长一些方法指导，让他们可以更有效地配合学校做好学生的入学适应工作。

第1节 中学阶段也要重视入学适应

不论是从小学进入初中，还是从初中进入高中，学生都需要面临全新的环境。他们不仅要应对学习任务与学习内容上的变化，还要面对新的老师和同学，适应新的规章制度和作息安排等。如果学生在主观上对入学后的新环境没有足够的心理准备，依然沿袭以往的经验来应对新的学校生活和学习任务，就会出现一系列心理困惑、挫败体验和退缩行为，产生焦虑不安的情绪。

研究发现，有30%～45%的中学生存在不同程度的学习适应问题，其中七年级学生在课业、常规、师生关系和同学关系四个方面适应较差。可见，帮助中学生做好入学适应仍然非常重要。那么，我们该如何与家长一起，帮助中学生做好入学适应呢？

一、认识入学适应的重要性

一些家长可能会认为小学生需要做好入学适应，家校共同帮助孩子建立良好的行为习惯、学习习惯等，而中学生已经长大了，他们的入学适应会是一个很自然的过程，就算有一些适应问题，也不需要刻意处理，时候到了问题自然会消失。的确，理想化来说，随着初高中学生自我意识的发展和自我管理能力的增强，他们的适应能力有一个自然发展和成熟的过程，如果给他们一个足够宽松的环境和时间范围，绝大多数孩子都能最终完成适应。但实际情况是，进入中学之后，学生入学适应问题的累积速度要远远超过他们适应能力自然提高的速度。越往后拖，学生的入学适应问题越可能恶化成为其他问题，为学生的学习和生活埋下隐患。因此，在中学阶段，家长和教师也要对入学适应问题予以高度重视。

（一）有助于学生建立归属感与安全感

中学生对新的校园环境往往"悲喜交加"：一方面没有了熟悉的环境，离开了自己以前的朋友和老师，会有一段时间感到缺乏归属感，或者茫然无助；另一方面，孩子处于青春期，对新鲜事物充满憧憬和期待，新的同学、新的老师、新的学习环境，未知但意味着无限可能。做好入学适应，帮助学生迅速融入班集体，融入学校环境，初步建立良好的人际交往关系，对学习能有一定程度的掌控感，都可以帮助他们消除入学后的茫然情绪，尽快形成对新环境的归属感、安全感。这种对新学校、新同伴、新老师的安定感，可以奠定他们中学新阶段学习生活的坚实基础，更好地迎接未来的挑战。

（二）有助于学生提高适应能力，促进未来发展

学生升学后，需要面对新环境中的各种变化，入学适应的背后其实是学生主动迎接人生中的转折和变化，更快更好地适应新环境，这不仅是为了帮助学生面对眼下的入学问题，更是为了引导他们成功应对在今后的人生中所要面临的更多、更大的转折和变化。

做好入学适应，让学生把小升初或初升高当作提升自己适应能力的契机，可以帮助学生学会分析环境变化带来的新要求，学会根据新要求进行自我调整，学会在不断调整中取得新的成绩。这不仅是当务之急，也关乎学生未来的发展。

二、帮助家长掌握判断学生入学适应状况的标准

入学适应不仅仅是学习的适应，也是对新阶段学习和生活全方位的适应。观察一名学生入学适应状况是否良好，教师和家长可以从学生的情绪、学习投入、行为规范、人际关系着手。

（一）情绪是否积极

教师可以引导家长从以下方面观察孩子入学阶段的情绪表现：是否愿意到校上课，是否早上特别不愿意起床，是否存在拖延等现象，住宿学生是否最初几次回家的情绪明显低落，再次返校是否不太情愿等。对于新阶段的学校生活，适应良好的学生多表现出积极向上的态度和情绪体验，愿意和家长交流学校中发生的事情，分享老师、同学的趣事，展现一些自己的交友圈，且大多数时候的情绪体验都是高兴、满意的，而非焦虑、不满的。

（二）学习是否投入

教师还要引导家长观察学生是否有积极的学习态度和学习期望，相信自己通过努力能够取得良好的学习效果。态度和期望是学习适应的先决条件，如果学生对学习有关的活动感兴趣，就更容易做到上课认真听讲，课后独立、按时完成学习任务等。

但与小学相比，初高中的知识量增加，学习难度加大，学习时间延长，并要求学生由"要我学"转到"我要学"。特别是高中，在中考的分流和高考的压力下，学生会在新环境中面临更大的竞争压力和学业压力。

这些因素可能导致大部分中学生出现学习适应问题，比如跟不上老师的节奏，每天写作业到很晚，尤其是数学、物理、化学等需要具备较高抽象思维能力的科目，出现偏科现象。一些学生特别是住校生，不能很好地安排自己的学习，导致学习东一榔头西一棒子，没有目标和计划。还有一些原本在班级中的佼佼者，在卧虎藏龙的新环境中，成绩不再如以往那么出色，他们中的一些人无法接受这个事实，变得自暴自弃。

（三）行为是否恰当

学生了解并能够按规定使用班级和校园中的各项学习、生活设施，了解并遵守学校、班级的各项规章制度，如能够准时到校，遵守学校的作息和手机使用规定，着装恰当等。

新生总是迟到、早退，经常不按时完成老师布置的作业，甚至在课堂上捣乱，不遵守纪律。出现这些违反学校规章制度的不良现象就说明他出现了入学适应行为问题。

一起遵守学校的规章制度，可以让学生更快地融入班集体，适应新的班级生活。特别是那些刚刚开始住校的学生，只有遵守宿舍准则，才能保证自己和舍友间的和睦相处，避免产生同伴矛盾。

（四）人际关系是否和谐

学生能够尽快与老师、同学建立和谐的人际关系，如能尽快认识老师并与老师有积极的互动，能在短时间内认识绝大部分的同学，并可以找到与自己聊得来、玩在一起的同伴，建立积极的同伴交往。如果学生总是不愿意融入新班级，而是太过"恋旧"，只跟过去的朋友保持沟通，甚至对新同学、新班级产生不满，也是入学适应不良的一种表现。

在初高中，同伴将成为学生情感和思想交流的主要对象，同伴关系成为学生最重要的人际关系。同伴之间互相交流、分享在适应过程中的经验、困惑，有助于学生压力和负面情绪的释放，良好的同伴关系有助于学生建立安全感，做好入学适应。

需要注意的是，不少家长可能会根据第一次考试的结果来判断孩子的入学适应情况，这也是比较片面的。教师和家长都要认识到，第一次考试不是结果，反而是一次发现问题的契机，不仅是学习适应方面的问题会直观反映到考试结果上，情绪、行为和人际关系的适应问题，也会影响学生的学习状态。因此，帮助学生做好入学适应，需要兼顾学生的情绪和行为状态、学业适应和人际交往。

第 2 节　开好第一场家长会

大部分七年级或十年级新生，都会在入学后随着校园环境、学习方式以及人际关系的变化而感受到一定的压力。帮助学生尽快适应新的学习生活，是学校和家长面临的第一个共同任务，也是家校间的首次合作。

开好入学后的第一场家长会，对于做好学生入学适应来说至关重要。第一场家长会是班主任老师在家长面前的首次正式亮相，是赢得家长信赖、家校形成合力的重要时机，也是展示学校和教师风采的重要窗口。第一次家长会的成功召开，有利于学校和家长一起做好学生的学段衔接，帮助家长重视学生的入学适应问题，了解需要关注的入学适应内容；帮助学生尽快适应中学的学习和生活，给学生一个良好的开端。同时，有利于增进家长对学校教育的了解，建立家长对学校的认同感、信任感和依附感，让家长更好地配合学校工作。

一、做好家长会前的准备工作

成功开好第一次家长会，首先少不了班主任老师的精心准备。

（一）发布家长会通知

无论是否安排在周末，学校都要提前发布家长会通知，给家长留出足够的时间去准备，尽可能让全部家长都准时出席。同时，给家长一些温馨提示，如要求家长尽量提前10分钟到达，带好纸笔，校园内禁止吸烟，告知家长学校停车位置，教室在教学楼的位置示意图等。

学校可以在发布录取通知书时，就附上给家长的一封信，告知入学的整个过程和要求，以及需要家长配合的具体事项，同时写明入学家长会的具体时间。

🗄 工具箱

新生入学家长会邀请函
××学校××级新生家长会邀请函

尊敬的家长：

您好！

首先，祝贺您的孩子正式成为一名"××中人"！学校全体师生欢迎您的孩子加入到我们这个温暖阳光的大家庭。

家长作为学校教育的参与者、支持者和合作者，在学生各方面发展中起着重要的作用。为做好开学前的各项准备工作，帮助孩子尽快适应中学生活，我们真诚邀请您××年8月29日（周日）下午4:00参加我校××级新生家长会。期待与您共同探讨孩子的教育问题，您的到来是对孩子和老师最大的支持！

温馨提示：

1. 地点：学校二楼多功能厅（具体位置见教学楼教室平面图）。

2. 请提前5分钟到达会场，准时参会。

3. 请携带学生的录取通知书、全家户口本和身份证。

4. 会议期间，请勿吸烟，将手机调至静音，服从学校安排，记录好注意事项。

5. 请绿色出行，确需开车的，请听从保安指挥停车，注意交通安全。

最后，祝您和家人幸福安康！

××学校

××年8月23日

（二）设计调查问卷

学生刚入学，师生之间往往缺乏了解，通过问卷调查，可以让教师获取学生及家庭的基本信息，如家长的学历、职业、家庭住址、联系方式，以及孩子成绩以外的更多信息，如孩子有没有过敏史、先天性疾病等，教师可以据此避免学生在参加学校活动时发生安全事故；同时可以让教师全面了解家庭教育环境对学生的影响，开展更科学的入学适应家庭指导。一些特殊家庭，则可以作为日后新生全员家访的重点对象。

另一方面，问卷可以帮助教师收集家长的需求，了解家长对学校育人目标的认可度、对教学工作的理解和配合度，并征求家长对学校教育教学行为的反馈意见，以便及时调整和改进，为后续家长积极参与家校合作奠定基础。

问卷既可以设计成纸质问卷，在家长会上当场填写回收，也可以设计成电子问卷，在发放家长会邀请函时就要求家长进行填写，在参会前填写完毕，并在家长会召开前统计出结果。

🔧 工具箱

新生家长调查问卷

尊敬的家长：

您好！

感谢您对××学校的信任和支持！为建立学校和家庭的有效沟通渠道，为孩子初/高中学习生活创建更好的教育环境，学校对初/高一新生家长进行匿名调查，请您于8月28日下午6点前仔细阅读并认真完成如下问卷调查（请扫描二维码进入）。答案无对错，数据资料只做综合分析，不做个别探究，仅供学校工作参考。

您的积极配合将是我们工作的强大动力！

××学校

××年8月23日

附：新生家长调查问卷

与学生的关系：_____

尊敬的家长：_____

您好！

为了加强家长和学校之间的交流，加快教师对学生情况的了解，以及了解您对班级和孩子发展的意见或建议，特制订本调查问卷表，希望您能如实认真填写，谢谢！

1. 您现有家庭的组成情况?（ ）

A. 原配家庭　　　　B. 单亲家庭　　　　C. 重组家庭

2. 您对孩子的教育方式更倾向于以下哪种情况?（ ）

A. 比较严格要求，希望孩子能努力学习，积极发展

B. 比较友善，把孩子当成朋友，互相分享心事

C. 比较随意，主要看自己的心情

D. 无所谓，孩子开心就好

3. 您觉得孩子对您的态度更偏向于以下哪种情况?（ ）

A. 比较害怕　　　B. 比较疏离　　　C. 比较亲密　　　D. 还可以，没有什么特别

4. 孩子与您发生冲突时，孩子常常怎么做?（ ）

A. 叛逆，总是反其道而行之　　　　B. 遵从，我说一他不会做二

C. 比较极端，有时甚至离家出走　　　D. 很有自己的想法，会跟我据理力争

5. 您觉得您的孩子显著的优点和缺点有哪些?（各三个左右）

优点：

缺点：

6. 您认为您的孩子哪些科目相对较好?（ ）哪些科目相对薄弱?（ ）

A. 语文　　　　B. 数学　　　　C. 英语

D. 物理　　　　E. 化学　　　　F. 生物

G. 地理　　　　H. 历史　　　　I. 政治

7. 您对孩子的最大期望是什么?(   )

A. 学有所成　　　B. 人格健全　　　C. 考上理想大学　D. 自食其力

8. 您希望以何种方式与班主任就孩子在校状况进行交流?(   )

A. 电话或短信交流　　　　　　　　B. 家访

C. 书面交流　　　　　　　　　　　D. 家长会

9. 您赞成对犯错误的孩子采取什么样的惩罚措施?

10. 您觉得您的孩子最需要得到哪一门学科任课老师的什么帮助?

11. 请写下您对学校或班主任工作的宝贵建议和要求:

（三）准备家长会上发放的材料

教师要在家长会召开前准备好课件、签到表、家长会意见反馈表等，并印制好需要发放给家长的资料。

第一次家长会时，可以给每位家长发放任课老师的联系方式以及班级课程表、作息时间表，让家长知道哪些时间更方便联系老师，保障教学工作正常、有序地开展。

如果前期发放的是网络问卷，教师还可以根据调研过程中发现的共性问题进行入学适应指导，如指导家长科学看待孩子入学后的成绩落差，让家长更科学地帮助孩子适应新阶段的学习等。

（四）布置教室，接待家长

家长会召开当天，老师可以组织学生打扫、装扮教室，并指定一些学生接待家长，做好家长会签到工作等，为家长提供一个既整洁又富有班级特色的环境氛围，让家长了解孩子平时在校情况的同时倍感温馨。这些工作也可以通过学校家长委员会的协调，邀请其他年级的家长志愿者参加，让新生家长对学校目前的家校共育有更加直观的体会，感受到家校大家庭的温暖。

二、做好家长会上的发言设计

第一次家长会上，教师需要讲的内容其实非常多，但家长会的时间毕竟有限，教师无法做到面面俱到。那么，老师要跟家长们重点强调哪些问题，才能帮助学生们更快适应新的学习和生活呢？

（一）推介宣传不可少

第一次召开新生家长会，是学校、教师和家长首次正式的面对面交流，有必要欢迎各位家长在百忙之中前来参加。尤其是在全校新生家长会上，首先要向家长宣传介绍学校，比如学校的历史沿革、办学条件、办学理念、社会影响等。特别不能忽略介绍学校教师队伍的整体素质，是否爱岗敬业、有什么突出的专业特长，这些都是家长最希望知道的信息。这部分内容也可以将家长召集到一起由校领导亲自讲述，以体现学校对新生家长的重视程度，随后再进班进行具体事务讲解。

案例分享

新生家长会校长介绍学校情况[①]

为帮助高一新生家长更好地了解学校育人理念和教育管理模式，进一步加强家校沟通，

---

① 参考自：中共嘉兴市委、嘉兴市人民政府网站，https://www.jiaxing.gov.cn/art/2022/7/26/art_1578779_59543641.html

实现家校携手共育，嘉兴市第五高级中学于近日召开2022届高一新生家长会。

会上，王学勤校长首先向家长们介绍了学校的基本情况和管理重点，并从"美在氛围""美在专业"和"美在润心"三个方面对学校"尚美"的办学理念进行说明。随后，学校副校长、党总支副书记朱玲以"走心德育，让每个孩子遇见最好的自己"为题，从"五美润心""尚美奖学金和助学金的设立"和"家校共建"三个方面，对学校德育工作进行了简要的介绍。接着，陈永林副校长就学校的后勤保障服务工作、教育教学设施设备，以及学生在校安全进行了简单的说明。张维纲副校长详细解读了高考政策，帮助新生家长对高中三年的学业特点、要求及时间安排有了全面的认识。最后，新高一年级部主任费慧华、副主任魏宁就高一新生入学后的德育目标、学业目标、年级组学生的管理要求向家长们进行了讲解。

新生家长会的召开有效拉进了学校与家长之间的距离，为新高一教育教学工作的全面展开奠定了良好的基础。

在班级的家长会上，班主任需要面向全班家长做一个全面的自我介绍，包括自己的姓名、教育经历、工作经验、教学成绩等，让家长了解老师的教育理念、教学风格、管理方式等，同时对班级主要任课教师进行全面介绍。

通过推介宣传，一方面可以获得家长对学校和班级工作的理解与支持，提升家长对教师工作的配合度；另一方面还可以让家长对学校、班级和所有的任课教师产生信任感，对孩子的未来成长充满信心，这有助于教师和家长结成盟友，形成教育合力。

（二）强调家校共育的重要性

第一次家长会就要跟全体家长明确家校共育理念，告知家长关于家委会、家长学校等家校共育的主要途径，使各位家长明晰家校各自的职责，努力使家校达成一致目标，同时预防家校矛盾，从而最大程度上形成家校合力，帮助学生度过入学适应期。

班主任要帮助家长对入学的整个过程和开学后的教育教学安排做到心中有数，使他们明晰学校和班级在入学适应方面的要求以及需要家长具体配合的事项，从而与学校的要求同步，保障家校一致性，降低模糊不清带来误解的可能性。例如，让家长清楚如何配合学校帮助学生做好学习适应，遵守学校的规章制度，确保校园安全等，特别是针对第一次开始住校生活的学生，帮助他们提升自我管理能力，让他们与舍友和谐相处等。

教师还要在家长会现场组织全体家长建立班级微信群，并告知家长各科老师的联系方式，与家长建立日常沟通的各种渠道。同时，告知家长家长学校的具体安排，动员家长积极参加，并跟家长讲清楚家委会的权利和义务以及竞选程序等，为稍后进行的家委会选举做好准备。

第一次家长会上还可以同时举办家长学校开学典礼，开始家长学校第一课，体现学校、家庭和社会密切配合、合力育人的初心，帮助学生做好入学适应。同时，发布组建各级家委会的通知，让家长们了解并积极参与，建立家校沟通的有效渠道，营造与入学适应教育协同、连续的家校教育环境。

（三）指导家长做好学生的学习适应

教师要让家长清楚新阶段学习上发生的变化，了解学习适应的难度和要求。

一是知识量猛增。初中的学科门类比小学增加很多，学生要接触不少新的科目；高中学科知识的内容量比初中增加很多，课堂教学的进度往往会比较快，对学生的专注力、记忆力、毅力都提出了更高的要求。

二是学习难度上升。初高中的学习内容覆盖面广且深，且每个学科的知识点都不是孤立的，看似杂碎的知识点间往往存在着千丝万缕的联系，这要求孩子在理解记忆的基础上对所学知识融会贯通，对孩子的思维能力要求更高。

三是学习能力要求提升。初高中老师很少再"死盯"着学生了，死记硬背也难以适应初高中的学习，急需学生转变学习方法，主动学习，积极思考，善于总结，独立分析并解决问题。

在此基础上，帮助家长正确看待和接受孩子在新学校、新阶段的成绩和名次变化，对孩子有合理的期望，给孩子营造宽松的心理环境；使家长避免因为期望过高，经常给予孩子负面、指责性评价，导致孩子将暂时的学习不适应变为自卑或自暴自弃。初中第一次期中考试、高中第一次月考，对学生的情绪影响会很大，家长往往也很担心，但其实这一次的考试成绩放在整个中学阶段，几乎不值一提。因此，相比暂时的考试结果，家长更要关注孩子的情绪，鼓励为主，积极反思，目光放长远。教师可以教给家长一些简单的鼓励学生的方法，如"你这么做很棒""我欣赏你……"，避免使用"你要是不好好学习，将来就……""就你现在这个样子……"等指责、威胁性的语句。

同时，要让家长认识到培养学习自主性的重要性，重视培养学生自主设定目标、时间管理的能力，避免对学生学习的过度干涉，以发展学生的自主性，在自主学习出现问题时，家长保持情绪冷静，与学生共同分析寻找改进方法而不是批判指责。

（四）帮助家长转变教养方式

初高中学生正处于青春期，这个阶段的学生在生理和心理上都会发生很多变化。教师要指导家长了解青春期孩子的身心发展规律，不能只关注他们的成绩，三句话离不开分数，而是应转变自身角色，学会做孩子的陪伴者，与他们平等交流，看到和尊重他们的感受和想法。

教师要向家长强调心理健康教育的重要性，引导家长全面、客观、辨证地看待孩子，教导他们正确认识自我，坦然接受自己的优缺点，鼓励孩子"我能行"，"别人能干的事，我也能干""我要勇敢"等，同时鼓励孩子先做一些力所能及、把握较大的事情，帮助他们强化自信心，克服自卑心理，增加孩子战胜困难与挫折的力量。

家长会过程中，除了学校教师讲话，还可以适当开展一些互动游戏，避免一味说教的枯燥。家长会结束前，教师不要忘记肯定家长的出席，再次衷心感谢家长对自己工作的支持。此外，还可以利用几分钟的时间，让家长们对本次家长会的满意度进行评价，给出意见和建议，从而总结不足之处，为下次家长会汲取经验。

三、做好家长会后的跟踪反馈

传统的家长会在老师讲完话后基本就画上了句号。但是这样的家长会往往家长听了有触动，看了有感动，想了挺激动，事后却无行动。若要使家长的行动落实到实处，将家长会的短期效果进行适度延续与适当延伸，就必须在家长会后进行跟踪反馈。

🛠 工具箱

新生家长会意见反馈表

尊敬的家长：

您好！

感谢您百忙之中前来参加家长会，为了让孩子更好、更快地适应新的学习和生活，我们真诚地希望您提出宝贵的意见和建议。

1. 您对自己孩子入学以来的表现（　　）

A. 很满意　　　　B. 比较满意　　　　C. 一般

D. 不满意　　　　E. 很不满意

2. 您认为目前最需要培养孩子的（　　）

A. 学习能力　　　B. 关心他人　　　　C. 诚信

D. 心理健康　　　E. 其他

3. 您觉得孩子在入学适应方面最大的困难是什么？

4. 您觉得孩子最需要得到老师帮助/关注的地方是什么？

5. 您对本次"家长会"活动是否满意（　　）

A. 很满意　　　　B. 比较满意　　　　C. 一般

D. 不满意　　　　E. 很不满意

6. 您参与本次家长会的收获和心得：

_____

7. 您对本次家长会的意见和建议是：

_____

8. 你想对_____老师说：

_____

感谢您对本次调查活动的支持与配合！我们将根据你所提出的宝贵意见和建议，认真反思并不断改进我们的工作。让我们学校与家庭结成亲密的伙伴，一起为了孩子的健康发展而努力！

教师可以在会后给家长布置一些"家庭作业"，比如让家长写一写自己在帮助学生入学适应阶段遇到的问题，从而为每位家长制订更有针对性的家庭教育策略，并通过班级微信群等途径对家长中普遍存在的问题进行集中解答，促进学生健康成长。此外，对于第一次家长会缺席的家长，教师一定要和他们做好会后的单独沟通，提前约好合适的到校时间，与他们进行必要的交流，让家长在孩子的入学适应问题上"不缺课"。

家访是教师和家长交流孩子的学习、生活状况的重要渠道之一，可以让家长和学生感受到老师的关注和重视，既是对学生的一种激励，也是对家长的一种触动。教师、家长、学生三方通过面对面交换意见，共同商量解决问题的办法，拉近彼此的心理距离，有助于迅速达成共识，形成教育合力。尽管现在通信方式很便捷，但都不如家长和教师面对面地交流真实有效。

家访工作是家校共育的一条重要途径。教师开展家访工作时一定要保持热情和真诚，态度要端正，思想上也要给予足够的重视。如果流于形式、敷衍了事，家长肯定能感受和察觉到，反而会起到不好的作用，影响日后的家校共育工作。

一、新生全员家访有助于促进学生入学适应

对于即将入学的新生，入户家访尤为重要。新生家访能够让教师更好地走近学生，是做好班主任工作的基础和前提。每一位孩子在入学前，对于老师来说都是一张白纸。第一次家访，就像在这张白纸上写下学生新阶段故事的第一笔，十分重要。

通过新生家访，教师可以全面了解每一个学生的个性特征、兴趣爱好和家庭背景，从而更好地做到因材施教；可以与家长进行深入的沟通交流，就学生的入学适应问题提供科学的、有针对性的意见和建议；同时，可以跟学生提前熟悉，为他们适应新的学习环境奠定良好的基础。

学生和老师对新生家访的感受①

为了更好地了解每位新生及其家庭的具体情况，致远初中六个新初一班主任在暑假开学前一直行走在家访的路上，目前已家访了130多个新生家庭。他们提前设计好家访时的问题，并认真记录孩子和家长在家访过程中所表达的每一个细节。

对于初一新生而言，他们来到新的学校，遇见新的老师和同学，在期待新环境的同时，心中也难免有些忐忑，而老师一户户地上门家访，主动和他们聊天，拉近了师生间的距离。比如初一（3）班的男生小朗在班主任家访时就表现得特别激动，他没等到电梯就直接跑下楼梯迎接老师，并在接到老师后一路攀谈。在老师的轻声细语中，有些腼腆的小朗逐渐打开话匣子，和老师渐渐熟络，对老师有了一定的认识，并喜欢上了新老师。同时，老师还对小朗提出了期待，这令小朗对自己的初中新旅程信心满满，充满期待。

新生班主任也通过家访对学生有了一定的了解，比如初一（2）班班主任在自己的家访日记中写道："现在的我，脑海中已经清晰留下了孩子们的小身影，有"学霸"×××，有活泼开朗、爱好

① 刘颖. 南京一批小学初中启动新生家访——初一小男生：新老师像个明星呀［N］. 南京晨报. 2019-08-28（A05）.

广泛的×××，有调皮但擅长计算机技术的×××，有懂事又坚强的×××，有热情又学习有爱阅读的××，有爱钢琴的××，还有……"

初一（5）班班主任也在她不断家访的过程中对家访的意义有了一些思路："家是孩子感到最安全舒适的环境，家里的每一个角落、书房里的每一本书，甚至父母脸上的每一个笑容，都见证了他们的成长足迹。开学前的入户家访是老师与正值青春年华学生的第一次正式会面，选择在家里这样一个温馨的场所遇见，可以更直观地了解学生的性格特点、学习经历、习惯养成等，更好地实现教育初衷。"

二、做好新生家访前的准备工作

（一）明确家访目的

教师在家访前，首先要认真细致地考虑好新生家访的目的究竟是什么，以及如何达到这个目的，才能确保良好的家访效果。

新生家访最主要的目的是建立家校联系，了解新生基本信息的同时让家长也了解教师，理解和支持学校的教育教学，更好地实现家校共育；同时对学生的入学适应情况进行深入交流，教师要跟家长互通有无，可能学生的入学适应问题在学校没有表现出来，但是在家里却有明显的反映，有助于教师及时掌握情况，对学生开展针对性帮助指导。

同时，教师还需要对特殊家庭给予更多关注，特殊家庭的学生在入学适应方面会遇到更多问题，但因为是全新的环境，如果处理得当，反而可以帮助他们获得更好的发展。比如在了解留守中学生的家庭状况之后，教师就可以有意识地帮助学生在班级中建立良好的同伴关系，鼓励他参与班级活动、学校活动，获得自我价值感，增强自信心，以适当弥补父母没有陪伴在身边的遗憾。

（二）预约家访时间

一般来说，新生家访都会安排在发放录取通知之后、开学前两周的暑假中进行，也有的学校安排在开学后一两个月的时间内完成。

老师需要通过电话、短信、网络平台等方式与家长提前预约好家访时间，不可盲目登门造访，以免白白浪费时间和精力，或给家长造成不必要的困扰。家访时间最好选择在双休日，以免耽误家长工作。新生家访时，还应尽量保证学生也一并在场。

例如，教师可以提前通过微信群发布家访通知："根据学校要求，为加强学校与家庭、教师与家长的沟通与交流，及时掌握孩子在校在家的学习生活情况，我们将于本月××日至××日对全体新生进行家访。班主任将会在今明两天与各位家长预约家访时间并确认家访地址。感谢大家的配合，谢谢！"

（三）做好家访计划

新生全员家访的任务量较大，班主任老师应根据自己的工作时间和工作任务，提前做好新生家访计划，以保质保量、按时完成家访工作，不拖延。

一是根据学生家庭远近合理规划家访路线，对于临近的新生家庭可以尽量安排在一起家访，从而节省路途上的时间。二是聚焦家访目标，控制好家访时长，单个家庭的家访时间控制在15～20分钟为宜，全班家访工作尽量在2～3周内完成。

（四）准备好家访细节

为保证家访效果，教师还应把新生家访时与家长沟通的内容进行一次预演，提前将准备跟家长提问的内容列好提纲。例如，请孩子做一个简单的自我介绍，以了解孩子的个性特点、兴趣爱好等；请家长讲一讲对孩子的教育方法以及对学校工作和班级建设的想法，以了解家长对孩子的教育理念、教育需求等。

教师还要考虑好新生家访时的衣着打扮，做到衣着整洁、穿戴大方，良好的外在形象会让家长感觉到老师很重视这次家访，从而引起家长的重视和尊重，为成功家访奠定基础。出发前，老师要带上笔、学生基本信息登记表、家访记录表等物品。另外，自备鞋套和给学生准备小礼物也是家访工作的"加分项"。

三、教师家访的具体内容

（一）了解新生的基本信息

通过家访，可以快速打破师生隔膜，让老师对新生的学习习惯、性格、兴趣爱好等有一个全面的了解，从而给学生提供更有针对性的入学适应指导，使学生迅速融入新的学习和生活。

具体而言，一是了解学生在家的学习环境，如是否有独立的学习空间，是否有书桌等相关学习用品，家庭藏书数量等。一个具有良好学习环境的家庭，多半也会培养出热爱学习、具有良好习惯的学生。二是了解学生的生活习惯、性格特点、健康状况、自理能力、兴趣爱好等。三是了解学生的在家表现，特别是学生与父母的沟通情况、亲子关系。

如果是开学后家访的，教师还可以向家长介绍学生入学后在校的表现情况，不仅仅是学习方面，还包括生活、习惯、社交等各方面，让家长对学生的情况心中有数。

（二）了解新生的家庭情况

家庭情况会直接影响学生的思想、学习和生活，教师只有通过家访对学生家庭的具体情况做全面、深入的了解，才能掌握影响学生成长的第一手资料，从而读懂学生行为背后的原因，提高教育工作的针对性。

因此，教师在新生家访时要详细了解学生的家庭状况、成长环境、生活习惯等，特别是家长的教育理念、职业、时间自由度，以及日常谁主要负责孩子的学习，夫妻关系是否和谐等，从而掌握学生的基本教育信息，可以在即将开展的教育教学中有的放矢，有目的、有计划、有重点地为学生的成长保驾护航。

（三）建立家校合作关系

新生家访时，教师要向家长传递学校的办学理念和育人思想，详细介绍学校和班级的各项规章制度，并针对性地就家长所关心的热点问题如"双减"政策、中高考政策等进行解读，初步建立家长和学生对老师和学校的了解和信任。

同时，征集并合理采纳家长对学校、班级各项工作的意见和建议，努力寻求家长对教育教学工作的大力配合，最大程度上形成家校教育合力。

（四）根据学生入学适应情况，给予家庭教育指导

通过家访，学校教师可以提醒家长新生入学后可能发生的问题，并与家长共同商讨解决问题的有效办法，向家长提出合理建议，帮助家长引导孩子为新阶段的学习生活做好准备。同时，为家长实施家庭教育提供帮助和指导，让家长规避家庭教育误区，提高家庭教育水平。

教师可以在新生家访时重点指导家长，如何在开学前的这段时间内帮助学生做好入学准备工作，介绍接下来的学习生活需要家长如何配合，告诉家长一些学生学习适应、重新建立人际关系等方面的详细方法，了解并解答家长和学生的对于新学校、新阶段的疑惑和问题。

家访结束前，教师可邀请家长和学生与自己进行互动，比如拍照留念，这样有利于减轻学生入学后的陌生感。家访结束后，教师还要及时整理家访记录，对家访中发现的问题和解决的方法都要详细记录，并为学生建档存放。同时，教师可以根据家访时家长表现出来的性格特征，得出未来关于学生工作对家长应采取的态度，比如跟内向型家长主动反映孩子的情况，跟宠溺型家长委婉沟通等。

四、关注特殊家庭和问题学生，做好跟踪家访

对于在新生家访时了解到的一些特殊家庭和问题学生，比如贫困家庭、单亲家庭、进城务工人员子女家庭、留守儿童家庭，以及学习困难学生、有心理问题的学生等，教师应留意做好记录，给予他们更多的关注，并为这些家庭制订跟踪家访计划，作为日后开展家访活动的重中之重，力求为他们提出具有针对性和持续性的改进措施，以促进这些学生的健康成长。

 案例分享

和县千名教师访万家送关爱[①]

为进一步加强家校联系，构建家校社协同育人格局，促进学生身心健康发展，和县于暑假期间开展"千名教师访万家，关爱学生暑期行"活动。

本次家访采取实地家访和线上家访两种形式进行，确保不漏一户、不落一人，并重点关注留守儿童、单亲家庭、重组家庭和外来务工人员子女。

家访过程中，教师向每一位家长认真普及各项安全教育知识，提醒家长掌握暑期学生行踪"四知"。同时，教师向家长仔细询问学生暑假的学习生活情况，鼓励学生在暑假中坚持学习，积极进行体育锻炼，并主动参与家务劳动、社会实践和志愿服务，以参与提升自己的综合能力和个人素养。

暑假期间，和县教师共完成家访5万余名学生，最大限度减少溺水等安全事故的发生，确保学生安全、健康过暑假。

面对特殊家庭或问题学生，教师一定要意识到，冰冻三尺非一日之寒。这一类孩

---

① 柴家峰. 和县千名教师访万家送关爱 [N]. 安徽日报，2023-08-29（12）.

子的问题不是一两天形成的，所以也不要期待一两次家访就能改变他们。足够的耐心加上足够的爱才能让一颗冻僵的心灵逐渐被滋润，逐渐被温暖。

 案例分享

"问题学生"家访要精准①

不少"问题学生"的品行障碍其实与原生家庭有着密切的关系，在对这样的学生家访时，班主任可以以"亲子关系"为主线，通过了解家长的教养方式对学生的影响，找到学生看似不可理解行为背后的需求，同时做好家庭教育指导工作。

首先，班主任家访前要努力获取家长的积极配合，让家长在家访过程中尽量呈现出真实的家庭生活状态。

其次，班主任要在家访中观察学生的品行障碍问题能否在学生的日常家庭生活中找到根源，并以此引导家长进行反思。

最后，具体指出家长不正确的教育方式，并引导家长使用讨论、协商等民主的方式对孩子开展教育，以减少家长自身不良行为对孩子所产生的负面影响。同时，采用强化法、消退法、游戏疗法等帮助孩子改变不良的行为习惯，逐渐建立正常的行为模式。

对待这类学生，一定要坚持定期多次家访，与家长面对面能更有针对性地确定问题，找到问题行为背后的原因，发现解决问题的方法。每次家访后，教师都要及时、详细地做好家访记录，把家访过程、家访中达成的共识和发现的新问题都写清楚，并对学生的成长变化重新分析评估，制订新的教育方案和措施。同时反馈给家长，让家长一同配合对学生的教育，以巩固家访效果，预防问题反弹。

---

① 曹刚."问题学生"家访要精准. 中国教师报［N］. 2020-10-21（11）.

第 5 章

跟家长一起做好学生的青春期教育

第 1 节 ● 帮助家长读懂青春期

第 2 节 ● 与青春期孩子"和平相处"

第 3 节 ● 做好青春期学生性教育

教师和学校的困惑

教师1 初高中的学生身体发育很快，有些学生似乎难以接受自己的生理变化，随之而来的心理起伏也非常大。老师和家长如何帮助这些学生正确认识和平稳度过青春期呢？

教师2 面对青春期的学生，有时真的很头疼，我们老师自己都容易失控，又不能随随便便叫家长。我们该如何联手家长管理好学生呢？

教师3 家长经常和我们抱怨初高中的孩子很"叛逆"，自己管不了就扔给老师，根本不想着沟通解决。如何开展活动让家长了解青春期学生行为背后的原因，并采取正确的教育措施呢？

青春期阶段的学生，其生理和心理的成长进入一个比较关键的时期。生理上的变化、人际关系上的压力、学习任务的加重……都会让他们在日常的学习和生活中时常出现一些困惑、烦恼、迷茫和矛盾。

同时，目前仍然有一些家长对于"青春期"或者"青春期学生"有误解。比如，有的家长认为青春期等于叛逆期；有的家长认为"叛逆"就一定代表着负面、不好的内容，要把孩子的"叛逆"打压下去；还有的家长仍旧把青春期的学生当成"儿童"，过度管控，极易引发亲子冲突。

因此，为了做好学生的青春期教育，一方面，学校和教师需要发挥主导作用；另一方面，我们也要引导家庭和家长进行协同。具体来说，我们需要帮助家长读懂青春期学生，走出对青春期的成见和理解误区，指导家长正确与青春期学生相处，并做好青春期学生性教育。

第1节　帮助家长读懂青春期

中学生正处于人生发育的"黄金"时机——青春期，也是他们身心迅速发展的重要时期。说到青春期，家长和教师也都是"过来人"。可能会认为这个时期并没有什么大不了，多大的难处挺过来就是了，也容易忽视学生的心理或情感需求。其实，青春期的学生坚强也脆弱。他们的"叛逆"表现有时并不是单纯地跟家长对着干，而是一种自我探索的方式；相反，看起来特别听话、一点都不"叛逆"的孩子反而容易出问题。要做好学生的青春期教育，首先就需要教师指导家长厘清一些对青春期的认识误区，了解学生青春期的身心发展规律和特点，真正读懂青春期的孩子。

一、家长对青春期的认识误区

如果用一个词来形容青春期，不少家长可能都会觉得是"叛逆"。确实，青春期的孩子跟儿童时期大不一样，家长某些用惯的教育方式也不再起作用，就会觉得是孩子变了，于是给孩子贴上"学坏了、不听话了、会顶嘴了"的标签。这是一种不恰当的认知。因此，要做好青春期孩子的教育，教师需要帮助家长厘清一些认识误区。

（一）"叛逆"就是变坏了

一到青春期，原本听话的孩子也会开始和家长唱反调，时常会与家长发生剧烈的矛盾冲突。这种先入为主的"刻板印象"和不良暗示，容易使家长对孩子青春期的正常变化存在不同程度的误解和过度焦虑，从而在孩子的青春期教育上出现偏差。

有些家长会努力保住自己的权威地位，试图压制、纠正孩子的"叛逆"行为。他们对孩子采取"非打即骂"等强硬教育措施，全面打压孩子顶嘴、不听话等言行，觉得不把孩子的这股"邪劲"压下去，孩子就有可能变坏。这可能反而强化了孩子的"叛逆"行为，导致亲子冲突升级；还可能使孩子表面上恢复到以前那个言听计从的"乖孩子"，实际上却已关上心灵深处那扇与父母交流的大门。

还有些家长无所谓，对孩子的"叛逆"行为放任自流。在现实中，也有一些家长面对孩子的"叛逆"行为，在几度管教无效后便失去信心，不再过问，不再指导孩子的言行和想法。久而久之，由于自控力不足，青春期孩子很容易受到不良影响，导致行为发生偏差，待家长发现时，可能已经耽误了孩子的发展，甚至出现一些严重后果。

其实，青春期"叛逆"的出现是对家长的一种提示，告诉家长要及时改变教育方式，要更多地看到孩子的成长，用对待大人的方式来对待孩子，减少说教和唠叨，尊重孩子的选择，支持他们做事的方式，放他们去外面的蓝天中飞翔，这样才能培养出敢于搏击苍穹的雄鹰。

（二）情绪反复波动就是不正常

孩子进入青春期，情绪会变得反复无常，很有可能前一秒还"阳光明媚"，后一秒就"电闪雷鸣"。不管家长使用温柔的方式还是严厉的方式对待孩子，孩子都可能突然产生过激的反应，往往弄得家长措手不及，最后束手无措，要是家长也放任自己的情绪爆发，那就有可能引发亲子冲突。

当孩子突然变得暴躁时，如果家长为了维护自己的尊严，非但不去耐心开解孩子，而是同样表现出暴躁或不耐烦的情绪，甚至去打骂孩子，无异于火上浇油，只能加剧青春期孩子的暴躁情绪。

当孩子突然变得情绪低落、沉默不语时，如果家长不管不问，自然对孩子的身心健康无益；但如果家长在孩子身后问个不停，同样也会让孩子感到抵触，无法了解孩子情绪变化的真实原因。

当孩子的情绪变得特别敏感时，比如特别在意家长和同学对自己的评价，如果家长觉得这只是一些不起眼的小事，甚至为此打击或嘲笑孩子，只会造成孩子对家长的反感，甚至可能使这种敏感多疑的性格伴随孩子一生。

其实，青春期孩子的情绪剧变是由于大脑发育不平衡所导致的。教师要帮助家长了解这些特点，给予孩子一定的理解，同时使家长能够指导孩子掌握一些基本的情绪管理方法，帮助孩子克服负面情绪。

（三）学习最重要，其他事情不用教

整个中学阶段，学生都处于青春期。中学阶段的学业压力有目共睹，不少家长就会认为"天大地大，学习最大"，除了学习，其他事情都不重要。既然不重要，那就不用教，不用聊，孩子总有一天会"一夜长大"。电视剧《隐秘的角落》中，老师提醒男主角的母亲，孩子成绩很好，就是太孤僻了。母亲却不以为然，认为孩子到学校是来学习的，又不是来交朋友的。故事的最后，男主角的人际交往和心理发展，在母亲不知道的地方，向着失控的深渊一步步沉沦。

可能不少家长还存在这样的观念：同伴交往不用教，孩子进入社会之后自然就懂了；异性交往不用教，时候到了他们自己会谈婚论嫁；性教育不用教，也不能教，结婚之后才能说这些事儿；抗挫力不用教，以后自然会接受工作和社会的毒打；生命的意义也不用教，他们现在的全部意义就是战胜中高考……如果家长仍旧根据学业成绩的好坏来开展家庭教育，忽视孩子在青春期自我探索、社会化发展的需求，就很容易培养出"高智商的低能儿"，孩子就算赢了中高考，最终可能还是无法真正融入社会。

二、了解青春期学生的身心发展特点

要真正破除家长对青春期的误区，首先要帮助家长科学认识青春期孩子的身心发展特点，了解孩子的某些"突变"并非叛逆、不乖，而是自有其科学规律。这样，家长就能够用更加客观的态度看待孩子的青春期变化。

青春期是继婴儿期之后个体生长发育的"第二高峰期"。此时学生的身高、体重和各项身体机能都在快速发展，性器官也开始发育成熟，逐渐接近成年人。随着生理上的剧变，他们的心理也随之发生了一系列的变化。

（一）青春期学生的生理特点

如今，不少学生在小学高年级就进入了青春期，绝大多数学生也都会在初中阶段正式步入青春期。但进入青春期的时间存在一定的个体差异和性别差异，女生出现青春期变化的时间一般要早于男生。青春期学生在生理上会发生急剧的变化，具体如下：

1. 外形和内脏机能的变化

进入青春期的学生最突出的变化就是"长个儿"，他们的体重、胸围、肩宽等也一并快速增长。内脏器官逐渐发育，内脏机能（如肌肉力量、心肺功能）逐步增强，并日趋成熟。

此外，青春期学生最重要的一项变化是出现性发育的外部表现，即"第二性征"。例如，男生开始长胡须，声音开始变粗，喉结变得更突出，还出现了阴毛和腋毛等；女生的乳房开始发育，骨盆变宽，臀部变大，声音变细，出现阴毛和腋毛等。从外形上看，高中生较初中生更接近成年人。

2. 大脑和神经系统的变化

中学阶段是学生大脑迅速发展的时期，大脑结构已经和成人差异不大。这个时期，脑发育主要集中在神经连接的复杂化和精细化上，中学生的大脑会表现出明显的"用进废退"的特点，且处理信息的速度和准确度都有所提高。

但是，中学生大脑各区域发育不均衡，负责基本行为功能的枕叶、颞叶和顶叶基本发育成熟，负责产生情绪、识别情绪和调节情绪的杏仁核迅速发育，而负责复杂思考、规划的前额叶发育尚不成熟，导致孩子抑制能力较差，表现在行为上就是更加冲动、情绪化，往往还没有考虑到后果就做出了行动，可以说是真正意义上的"说话做事不过脑子"。

3. 性的成熟

中学生进入青春期后，性器官及其功能开始快速发育和成熟。例如，男生出现了"遗精"现象，女生出现并逐渐形成了规律的月经，开始具备生育功能。可以说，性的成熟是中学生生理发展的一个重要标志。如果缺乏正确的引导，没有掌握足够的性知识，他们对于性的需求和行为就可能会有错误的做法。

（二）青春期学生的心理特点

生理是心理的基础。伴随着中学生在生理上出现的一系列剧变，其心理也会发生改变，具体表现为以下特点：

1. 情绪上丰富、敏感又脆弱，表现出"不稳定性"

处于青春期的初中生情绪被形容成"疾风骤雨"。这个时期，学生的情绪丰富、多变。这是因为他们大脑的杏仁核发育迅速，情绪体验的强度和丰富性都比儿童期有所增加。大人眼里不值一提的小事在他们眼中就会被放大。

相对而言，女生更敏感，情绪体验更细腻、更丰富；而男生情绪则更易怒，不稳定，遇事更容易爆发强烈的情绪反应。研究发现，女生比男生更早经历情绪的"疾风骤雨"期，比如女孩在11~13岁时情绪波动最大，也最强烈，而男生的时间大概在13~15岁。另外，发育较早的女生和发育较晚的男生，更容易产生不适感、自卑感，在人际交往和自我评价方面产生偏差。

2. 批判性思维迅速发展，但仍有一定的局限性

伴随着中学生大脑的发育，其思维发生了"质"的变化，这使得青春期学生的独立性和批判性有了显著发展。他们开始喜欢怀疑、辩论，不再轻信教师、家长及书本上的"权威"意见，开始出现"顶撞"成人的现象。

然而，受到认知水平和社会经验的制约，他们对问题的看法容易只顾部分，忽视整体；只顾现象，忽视本质，容易出现片面化和表面化。具体表现为，有时毫无根据地争论，有时孤立、偏执地看问题，有时爱走极端、钻牛角尖，等等。

3. 自我意识上迅速发展，渴望自由与独立，表现出强烈的"成人感"

由于身体外形的剧烈变化，中学生在心理上会有一种"我已经长大了""我不再是小孩子了"的感觉。他们强烈渴望被当作"大人"来对待，希望有自己的空间，有一定的自由，被大人认可和尊重，不愿再被老师和家长监视和控制。

例如，学生在学校遇到了不开心的事情，回家后可能不愿意和家长分享，而是躲在书房写日记，或者和好朋友聊聊。如果父母不识趣地反复问"你怎么了"或者找老师打听孩子在学校的情况，就可能引起他的反感。

4. 行为上冲动，表现出"爱冒险"的特点

由于前额叶未发育成熟，中学生的自我控制能力较弱，对事件后果缺乏理性的认知，这会导致他们在行为上容易冲动，做出一些让教师和家长不能理解的违纪、冒险、冲动、自恋又危险的行为。

研究发现，儿童青少年的冒险行为呈"倒U形曲线"，即从童年期开始，他们的冒险行为逐渐增加，到青春中、后期时达到峰值，然后逐渐下降。所以，高中阶段的学生更容易出现违法乱纪等冒险行为。

5. 人际交往上，表现出"重视同伴交往"的特点

青春期学生更愿意和同伴在一起交流分享，喜欢搞"小团体"，寻求归属感。同

时，在同伴交往中，"面子"是最重要的，他们会在人际交往中特别关注自己的外貌以及别人对自己的态度和评价，热衷于思考自己的优点、缺点、特点，非常注重维护自己的面子和尊严。此时，如果学生无法在家庭中获得良好评价，或处于不良的家庭氛围，就更有可能依赖同伴群体给予的认同，哪怕是不良的同伴群体。

由于性意识的觉醒，青春期学生开始对异性产生好感，异性交往的需求增加。此外，他们与老师、父母的关系开始疏远，但冲突发生的频率和强度呈"倒U形"发展趋势。

 **案例分享**

理解青春，沟通有道[①]
——昌化初中举行青春健康"沟通之道"家长培训会

为帮助家长更好地了解青春期的孩子，找到与青春期孩子有效的沟通方法，为孩子的健康成长撑起"保护伞"，昌化初中特邀请国家二级心理咨询师、浙江省青春健康教育讲师田华老师面向全体家长开展以"青春期孩子的沟通之道"为主题的讲座。

结合家长代表谈到的自己与青春期孩子在沟通上的一些烦恼和困惑，田老师通过互动游戏、小组讨论、情景模拟等方式，生动形象地为大家讲解了男女生在青春期生理及心理上发生的变化，并辅以案例予以说明，让家长对"青春期"有了更正确、全面的认识。同时，她还结合自身经历，生动详细解说了与孩子沟通的重要性，以及如何与孩子进行有效沟通。

田老师的讲座内容丰富，互动性强，深受家长们的好评。家长们纷纷表示获益匪浅，收获了与青春期孩子沟通的方法和技巧。

---

① 参考自：杭州市临安区教育局网站，http://www.linan.gov.cn/art/2023/3/15/art_1413736_59098716.html

三、发展自我同一性是青春期学生的重要任务

美国心理学家艾里克森最早提出"自我同一性"的概念，是指个体尝试把与自己有关的各方面综合起来，形成一个自己决定的、协调一致的、不同于他人的自我，是对"我是谁""我将来的发展方向"以及"我如何适应社会"等问题的主观感受和意识。自我同一性的建立，意味着对自己有充分的了解，能够把自己的过去、现在和将来组合成一个有机的整体来思考，确立自己的理想与价值观，并对未来发展做出自己的思考和规划。

发展自我同一性是青春期学生的重要任务。自我同一性的形成，标志着青年期的结束，标志着个体完整、统一、独立人格的形成，个体正式进入成年期。因此，青春期的剧变与混乱对个体来说是一场"危""机"并存的探索。探索可能会成功，最终成为一个独立的成年人；探索也可能会失败，从而将混乱延续到成年。探索可能会很快，高中生可能就会表现出类似成年人的"成熟"；探索也可能会很慢，甚至延续一生……

知识链接

自我同一性的存在状态与危机

自我同一性的形成可概括为四个统一："主我"和"客我"的统一，理想我和现实我的统一，过去我、现在我和未来我的统一，自我和环境的统一。

自我同一性有四种存在状态：

（1）同一性弥散：自我探索迷惘，没有主动思考过同一性的问题，不去探索各种选择，主观自我对客观自我不满意，无法构建价值和发展目标，也无法对特定意识形态、价值观或社会角色做出清晰选择。

（2）同一性延缓：因感到迷惘而暂时逃避承担社会责任和义务，暂时还无法对特定目的、价值观形成认同，需要继续进行自我探索的状态。

（3）同一性早闭：过早停止自我探索，以别人的评价确立自我，满足于当前的社会角色的状态。

（4）同一性达成：经过深入的自我探索，确立了自我价值观，塑造了自我发展的基本框架，并积极进行自我完善的状态。

自我同一性危机是指学生在童年期会形成暂时的同一性，如学生会认为"我是×××""我将来要成为一名科学家"。进入青春期之后，身体发育带来的成人感使自己对儿童期形成的同一性产生怀疑，开始重新认识自我，思考自己在社会中的地位和作用。在这个过程中，青春期学生对自我和自己的生活方式感到困惑，产生自我意识的混乱，需要重新探索、整合。

德国著名作家、诗人赫尔曼·黑塞曾经说过："个人的生命都是通向自我的征途，是对一条道路的尝试，是一条小径的悄然召唤。觉醒的人只有一项义务：找到自我，固守自我，沿着自己的路向前走，不管它通向哪里。"可以说是对青春期学生开展自我同一性探索的形象阐述。这是每个人的必经之路，是每个青春期孩子的蜕变之旅。因此，教师要让家长认识到，青春期的学生需要经过充分且主动的探索，才能够促成自我人格的统一。而这种探索，可能是积极的，也可能是消极的，甚至是错误的，这些都是正常的。

重要的是，如果家长在这个过程中，或过度控制或放任自流，都不利于孩子的自我同一性达成。例如，有些家长继续采用严格的教育方式，阻断孩子学习之外的探索，孩子可能形成同一性弥散，对"我是谁""我要做什么""我的价值观是什么"毫无意识，就会导致进入大学、社会之后人生意义缺失。有些家长依旧事事包办，不放手让孩子自我管理、自主学习，孩子就可能会形成同一性早闭，认为自己的道路早就被父母安排好了，听他们的话就行，自己不用探索也可以，这种状态会让学生缺乏独立精神，习惯以他人的评价为行事准则，缺乏心理韧性，难以独立应对人生挫折。还有些家长不关心、不在乎，对孩子的一些不良探索行为，比如屈服于同伴压力，交往不良同伴，抽烟喝酒，尝试不安全的性行为，参与校园欺凌，触碰法律法规等，不加以引导，放任自流，就容易导致学生行为越过底线，养成不良行为习惯，甚至造成无法挽回的严重后果。

因此，读懂青春期的孩子，了解他们中学阶段的身心发展规律，可以帮助教师和家长透过他们看似叛逆、荒诞的行为，触摸到他们内心真实的成长需求，让学校教育和家庭教育都能以"学生为中心"。所以，读懂青春期是中学家校共育的重要内容。教师要在自我学习、进步的基础上指导家长了解孩子的成长规律，提升家庭教育实效。

第 2 节　与青春期孩子"和平相处"

孩子进入青春期后，家长们可能会发现：原本听话懂事的孩子好像变了个人，越来越"叛逆"，心思越来越敏感、脆弱，对家长的叮嘱也开始感到厌烦，很少甚至拒绝和父母交谈；有时候孩子对于家长的批评也开始反驳、顶撞，越是家长、老师不让做的事，越要和家长"对着干"……总之，进入青春期后，孩子好像变得越来越难相处了。

青春期亲子关系波动、亲子沟通不顺畅可能会导致家长放弃家庭教育，把责任全推给学校，希望老师能替自己"管教"孩子；也可能会让家长加大控制力度，过分压制孩子的自我探索与成长，反而加剧亲子矛盾。无论哪种情况都不利于学校开展教育教学工作。其实，只要家长真正了解了青春期学生，掌握了与青春期学生的相处之道，青春期也可以变得很美好。所以，这一阶段家校共育的重要主题之一便是引导家长学会与青春期的孩子"和平共处"。具体来说，可以从以下几方面入手。

一、指导家长正确跟青春期学生沟通

"青春期孩子难沟通"似乎是家长们的一个共识。因此，有的家长形象地把青春期孩子比喻为"炮仗"，一点就炸。其实，这是因为家长没有掌握与青春期孩子沟通的正确方法。比如有的家长为了拉近与青春期孩子之间的距离，有时候会故意"没话找话"；还有的家长为了让孩子重视，习惯采用命令、威胁或者一遍遍重复的方式和青春期孩子说话。家长们这样做的初心是好的，但往往"好心办了坏事"，结果并不理想。因此，我们有必要加强对家长在与青春期孩子沟通方面的指导。具体来说，我们可以指导家长这样做。

（一）尊重学生，平等交流

进入青春期后，学生开始发展自我、寻求独立，特别希望得到父母的尊重。如果父母能把孩子作为一个平等的个体对待，学生自主的需要得到满足，他们就不会再通过叛逆的方式来争取自主了。

父母与青春期学生沟通时，要避免"我说了算""你必须""你懂什么""我是你爸/妈，必须听我的"之类的话，命令式的口吻只会适得其反，让家长难以走进青春期孩子的内心世界。父母应该将自己的身份"降一降"，尝试和孩子像朋友一样交流，切忌在急躁、心烦、不冷静的时候教育孩子，觉得面谈尴尬的话题，也可以选择短信、微信等方式进行沟通。

判断孩子"叛逆"类型，对症下药

对暴躁型叛逆的孩子，不要硬碰硬。当跟孩子观点不一致时，不要用强势的态度逼孩子低头，要用平静的语气跟孩子商量。

对沉默型叛逆的孩子，耐心等待并引导孩子跟你沟通。家长要关注孩子的表情、肢体语言，了解孩子的心思。想办法让孩子说出自己遇到的事情，把平时的一些生活感悟跟孩子分享，激发孩子说话的欲望。

对阳奉阴违型叛逆的孩子，让孩子感受到真诚。对于这种孩子，家长要让孩子理解"你不同意爸爸妈妈的观点也没关系，有自己的想法是值得鼓励的""当你有自己的意见时，直接提出来就好，我们一起商量"。

（二）学会倾听青春期学生的心声

青春期学生开始有意和父母保持距离，甚至向父母屏蔽自己的相关信息，比如不让父母看自己的朋友圈，此时父母要做的绝不是想方设法继续监控孩子的一举一动。想要改善和孩子之间的沟通，学会倾听往往是第一步。

父母要愿意耐心倾听青春期孩子诉说，并努力站在孩子的角度理解他说的话。如果不能和孩子共情，就不可能理解他，自然也不可能给他想要的回应。父母首先要放下情绪和说教的冲动，专心安静地听孩子说话，沟通的第一步就到位了。

当孩子说出自己的想法后，家长可能不赞同，或听不懂孩子想表达什么内容，先不要着急否定和评价。先让孩子说，尊重他的感受，也让他感受到父母的尊重。家长可以在倾听过程中用提问的方式表达自己的疑问，从而了解孩子想法产生的缘由，逐渐找到解决问题的突破点。

有时候，孩子不愿意敞开心扉交流具体问题，教师可以教给家长一些其他的沟通方式，不一定非要言语交流，也不一定要把焦点放在问题本身。有时通过其他的生活体验就能潜移默化地解决问题。例如，不直接讨论孩子的异性交往情况，而是跟孩子一起看一部类似主题的电影；搁置一些矛盾，先坐下来好好吃一顿饭；做一些亲子小游戏，在互动中体验孩子的心情，表达自己的关心等。

⊞ 工具箱

亲子接力画

准备一张白纸、几支彩笔。

首先，家长可以跟孩子围坐一圈，全家都可以参与，但要先确定好画画的顺序。

其次，每个人轮流画一笔，只添一笔，期间不要言语交流，也不能打断对方。

最后，这幅画的笔数在25～50笔为宜，但是如果有一方决定放弃，也可以随时终止；或者在游戏开始前规定好每个人的笔数。

看一看这幅画变成了什么样，然后家长和孩子一起回答几个问题：

1. 为这幅画起一个名字。

2. 解说这幅画，每个元素都代表什么。

3. 最喜欢这幅画的哪部分？为什么？

4. 最不喜欢这幅画的哪部分？为什么？

通过绘画，能让家长和孩子都有充分的空间和自由表达内心，投射情感，增进感情交流。也许那些矛盾和一时的不满都能在你一笔我一笔的合作中得到化解。

（三）多鼓励，巧批评，尊重青春期学生的选择

青春期阶段是学生自我同一性发展的关键期，他们开始探索自我、审视自我、寻找"我是谁"的答案。在这个过程中，他们会尝试各种可能性，做他们以前不会做的事，甚至是一些教师和家长眼中不正确、不喜欢的行为。

这个阶段，教师要引导家长给予孩子温暖的接纳，以孩子的自主意愿为主，相信孩子有自我成长的能力，不要再过多地限制他们，而是用放松的态度陪伴孩子的成长，减少自己的焦虑和无助感，并尽可能地支持他们。

在孩子成功时给予他表扬与欣赏，在他失败时给予学生更多的安慰与鼓励。要允许孩子犯一些错，吃一些亏，不要过分束缚孩子的手脚，这样可以让学生更主动向父母靠近。

（四）变言传为身教，减少说教和唠叨

对青春期的学生来说，亲子关系是一个从亲密慢慢走向分离的过程，说教和唠叨是最没效果的一种教育方式。父母的说教和唠叨会使渴望得到独立的孩子特别反感，要么直接反抗，要么表面上不说什么，心里却压根儿不赞成家长的观点。

但这并不意味着因为青春期学生冲动、不理性就不去管理。相反，对他们提出的规则和要求要一如既往，甚至更多、更明确，但交流中不能唠叨，最好能在恰当的时候提一句。因为青春期阶段学生的自我管理能力其实是有所增强的，逐渐由他律过渡到自律。

青春期学生往往更留意父母是怎么做的。如果家长当着孩子的面说一套，背后做另一套，通常会成为学生日后对抗家长的理由。发挥"身教"作用，给孩子做好榜样，才能让他们在心里感到自己的父母是值得尊敬的。

知识链接

孩子青春期阶段，家长更需要做好自己[①]

在《全国家庭教育状况调查报告（2018）》中，通过大数据来分析处于青春期阶段的初二学生家庭教育的现状和存在的问题，结果发现：在孩子青春期阶段，家长更需要做好自己。

---

① 边玉芳，田薇薇. "初二现象"折射青春期家庭教育挑战. 中国教育报，2018-09-27.

例如，家长在八年级学生面前表现的不良行为越少，他们越倾向于将父母选为最崇敬的榜样。报告家长不良行为很少的学生，选择父母作为最崇敬榜样的人数比例，比报告家长不良行为很多的高26.5个百分点（32.8%和6.3%）。

再如，与四年级相比，报告曾经看到家长"说脏话、粗话"的八年级学生人数比例高15.8个百分点，报告家长曾经"答应过孩子的事情做不到"的八年级学生人数比例高21.5个百分点，说明青春期的孩子更能注意到家长身上的缺点和不足。

二、指导家长尊重学生隐私，给孩子自由的空间

教师要让家长认识到，青春期的学生慢慢会变得不再像小时候那么黏着父母，很想拥有一个相对独立的空间。因此，父母要接纳孩子的这种变化，给孩子自由的空间，而不要产生孩子不如小时候懂事等埋怨心理。

（一）不窥探青春期学生隐私，正面沟通

信任是任何良好关系的必备特征。家师关系如此，亲子关系也是如此。教师要引导家长信任孩子，让孩子在一个相对宽松、充满尊重的环境下，健康地度过青春期。如果想了解孩子的真实情况，一定要正面沟通，切记不要窥探孩子的隐私。

例如，进孩子房间的时候要先敲门，而不是直接推门进入；不查看孩子的浏览记录、聊天记录，而是定期询问孩子关于时间、计划管理的执行情况。以命令式、教育式的沟通方式来控制孩子，只会适得其反。

（二）利用家校沟通，全面了解青春期学生

当学生把家长屏蔽在自己的朋友圈、微博、游戏之外时，家长还可以通过家校沟

通这一途径了解孩子。因为除了家庭，学校是学生日常待的时间最久的地方，班主任和科任老师通常也十分了解他们。

教师应鼓励家长利用班级家长会、家长委员会、学校开放日、教师家访等机会与学校教师充分交流，多方面、全方位地了解孩子在校表现，并可以就家庭教育中遇到的困惑和问题向老师请教，提高自己的家庭教育能力，与学校、老师一起共同促进青春期学生的健康成长。

一旦发现孩子有不健康的行为，或结交了不良朋友，甚至有违法行为发生，家长就不能再远远地守护，而是要及时纠正，使孩子认识到自己的错误，避免越陷越深。

三、指导家长关注青春期学生的情绪状态

青春期学生的情绪状态与其叛逆行为有着密切的关系，是其叛逆行为表现的主要促动力量，而保持积极的情绪状态则有利于减少叛逆行为的发生。因此，学校教师要指导家长关注学生的情绪，并帮助他们识别和管理好自己的情绪。

一方面，家长可以鼓励青春期孩子对自己的情绪状况进行记录，帮助他们初步认识情绪产生的过程，了解情绪发生时可能产生的身体反应、想法和行为趋势，以及情绪对人生理、心理、交往、行为等的影响，从而为管理自己的情绪做好铺垫。

🗇 工具箱

心情晴雨表

学校可以将《心情晴雨表》放入家校联系册，鼓励家长指导孩子每天花两分钟填写这份表格，坚持一周，用心记录，调整自己，让快乐多一点，烦恼少一点，做一个快乐的人。

时间	我遇到了这样的事	我感觉	我的情绪管理方式	结果
周一				
周二				
周三				
周四				
周五				
周六				
周日				

这一周中，我有___天心情是晴天，___天是阴天，___天是雨天。总的来说，这一周过得_____。现在，扬起头，微笑，明天又是新的一天！

另一方面，当孩子遇到不顺心的事时，家长应该耐心倾听他倾诉自己内心的烦恼，从而让孩子摆脱沉重的精神困扰，厘清混乱的思路，尽快找到解决问题的方法。此外，家长还可以鼓励孩子通过书写等方式来倾诉不快。

此外，家长跟孩子沟通时一定不要以学习成绩引入话题，否则会让孩子感到压力，怀疑家长交流的动机。家长不妨试试从身边的日常小事入手，先让孩子情绪放松下来，再切入主题谈相关内容。

第3节　做好青春期学生性教育

家校协同做好学生的青春期引导，首先要重视学生性意识的觉醒，及时觉察学生在生理和心理上发生的一系列变化，从而帮助学生顺利度过青春期，避免出现困惑、焦虑、迷茫等情绪。学校和教师要提升家长青春期性教育的能力，特别是化解家长性教育的尴尬，而且，有些问题由家长私下跟学生讲，要比老师在班级里对着大家统一讲，效果好很多。

一、开展家长学校，指导家长掌握必要的青春期性教育知识

家长学校是家校合作的重要方式之一，也是指导家长开展青春期性教育的重要途径之一。

（一）家长学校的课程目标和课程设计

学生青春期辅导课程旨在帮助学生正确认识和应对青春期生理变化，以及伴随生理变化出现的心理变化。学校和教师可以结合本校学生实际，有针对性地设计家长学校青春期系列课程，通常包含以下内容：

1. 青春期性生理知识

通过课程，比如《奇妙的身体密码》，引导家长帮助学生了解和掌握青春期生理知识，包括男生和女生在生理上的结构与区别，青春期在生理上会出现哪些变化等，特别是一些与生殖发育相关的知识，如遗精、月经、受精、怀孕等。

这可以使得那些尚未发育的学生对自己今后的身体发育变化有足够的心理准备，让那些已经发育的学生也认识到自己身体的变化都是正常现象，从而更好地认识自己，悦纳自己的外形，减轻心理负担，排除心理障碍。

教师要让家长意识到，性知识和其他科学知识一样，需要被自然、准确地传递给学生，认识阴茎、阴囊、阴道、子宫等生殖器官应当跟认识身体的其他器官是完全一样的，而且往往越遮掩就越神秘，越神秘反而越诱惑，这种未知的诱惑对学生来说才

是最可怕的，什么都知道了反而就觉得是正常的，不再向往了，才能更好地保护好自己。

表 5-1　青春期男女生身体发育一览表 [①]

年龄	女生	男生
9～10岁	身高突增开始	
10～11岁	乳房开始发育；长出阴毛；进入身高突增期	身高突增开始；睾丸、阴茎开始增长
12岁	乳房继续增大	身高突增，并出现喉结
13岁	月经初潮发生；长出腋毛	长出阴毛；睾丸、阴茎继续增长
14岁	乳房明显增大	变声；出现腋毛
15岁	脂肪积累增多，体态丰满，臀部变圆	首次遗精；出现胡须
16岁	月经规律	阴茎、睾丸达到成人大小
17～18岁	骨骼闭合，停止生长	体毛接近成人水平
19岁以后		骨骼闭合，停止生长

2. 青春期异性交往知识

　　家长学校还要重点关注家长对孩子异性交往问题的引导。初中生出现对异性的倾慕和高中生开始谈恋爱都是非常正常的心理发展表现。通过课程引导家长正确看待青春期学生的异性交往需求，让家长对学生进行爱情观教育，从而使得学生明白什么是真正的爱情，如何获得真正的爱情，正确把握异性交往的尺度等。这需要学校、教师帮助家长先树立正确的性教育观念，以及掌握相关的家庭性教育知识、技巧等。

　　同时，引导家长教会学生辨别在与异性交往时，哪些人和环境是危险的，以及如何保护自己。告诉学生，什么才是健康的性生活，如何科学避孕，非意愿怀孕后的应

---

① 悄悄发生的变化. 科学（六年级下册）. 南京：江苏凤凰教育出版社，2022.

对措施，并让学生了解一些常见的性疾病，如梅毒、艾滋病等，以及如何避免遭受到性暴力和性虐待等。

最重要的是，要让家长告诉学生，特别是女生，即使非意愿怀孕，家长也仍然是爱他/她的，不要让学生因此感到羞耻、害怕，以致不敢告诉家长而去非正规医院做人工流产，造成危险。

（二）家长学校授课效果保障

若想要家长学校的课程对家长和学生起到实实在在的作用，就务必保证家长学校的授课效果，可以尝试从以下两方面着手。

1. 保证家长参与的积极性

家长的积极参与是家长学校取得效果的前提。学校可以在授课前先通过调查问卷、家长访谈等形式，了解家长关于学生青春期教育的具体问题，从而有针对性地设计家长学校课程，并针对家长关于青春期指导的疑难问题进行互动解答，以满足家长的需求。

同时，家长学校的授课时间要尽量安排在非工作时间，如周末节假日或工作日的晚上，授课的形式除了传统的线下专家讲座，也可以尝试工作坊、家长沙龙等互动性较高的方式。

2. 保证课程的可操作性

家长学校切忌长篇大论的理论指导，而应重视方法和具体操作，尽量让家长可以直接将家长学校学到的内容用在孩子身上，如果家长看到了一定的效果，继续学习的积极性将大大提升。

例如，可以鼓励家长与孩子同干一件家务活或一起看电视时，聊聊自己关于青春期性行为的观点和看法，同时启发孩子参与讨论。这样即使谈话进行不下去，双方的尴尬也会少一些，因为比较容易转移话题。

对于一些家长难以开口的性教育问题，也可以让他们与孩子采用书面交流的方式。例如，当爸爸发现儿子出现遗精并感到困惑时，就可以在他的床上或书桌上悄悄留下一张小纸条：

"儿子，恭喜你长大了！爸爸还想告诉你，男孩的阴茎周围开始长阴毛后，有时会在睡觉的时候从尿道排出一些白色黏液，这就是'精液'，因为是睡觉的时候突然排出，所以会粘在内裤上，干了会有些发硬。又因为这时候会做梦，所以又被称为'梦遗'，这并不是病，反而证明你身体正在发育。所以，不要害羞，也不要害怕！"

二、通过学校微信公众号定期推送，指导家长做好学生的青春期性教育

（一）使用公众号开展青春期性教育的优势

相对于线下的家长学校，通过公众号向家长传递青春期教育内容，在学习时间和地点上都显得更加灵活。家长完全可以利用上下班通勤、日常休息等时间抽空学习，并可随时阅读公众号以往发布的历史文章。

公众号可以通过更多的形式对家长进行指导，除了文章，还可以向家长提供音视频学习素材，也可以给家长推荐书单、影片等，以及一些亲子共同观看的学习内容等，以免学生通过上网搜索有关青春期的信息而得到一些错误的引导。

例如，纪录片《诞生之初》通过电子显微成像技术，结合多个真实事件，揭示了新生命是如何产生的，帮助家长和学生了解精子如何与卵子结合等一系列问题，以及同卵、异卵双胞胎，连体婴儿是如何产生的，女性的分娩过程等内容。

此外，一些敏感内容在讲座中有时难以讲得很透彻或较好地进行互动，但公众号文章可以将语言生活化，并附加大量图片和相关视频。同时，在文章末尾还可以通过讨论、投票等形式与家长及学生进行互动，增加体验感。例如，通过学校微信公众

号，可以很自然地将文章内容和测试结合起来，直观的测试结果可以反映家长目前存在的问题，再根据存在问题的严重程度，有针对性地发布回答家长关于学生青春期疑问的相关文章，从而有效消除家长开展青春期教育的困惑和盲区。

（二）公众号推送内容选题

公众号主要任务是向家长推送一些学生青春期性教育的基础内容，如让学生科学掌握青春期的基础知识和卫生保健知识，提高学生对自我成长的生理认识和情感关注，增进男女同学间的相互了解，懂得男女生之间应如何相处，并纾解学生与家长、教师、同学之间相处的困惑等。

公众号可以根据家长的需求定期发布原创文章，也可以适当转载一些优质公众号、兄弟学校公众号的优质文章，将其分享给家长阅读。

 **案例分享**

通过微信公众号指导家长开展青春期性教育①

尊敬的各位家长：

您好！

青春期是一个重要的人体生理发展期，也是一个人从儿童向成人过渡的特殊时期。大多数青少年在这个阶段都会面临种种困惑和烦恼。关于青春期的教育，我们家长往往会遇到许多头痛的事，比如交友、叛逆、早恋，甚至怀孕、犯罪，等等。所以说，青春期，是孩子成长过程中最危险的一段时期。

为了更好地陪伴他们平稳、安全地度过青春期，我校就学生青春期的心理健康教育向家长提出以下建议和要求：

———————————

① 乐山市沙湾区实验中学学校公众号.

一、正确对待孩子青春期的特征

对于一个男孩子来说，青春期意味着个子快速长高、出现喉结、声音变粗、出现遗精等现象。对于一个女孩子来说，则意味着乳房发育、月经来潮等变化。作为家长，要以恰当的方式给孩子解释这些问题，提前让孩子做好心理准备，同时为孩子准备好相应的物品。这个时期的孩子性心理也在发育，对异性充满好奇，甚至开始探索两性的奥秘。这就需要我们家长用科学、严谨的态度正面回答这些问题，而不是对孩子横加指责、掩饰或推诿。科学严谨的态度在孩子整个青春期教育过程中必须贯穿始终，持之以恒，才能帮助孩子度过这一懵懂时期。

二、正确引导青春期的孩子与异性的交往

家长要让孩子明白，中学生与异性的交往是正常的，也是美好的。交往的原则应该是光明磊落、大大方方的，友谊也是纯洁的，是开放的而非封闭的，是有利于学习和共同进步的。如果孩子有这样的理念，在与异性交往时，就会避免出现复杂的想法、矛盾的心理。父母应该理解、尊重、接纳孩子与异性的交往，同时应该理性面对，合理引导。家长可以采用书信、纸条、微信、QQ、邮件等方式与孩子沟通；也可以购买有关青春期性教育的书籍，放在孩子的房间或者他（她）看得到的地方。

三、警惕青春期陷阱，提高自我保护意识和能力

青春期的少男少女们好奇心重，又勇气十足，期待度过一场挥洒热血的青春。但是他们社会阅历少，不能及时分辨社会上的许多陷阱，对一些来自社会上的诱惑缺乏抵抗力，对来自外界的伤害没有自我保护的意识和能力。尤其在网络时代，各种交友工具和平台为未成年人提供了许多可以接触到外界的机会，这反而让一些违法犯罪分子有机可乘，他们利用金钱、友情、爱情甚至是色情来引诱青春期的少男少女，实施违法犯罪行为，并以此达到要挟和控制的目的。

三、发放纸质读物，指导家长科学开展青春期性教育

学校还可以向家长推荐市面上已经出版的且具有可操作意义的青春期读物，或发

放学校自行编制的青春期教育手册。这两类读物相辅相成，共同促进青春期学生的身心发展，让家长更科学地开展家庭青春期教育指导。

推荐的读物须符合中学生身心特点，知识性强，内容健康，积极向上。对于已经出版的青春期读物，教师要注重性知识和观念的不断更新，以对家长做出补充和讲解。

学校还可以开展青春期校本课程研发。自编课程手册可以结合本校学生的问卷调研结果，更加贴合学生实际，满足家长的需求，能够针对青春期学生遇到的各种问题，包括身体变化、性心理、亲子关系、社会认知、心理健康、安全隐患、性格养成等，进行分门别类的梳理归纳和技术支持，给出解决方案，让学生都可以得到正确的指导。

第6章

家校同握笔，助学生绘制**职业**生涯蓝图

第 1 节 ● 生涯教育是中学生的重要课题

第 2 节 ● 丰富形式，多途径开展生涯教育

第 3 节 ● 整合资源，充分发挥家长在生涯教育中的作用

第 4 节 ● 精准滴灌，做好个别化生涯辅导

教师和学校的困惑

教师1 教师都工作忙，事情多，没那么多时间和精力来开展学生生涯教育，每学期有一两次讲座、活动就不错了。

教师2 有时候我们做了很多工作，学生的变化也很大，有些学生也找到了自己喜欢的专业和大学，但是学生家长却不同意，我们之前的一切努力似乎都白费了。

教师3 我们当老师的社交圈子小，接触的也大多是教师或者教育领域的人，对其他职业领域都不太了解，有时候即使我们想开展丰富的职业活动，也会感到"有心无力"啊。

中学生面临许多非常实际的"选择题"，这些选择结果往往会将他们导向不同的人生道路。对于初中生来说，他们将面临的问题是"到底是上一个普通的高中，还是选择一所自己感兴趣的职业高中"；对于高中生来说，他们将面临的问题是"到底该选择哪些高考科目""应该选择什么专业和大学"，等等。这些问题看起来是选科、选专业的问题，但本质上都是学生职业生涯规划的问题。

职业生涯规划可以说是人生的"航海图"，帮助学生锚定航向，更快更准确地向着自己的人生理想前进。然而，做好职业生涯教育，帮助学生更清楚地认识自己，树立合理的发展目标，选择合适的人生道路，仅仅依靠学校和教师是远远不够的。一方面，学校和教师自身的时间、精力和资源有限；另一方面，家庭和家长对学生的职业生涯发展、生涯决策等有重要影响，甚至比教师的影响要大。因此，学校和教师非常有必要携手家长，在相互配合、相互合作的过程中共同做好学生的生涯教育。

家校协同做好生涯教育，学校和教师需要做好以下工作：一是要积极做好全体家长的教育，帮助家长树立正确的生涯教育观念，避免家长不恰当的期待反而阻碍了学生的生涯探索；二是要充分整合家庭和家长的教育资源，让他们成为学生生涯教育的"好帮手"；三是要有针对性地做好个别学生和家庭的辅导，根据学生自身的发展特点，"量身定制"真正适合学生的职业规划蓝图。

第1节　生涯教育是中学生的重要课题

随着我国中考、高考领域教育改革的深入，生涯教育已经成为学校教育工作的重要内容之一。2017年，教育部出台普通高中课程方案，明确了要"促进学生适应社会生活，适应高等教育，适应未来职业"，提出要在高中阶段引导学生开展面向未来的职业规划，为每个学生的终身发展奠定基础。这就要求在中学阶段学校要重视学生的职业生涯规划，视其为重要命题，引导学生树立生涯意识，学会选择，发现优势，发展优势[1]，为自己的人生做好规划。2019年，国务院办公厅印发《关于新时代推进普通高中育人方式改革的指导意见》，提出各地要制定学生发展指导意见，指导学校建立学生发展指导制度，加强对学生理想、心理、生涯规划等方面的指导，帮助学生树立正确的理想、信念、价值观，正确认识自我，提高选修课程、选考科目、报考专业和未来发展方向的自主选择能力。

---

[1] 王凯. 高中阶段应尽早开展职业生涯规划. 中国教育报，2019-11-14.

做好学生生涯教育，既离不开学校和教师的努力，也少不了家庭和家长的支持、参与。只有家校携手，各自发挥彼此在学生生涯教育中的优势，才能更好地形成合力，促进学生生涯发展。

一、生涯教育是促进学生发展和顺应教育改革的必然选择

学校的教育目标是培养为未来生活做好准备的、能够适应未来社会发展的、对国家和社会有用的、全面而个性发展的人。有针对性的生涯教育就是学校实现这一育人目标的重要途径之一。另外，新中考、新高考等一系列的教育改革也为学校教育带来了新的挑战，这使得在基础教育阶段推行学生生涯教育变得更为迫切。

（一）生涯教育是促进学生终身发展的需要

生涯教育是促进学生终身发展的教育。它不仅立足于当下，也着眼于未来，可以帮助学生提前做好未来人生的准备。它可以提高学生对自我的认知，让学生更清楚地了解自己的兴趣、特长、能力和价值观等；它也可以提高学生对外部世界的认知，让学生更好地了解社会、职业、大学和专业等。总之，有针对性的生涯教育不仅可以帮助学生做好升学准备、职业准备，还可以帮助学生做好人生准备，真正活出生命的价值和意义。

知识链接

一项针对完全中学的追踪调查研究发现，持续、系统地开展生涯教育可以在不同程度上提升学生的生涯规划现状、生涯规划能力、学习投入度、生涯韧性和生涯控制点水平，同时也能直接或间接地促进学生的自主发展。所谓生涯控制点，是指个体意识到对生涯发

展任务的掌控感，是学生对生涯发展方面的看法与认识。生涯韧性是一种素质特征，具备该素质的学生在面对丧失机会、遭遇困难或陷于逆境时，能够尽快适应、忍受、克服和恢复。[1]

（二）生涯教育是促进学生个性化发展的需要

教育不应该是"千军万马过独木桥"，而应该是"八仙过海各显神通"。一方面，每个学生都是独一无二的，他们在学习偏好方式、兴趣爱好、性格特点、能力特长等方面都有所差异。根据美国教育学家加德纳的多元智能理论，每个学生都有各自的优势智力领域和不那么擅长的智力领域。例如，传统教育观念中的"好学生"，往往都是在言语语言、数理逻辑智能方面有出色的表现，在其他方面可能并不出众；而有些所谓的"学困生"，却能够在身体运动智能、人际沟通智能等方面表现突出。生涯教育，包括中高考的一系列改革，都在尝试打破传统的"唯分数论"，让每个学生都能在自己的优势领域发挥作用，实现自我价值。另外，社会对人才的需求也是多样化的。无论是专业技术型人才，还是工程建筑类人才，或者是文学艺术类人才，都是社会所需要的。因此，好的教育就是要尊重学生的个体差异，根据学生的特点进行"因材施教"。

生涯教育就是要结合青春期的重要发展任务，帮助学生弄清楚"我是谁""我能做什么""我喜欢做什么""我能做好什么"等一系列问题，让学生结合自身特点选择适合自己的人生发展方向，包括选择适合自己的高中、专业、大学、工作等。因此，生涯教育可以真正实现个性化育人，让每一位学生都能够在未来社会中找到自己合适

[1] 张翠翠，薛雅雯，蒋德明，童裕惠. 完全中学生涯教育实施效果的调查报告. 教育科学论坛，2021（29）.

的位置，充分发挥自己的潜能、优势，实现自我价值。

（三）生涯教育是顺应教育改革的需要

中学阶段是学生理想信念、心理、学业等发展的重要时期，是探索自我同一性的关键时期，但是现实中有很多中学生对未来缺乏明确的目标和规划。他们在学习和生活中经常会感到迷茫，不知道自己为什么要学习，也不知道自己未来要干什么，适合干什么。这导致一些中学生出现学习动机下降，厌学甚至厌世等现象。还有的中学生因为缺乏自主决策等能力，会在学习中出现"盲从""跟风"等现象，即看见别人学什么自己也学，听别人说什么专业好就报什么专业，完全不考虑自己的实际情况。因此，如何激发学生的学习动机，如何帮助学生树立明确的人生目标，也成为学校和教师在教育实践中面临的一个挑战。生涯教育正好可以帮助教师解决这一难题。

2014年，为了解决我国现有考试招生制度中存在的"唯分数论"和"一考定终身"等问题，国务院颁发了《关于深化考试招生制度改革的实施意见》，明确提出要在2014年启动考试招生制度改革试点，并于2017年全面推进，到2020年基本建立中国特色现代教育考试招生制度。这一教育改革政策的出台使得传统的招生计划分配方式、考试形式和内容、招生录取机制等发生了很大变化。不少学生和家长有点不知所措，以前只需要把语数外、物理化学好就行了，如今"选择"太多，反而不知道应该如何组合适合自己的考试科目，选择专业和大学等。因此，对于学校和教师来说，针对中学生（尤其是高中生）开展生涯教育就变得更为紧急和迫切了。

二、生涯教育需要家校共同努力

生涯教育并不是在学校开设一门"生涯主题"的课程、或者给学生普及一些生涯规划常识就能做好的，也并不意味着学校和教师要"孤军奋战"。因为如果学生生涯教育得不到家庭和家长的理解和支持，学生的生涯规划缺少了家长的设计和参与，也很难取得较好的效果。因此，学校和家庭、教师和家长共同推进学生生涯教育非常有必要。

（一）家长是学生生涯教育的"第一人"

尽管学校和教师是学生生涯教育的主力军，承担着学生生涯教育的主要责任，但是这并不意味着学校和教师可以忽视家庭和家长在学生生涯教育中的重要性。实际上，与学校、教师、同伴等其他影响学生生涯发展的因素相比，家庭和家长在学生生涯教育中可能起着更重要的作用。在一项针对深圳地区四所普通高中学生的调研中，当问到"谁是对你的生涯规划影响最大的人"这一问题时，有53%的学生选择了家长，而只有39%的学生选择了老师。[1]可见，相比教师而言，家长、家庭才是影响学生生涯发展的最重要因素。

家庭是孩子的第一所学校，父母是孩子的第一任老师。因此，家庭是学生生涯教育的最初场所，家长是学生生涯教育的"第一人"。具体来说，家庭的氛围，家长在家庭中表现出来的对某种职业的兴趣、偏好、期望等，以及家长是否能够支持孩子进行职业生涯探索，并为其提供相应的资源、机会等都会影响学生的生涯发展。例如，在一个崇尚、尊敬教师的家庭中成长起来的孩子，可能从小就有成为一名教师的愿望。如果一位家长从小就和孩子讨论"你长大了想要做什么""你喜欢做什么"等一系列与生涯发展有关的问题，并经常带孩子去体验不同的职业，发现自己的兴趣、能力等，那么这个孩子将会对自己未来的人生有更多的思考和准备。当然，如果家长对孩子从事某个职业抱有过高的期望，并使用强制、命令等方式要求孩子按照自己的期

---

① 杨青，陈云. 高中生生涯规划现状及对策研究——基于家校合作的生涯规划辅导. 教育导刊，2013（7）.

望生活，也可能造成孩子对这个职业的反感。

总之，家庭，包括家庭的氛围、家长的教养方式以及家长对孩子的教育期望等，在学生生涯教育中起着不可或缺的作用。

案例分享

有研究者在北京市朝阳区举办的一次"生涯教育"现场会上经历了这样一幕。孩子们是这样回答"家庭中谁对我影响最大""他们对我的期望是什么"这个问题的：[①]

孩子1：在家庭中父母对我的影响都很大，他们小时候家庭条件不好，没能实现自己的理想，我要实现他们的理想。

孩子2：在家庭中对我影响最大的是爸爸，他对我的期望是将来当一个医生，可是我想当一个画家。

孩子3：在家庭中对我影响最大的是爸爸，他对我的期望是，我能够快乐成长，将来有一个幸福的家庭。

（二）家长需要得到学生生涯教育方面的指导

家长对学生的生涯规划影响很大，但不少家长在学生生涯教育方面还存在许多问题、困惑以及困难，或者存在错误的成才观、成功观，导致家长无法承担起在家庭中做好学生生涯教育的职责。

一方面，有些家长缺乏对学生生涯教育的正确认识。目前，有很多家长对生涯教育并没有很清晰的认识，更加没有认识到做好学生生涯教育的重要性。这些家长平时最关心的可能就是孩子的学习成绩、考试分数，很少关心职业生涯规划的问题，在生

① 赵澜波. 家庭——生涯教育中不可或缺的元素. 中小学心理健康教育，2011（22）.

活中也很少与孩子探讨生涯规划的问题，也不关心孩子真正喜欢什么、擅长什么，有什么理想、目标等。有的家长片面地将学生生涯教育理解为升学指导或者职业指导，认为生涯教育就是帮助学生"上好大学""找好工作"。还有的家长将学生现阶段的学习和未来的人生发展割裂开来，认为只有到要升学，或者要就业的时候才需要考虑生涯规划。一项针对十年级750名家长的问卷调查发现，只有9.7%的家长专门了解过生涯教育，其中有51.8%的家长虽然从学校、媒体上知道了生涯教育，但是对此了解不多；有26.8%的家长只是听说过生涯教育；有11.7%的家长则表示一点都不知道生涯教育。另外，只有16.9%的家长表示对自己孩子的兴趣、性格、特长和能力"非常了解"。[①]

另一方面，有些家长缺乏对学生生涯教育的相应能力。有研究发现，58.4%的家长都认为有必要在家庭中开展生涯教育，但是自己却不知道如何进行，并且有74.3%的家长都表示非常希望得到生涯教育方面的相关指导。[②]可见，尽管有些家长已经认识到了生涯教育的重要性，却不具备在家庭中开展生涯教育的能力，不知道应该怎样做好家庭生涯教育，出现了"心有余而力不足"的情况。这种现象在"3+3"的新高考模式背景下会变得更加严峻。"6选3""等级计分""院校专业组"等新名词让高中生家长感到"抓狂"。这些没有接受过专业、系统的生涯教育，更没有经历过"新高考"，平时又缺乏对孩子了解的家长经常会问的一个问题是："高考选科，我们应该怎么选？"

当有的家长遇到自己的教育期望和孩子的未来选择不一致时，会采取简单粗暴的专制手段解决问题，而不是认真倾听孩子的心声，了解孩子的想法，尊重孩子的选择。这导致学生不愿意和家长沟通自己在职业生涯规划方面的真实想法。还有的

① 周燕. 家庭中生涯教育的现状与策略. 江苏教育，2018（5）.
② 周燕. 家庭中生涯教育的现状与策略. 江苏教育，2018（5）.

家长不了解孩子真正适合什么，喜欢什么，也不去探索孩子的真正需求，就越俎代庖地替孩子做了选择，导致亲子之间矛盾频发。甚至有的家长会用孩子未来的职业发展来弥补自己在职业生涯上的遗憾，这都阻断了孩子对自我、对职业的探索。就算孩子一时"妥协"，同意了家长的要求，将来真正投入这个行业，也很难调动积极性，会觉得这都是父母安排的；而当其专业学习或职业生涯出现问题时，也容易将责任推给父母，认为是父母导致自己的失败。因此，让孩子自主选择，也是教会孩子主动承担选择的结果，积极处理这条职业生涯道路上可能遇到的挫折和问题。

（三）学校需要共享家长在学生生涯教育方面的资源

学校是开展学生生涯教育的主阵地，越来越多的学校开始开发生涯教育课程、对教师开展生涯教育专业训练。但是生涯教育跟知识教育不一样，需要更丰富的资源和社会视角，需要紧跟时代观念，学校在这方面资源有限，需要得到家长的支持。

第一，家长群体具有丰富的职业资源。生涯教育需要开展多样化的职业体验课程，让学生在体验式学习中更深刻地认识不同的职业，探索自己的兴趣爱好等。但是，学校和教师拥有的社会资源相对有限，仅仅依靠我们很难为学生提供丰富的体验式学习机会。而家长往往来自不同的行业，对自己所在的行业拥有比较深刻的认识；家长群体也拥有更丰富的人生阅历，以及多样的社会资源等，这些都可以很好地弥补学校在生涯教育上资源不足的问题。

第二，教师的时间和精力有限，会限制生涯教育的开展效果。学生生涯教育不仅是一件需要巨大知识储备的工作，也是一项需要耗费一定时间和精力的工作。学校教师往往由于教育教学任务重，拥有的时间和精力都是有限的。因此，仅仅依靠教师来完成所有学生的生涯教育工作也是不现实的。这时，如果教师能够巧借家长的力量，把家长变成自己工作的"帮手"，那么就可以很好地解决在学生生涯教育中没有时间、精力不足的问题。

第三，教师对每位学生的了解程度有限，需要家长补足"信息"。只有更好地了解学生，才能做好生涯教育。然而，教师熟知学生的整体发展情况，但不可能对每一位学生都有比较深入的了解，也不可能对每一位学生都进行个别化的生涯辅导。和教师相比，家长往往更了解自己的孩子。家长可能更清楚自己的孩子有什么兴趣爱好，有什么专业特长，性格特点如何等。因此，家长可以很好地弥补学校教师对学生了解不足的局限。有位家长分享说："好像我家的孩子从小就对机械操作很感兴趣，看到每一个零件都会去摆弄一番，我也明白这是他的兴趣，在引导的过程中也会主动帮他培养这个兴趣。"因此，家长带孩子参与了实践动手操作能力强的专业体验，这些可能就是教师无法通过教育教学工作了解到的学生信息。

第四，中学以课堂教学为主要教育活动，学生在学校的时间也有限，可以了解职业，但很难深入体验职业。而家长则可以利用寒暑假，带孩子去工作岗位"实习"。例如，学校可以鼓励家长带孩子去看看自己的工作单位，还能增进孩子对父母的了解；学校还可以开展"职业体验夏令营""职业观摩夏令营"等活动，鼓励有资源的家长分享实习岗位，让感兴趣的学生到岗位上"工作"一周，发放适当的"薪水"，让学生体验真正的工作是怎样的；或者开放一些工作观摩的机会，让学生近距离观察工作内容、工作强度、需要掌握的技能，看看跟自己的预期是否相符。

总之，做好学生生涯教育既离不开学校和教师的努力，也少不了家庭和家长的支持。只有家校合作共育，才能最大限度地激发生涯教育的能量，为学生的生涯发展奠定基础。

第2节　丰富形式，多途径开展生涯教育

越来越多的中学将生涯教育纳入学校的课程规划体系，但不少学校开展生涯教育的形式比较单一，仍旧停留在"教师给学生上生涯课"的层面，不仅没有考虑到家长的重要作用，忽视了家校共育的方式，甚至把生涯教育变成了"专业科普""高校科普""职业种类科普"，学生在生涯教育中并没有真正了解自己，做出适合自己的生涯规划。因此，做好生涯教育，学校首先要做好顶层设计，通过多种家校共育途径，丰富活动形式和内容，让生涯教育真正落到实处。

一、学校做好生涯教育顶层设计

学校可以通过做好生涯教育组织建设、制度建设、课程规划等，做好家长的生涯教育；建立专门的生涯教育组织，比如成立"学生生涯发展指导中心"或者"学生生涯规划辅导研究委员会"等，并且每年制订详细的工作方案，保证可以定期对家长进行生涯方面的指导。

例如，学校可以制订生涯教育相关的家长会制度、校园开放日制度等，定期邀请家长走进校园，走进课堂，接受教育。在制订方案时，可以按照年级来分类。针对七年级或十年级家长，重点是帮助学生开始青春期的自我探索，认识自我，了解自我，十年级要为选科做准备；针对八年级或十一年级家长，重点是了解生涯基础知识，包括树立正确的职业价值观；针对九年级或十二年级家长，重点是应对升学压力，选择合适的高中、职高或高校，合理填报志愿，做出生涯决策，帮助准备步入社会就业的学生做好职业准备等。

针对高中学校，可以依托家校合作组织，分阶段、系统化地规划高中三年的生涯教育主题的家校合作共育内容，做好学生和家长的生涯教育。[①]

阶段	任务	主题	实施方式	具体内容
十年级	自我探索	兴趣探索	团体游戏社团活动	1．家长、教师参与"我的最爱"兴趣探索团体游戏 2．教师引导学科兴趣探索 3．参加社团，体验自己喜爱的事物
		性格分析	团体活动	1．家长、教师性格优点轰炸 2．PDP 动物性格测试
		能力评估	演讲、角色扮演	1．以演讲的形式展示个人特长 2．角色扮演发展自身能力
十一年级	环境及职业认识	生涯阅读	家庭阅读讨论会	1．家长陪伴阅读不同专业及职业相关书籍、网络资料 2．教师组织讨论会学习交流阅读经验
		请进来	主题班会专题讲座	1．邀请优秀校友回校参加主题班会，分享志愿填报、大学生活及不同专业知识 2．邀请不同职业家长及业内榜样做专题讲座
		走出去	社会调查社会实践	1．安排学生以社会调查的形式了解家长、亲友的职业及工作内容 2．利用家长及社会资源在寒暑假给学生不同岗位见习、实习机会
十二年级	生涯规划试炼	志愿填报指导	主题班会	家长、教师共同指导学生鉴别信息，选择目标学校和专业，模拟填报
		生涯初步尝试	独立进行现场模拟	1．独立完成一份完整的、虚拟的个人简历，畅想未来 2．不同职业的家长及老师为"主考官"，进行一次现场模拟面试

① 杨青，陈云．高中生生涯规划现状及对策研究——基于家校合作的生涯规划辅导．教育导刊，2013（7）.

二、将生涯教育作为家长学校课程的主要内容

家长学校是对家长进行教育和培训、提升家长家庭教育能力的一种重要的家校共育形式，也是学校做好家长教育的重要抓手。课程是家长学校的"灵魂"，是办好家长学校的关键。系统、科学、有效的家长学校课程不仅可以有效更新家长的家庭教育观念，丰富家长的家庭教育知识，提升家长的家庭教育能力，还可以在潜移默化中提升家长对家校合作共育的认识，促进家长积极参与到学校教育管理中。因此，学校和教师应搭建好生涯教育主题的家长学校课程，做好家长的生涯教育，帮助家长树立正确的生涯教育观念，丰富家长的生涯教育知识，提升家长开展生涯教育的能力，使家长不仅能够自觉做好家庭生涯教育，还能够积极参与学校生涯教育。

具体来说，学校和教师可以从以下几个方面，做好生涯教育主题家长学校课程建设。

（一）以学生和家长实际需求出发，系统规划家长学校课程内容

生涯教育是一个系统工程，不是仅凭一两次，或者几次课程就可以完成的，需要家长和学生不断探索，可能随着学生对自我和职业了解的深入，还会不断推翻，再重新论证。为了保证生涯教育的有效性和可持续性，学校需要对家长学校生涯教育课程进行系统化、长期化的设计。具体来说，学校在设计家长学校生涯教育课程时，至少需要考虑以下两方面内容。

1. 考虑学生的成长需求

中学生正处于生涯探索的关键时期，但是目前很多中学生并没有认识到生涯规划的重要性，对自己的兴趣、能力、价值观和现实世界等的认识也不足。研究发现，93%的学生都不知道生涯规划的重要性，没有思考过为什么要做生涯规划，且有90%的学生没有对自己的未来进行较为具体的规划。这些学生也不了解自己的兴趣是什

么，自己具备哪些能力，未来想从事什么职业等。[①]因此，家长学校课程建设应该以学生未来生涯发展为主要目标，以指导家长唤醒学生的生涯规划意识，帮助学生进行全面的自我探索，帮助学生做好升学决策、人生规划等为主要内容。课程主要可以包括以下几方面内容：

一是如何帮助学生做好自我探索、自我认知，即如何帮助学生正确、全面地认识自己，包括了解自己的优势、劣势、兴趣爱好、价值观、能力特点等。

二是如何帮助学生做好专业和职业认知，即如何帮助学生认识社会中的各种专业和职业，包括了解每种专业、职业的特点、功能、意义和价值等。例如，医生是做什么的，有哪些要求，为社会创造了什么价值，能够获得什么收益，等等。

三是如何帮助学生做好生涯决策，即如何帮助学生在了解自己，了解各个高校专业和社会上各种职业的基础上，选择适合自己的专业发展方向，以及未来职业发展领域等，包括选择合适的专业，填报合适的高考志愿等。

2. 考虑家长的实际需求

家长学校课程要能够真正解决家长面临的各种实际问题。比如有的家长对孩子抱有较高的学业期待，并有较严重的教育焦虑；有的家长缺乏对孩子中长期生涯发展的思考和引导，而只是关注孩子近期的学业情况；有的家长则缺少对孩子生涯兴趣的支持和引导等；还有的家长不知道如何与孩子沟通，当亲子之间在生涯决策上出现不一致时，容易出现冲突等。

为了解决家长在开展生涯教育过程中的种种问题，学校可以从不同类型家长的需求出发，设置有针对性的家长学校课程内容。具体来说，可以包括以下几种类型的课程：

一是生涯教育观念类课程。目的是更新家长的生涯教育观念，帮助家长摒弃"唯

---

① 杨青，陈云. 高中生生涯规划现状及对策研究——基于家校合作的生涯规划辅导. 教育导刊，2013（7）.

分数论""唯名校论"等不恰当的生涯教育观念，帮助家长真正"看到"自己的孩子，让家长不要用片面追求职业声望、地位、待遇和舒适度等观念影响学生，也让家长不要以自己的喜好替孩子做选择等。

二是生涯教育知识类课程。目的是帮助家长了解生涯教育相关的最新理论和政策等知识，保证家长可以获得最新的资讯。让家长明白为什么要关注孩子的兴趣、能力和价值观等，为什么要进行高考改革等。

三是生涯教育实操类课程。目的是帮助家长了解、掌握一些实用的生涯教育方法、技巧。例如，通过"霍兰德职业兴趣测验""生涯彩虹图"等，让家长在职业倾向和能力等专业的测试中帮助孩子做出合理的选择；还可以指导家长通过网络、职业体验、职业访谈、生涯故事等方法帮助学生了解自己，了解职业和世界。

知识链接①

上海市北虹高级中学从实际调研结果出发，结合各类学生家庭的不同需求，针对不同年级家长，设立了通识性家庭生涯教育指导课程。

通识性家庭生涯教育指导课程

	家庭生涯教育指导微课程	家庭生涯教育指导目标
高一上	家长的角色转变与恰当定位	高中生家长的角色适应和谐亲子关系的构建
	高考政策解读	了解高中学业特点及高考政策变化
高一下	新时代的"读心术" ——生涯软件解读	了解孩子的生涯特质

① 周琳. 新高考背景下提升家庭生涯教育能力的研究——以上海市一所高中家校生涯教育实践为例. 教育参考，2021（1）.

	家庭生涯教育指导微课程	家庭生涯教育指导目标
高二上	家庭价值观对孩子生涯发展的影响	了解家庭价值观对孩子生涯发展 潜移默化的影响
高二下	选择合适 选择成功	指导孩子树立理想、规划未来
高三上	"焦虑"的功与过	家长自我情绪调适 以平常心指导孩子面对高考
高三下	"指挥者"VS"参谋" ——高考志愿填报指导	指导孩子填报高考志愿

（二）运用线上线下等多种手段，创新家长学校课程形式

由于学生家庭背景、家长文化素质、工作性质等多种因素的制约，家长对家长学校课程有不同的偏好。为了尽可能满足不同家长的需求，学校可以利用线上、线下等多种形式开展丰富多彩的家长学校生涯教育课程。具体来说，有以下几种类型的家长学校课程。

1. 家长专题讲座

学校可以根据家长普遍关注的问题，邀请相关领域专家开设讲座。家长专题讲座通常可以在整个年级或者几个年级，甚至全校进行，覆盖面广。例如，针对"新高考背景下，家长该如何保持平常心"这个问题，教师就可以邀请专家进行专题讲座。值得注意的是，专题讲座这种形式的缺陷是授课内容为事先设定好的，难以针对现场家长的需求和不同家长的特点进行个性定制。有的家长可能会感到听不太懂，有的家长又觉得太简单了，有的家长会觉得和自己当前关注的问题不相关就不愿意听了。同时，这种活动对讲授者要求较高，很多时候学校不容易找到合适的讲授者，组织难度较大。因此，专题讲座需控制频率，每学期1～2次即可。

做好生涯规划　家校联合共育未来①

新高考改革对孩子们的生涯规划能力提出了更高要求。为了让家长在新的政策和规则下，更好地帮助孩子进行"6选3"、志愿填报等重要的人生抉择，深圳市观澜中学特别邀请深圳大学就业指导中心主任助理、优果生涯创始人李羚颖老师给全体高一年级家长带来主题为《新高考改革，选择从高一开始》的生涯讲座。

李羚颖老师通过各种生动的例子，从新高考政策解读、如何助力孩子选科和选专业、名校升学从高一起航三个方面对家长进行了深入浅出的讲授，号召家长要关注及重视对孩子生涯意识的培养。她同时指出，随着物质条件的不断改善，孩子对自己未来的选择权逐渐增大，家长需要帮助孩子找到兴趣和能力所在，尝试将天赋发挥到极致。

本次生涯规划讲座给了家长们众多启发，有助于家长帮助孩子科学选择学科与专业，做好人生规划。

2. 家长沙龙

这是一种偏向于经验交流式的家长学校课程，通常是由一些有共同兴趣、共同困惑的家长组成的。例如，针对"家长与孩子在生涯决策上不一致该怎么办"这个问题，教师就可以组织一次家长沙龙，邀请有类似困扰的家长参加。在沙龙中，教师可以鼓励家长敞开心扉自由讨论，既可以分享困惑和问题，也可以分享心得和经验等。需要注意的是，为了保证每一位家长都能够参与讨论，避免跑题或有人占用过多时间，教师可以提前安排一位家长充当"计时员"，或者提前和主持人商量好相应对策。

3. 家长体验活动

相比单纯的讲授，体验式活动通过场景模拟和亲身体验可以让家长更直观地了解

---

① 浙江省杭州四季青中学微信公众号，https://mp.weixin.qq.com/s/iwvb6kG3FRxVDnA8rm63TQ.

生涯教育应该怎么做。这种类型的活动通常可以更好地调动家长的积极性，加深家长的记忆，避免"纸上谈兵"或者"学完就忘"的情况出现。例如，针对"如何了解孩子的职业兴趣"这个问题，教师就可以邀请家长一起参与专业的测试体验。不过，为了保证体验活动的效果，每次体验活动需要控制人数，比如不超过50人。因此，这种类型的课程通常难以进行规模化的推进。

4. 家长空中课堂

在网络技术飞速发展的今天，家长学校课程也应该逐渐"信息化"。为了方便家长的学习，学校可以设计专门的"线上家长课程"。这样做，既可以方便一些无法参与线下课程的家长利用碎片化时间进行灵活的学习，还可以方便一些家长多次、反复学习，加深对学习内容的理解。比如学校和教师可以根据学校的实际情况，开发出适合在手机等移动终端上学习的音频课、视频课等，还可以在网络上设置专门的答疑时间或者答疑版块，方便家长及时与教师沟通生涯教育中的问题和困惑。

（三）利用积分制、反馈表等，激发家长的参与热情

为了激发家长参与家长学校生涯教育课程的积极性和主动性，学校可以采取一些具体的措施。例如，设立生涯规划课程服务档案和积分卡[①]，家长每参加一次家长学校活动，就可以登记若干积分。当家长参与课程积分达到一定的额度时，学校就给这些家长颁发"优秀家长证书"或者"合格家长证书"等。对于表现特别优秀的家长，学校还可以将他们聘请为"生涯规划教育指导家长专家"，充分发挥家长在学校生涯教育中的作用。

最后，为了更好地了解家长学校生涯教育课程的实施效果，学校和教师可以在每次生涯教育课后请家长们填写"生涯教育课反馈表"，再根据家长的反馈情况改进家

---

① 陈秋兰. 普通高中生涯规划课程的家长"参与路径"寻绎. 中小学德育，2019（12）.

长学校生涯课程，让家长学校生涯课程更贴近家长，更切合家长的期待和需要。

🖼 工具箱

"生涯课反馈表"示例

生涯课反馈表

科任教师	课程主题	班级	日期

1．上这堂课之前，你在指导孩子的生涯规划方面有哪些问题和困惑？

2．上这堂课之后，解决了你哪些问题和疑惑？

3．上这堂课之后，有什么收获和启发？对日后的家庭教育有什么帮助？

4．你喜欢这堂课的哪方面内容？

5．你对生涯课有哪些更好的建议？（课堂内容、上课方式）

三、开展生涯主题的趣味活动

除了开办家长学校，集中、系统地对家长进行生涯教育之外，学校和教师还可以通过一系列生涯主题的家校活动，让家长在真听、真看、真感受中获得生涯教育相关的知识、理念和方法等，在潜移默化中做好家长的生涯教育。学校可以综合学校实际情况、学生年龄特点、家长真实需求等多方面因素，开展以下几种类型的家校活动。

（一）生涯主题校园开放日

为了做好学生和家长的生涯教育，学校可以根据自身在师资配备、学生人数等方面的实际情况，定期开展针对全校学生和家长的生涯教育主题校园开放日，也可以分年级、分主题开展面向某个年级学生和家长的校园开放日。为了保证生涯教育的可持续性，学校可以对生涯教育主题的校园开放日进行系统设计，将这件事情纳入学校年度教学工作计划，将每年举办此类开放日的时间大致固定下来。例如，成都市田家炳中学就在"5·25心理健康月"期间举办了生涯教育主题的学生心理健康教育活动。

为了增加开放日的有效性，以及家长参与的积极性，学校可以围绕生涯教育设置形式多样的活动。

1. 生涯教育课程观摩环节

邀请家长走进真实的生涯教育课程，如"发现我的职业兴趣""发掘我的职业潜能"等课程，让家长在参与学校教学活动的过程中了解为什么要开展生涯教育，了解教师是如何开展生涯教育的。

2. 生涯教育成果展示环节

将学校、教师所做的生涯教育工作，以及取得的教学成果，通过图片、视频、现场演示或者汇报表演等形式展示给家长，让家长感受生涯教育给学生带来的成长，因此更加重视学生的生涯教育。

学校还可以邀请通过生涯教育进行了选科、选专业、升入心仪大学的毕业生和家长，为在校学生和家长进行生涯教育成果分享，介绍他们在学校期间接受生涯教育的经历，以及离开学校之后面临的生涯决策和应对策略，向家长展示生涯教育的必要性。

3. 生涯活动体验环节

学校可以设计生涯活动体验相关的亲子活动，比如让学生和家长一起"画出家庭职业树"，撰写"生涯计划书"等，或者"给孩子的一句话""长大后，我就成了你""我的一日职业体验故事"等需要家长参与的活动，让家长在真实的参与中提升生涯教育的意识、知识和能力。有些内容可以提前布置给学生或者家长，并在校园开放日进行分享。

🔷 工具箱

指导家长和孩子一起做一份生涯计划书

_____的生涯计划书

一、我是谁

1. 我的性格特点：

2. 我的兴趣和爱好：

3. 我的能力和技能：

4. 我的理想人生：

二、我的生涯准备

1. 我的选科（初中生可以调整为"我擅长的学科"）：

2. 我的专业倾向：

三、我的职业生涯路径

（专业、路径、自我分析、选择理由、如何应对失败）

1. 我的第一个职业生涯设计：

2. 我的第二个职业生涯设计：

四、我现在能做什么

1. 我在初中/高中要做到以下方面：

2. 我希望父母和学校能给我以下支持：

---

4. 生涯规划大赛观摩环节

举办学生的生涯规划大赛，并邀请家长作为观众参与观摩活动，或者对学生的表现进行现场点评等，让家长了解学生在活动中的表现，感受学生在活动中的成长。

知识链接

"校园开放日"原本是指学校在某个特定时间内，邀请家长、学生和社区公众等人员参观、检查学校教育教学工作，促进他们了解学校工作的一种教育形式。

从校园开放日举办的时间来看，它通常定期举行，持续的时间有半天、一天、一周或者一个月。例如，有的学校会将每个星期四的下午定为校园开放日，有的学校会将某一天（如11月15日）定为校园开放日，还有的学校则会将某个特定的周（如5月的最后一周）或者某个特定的月份（如5月或者10月）设定为"校园开放周"或者"校园开放月"。

从校园开放日举办的内容和形式来看，它通常是以活动为载体的，有以某种单一的活动形式为主的单一型开放日活动，也有以某种形式为主、其他多种形式为辅的混合型开放日活动。例如，有专门展示教育成果的校园开放日，有专门庆祝某个节日的校园开放日，也有包含教育成果展示、民主评议、现场咨询等多种活动的校园开放日。

常见的校园开放日活动类型有：

（1）观摩课堂教学：组织家长走进学生教室观摩常规课堂教学活动，了解教师的日常教学工作、教师素质以及学生的日常学习等；

（2）参观校园文化：组织家长参观学校各建筑物，包括教学楼、图书馆、阅览室、多媒体教室、多功能会议厅、体育馆、音乐教室、演播室等，并向家长介绍学校发展的历史等；

（3）展示学生成果：将学生在绘画、舞蹈、音乐、手工制作、体育运动等各个方面的素质教育成果展示给家长；

（4）参与亲子活动：设计一些促进亲子关系的游戏、活动等，邀请家长和学生一起完成，比如参与亲子趣味跑、亲子手工制作、亲子素质拓展游戏等；

（5）进行现场咨询：在特定的场地，安排专门的教师，帮助家长解决教育中的困惑和问题，或者解答家长关心的教育问题，如学生心理健康、学生习惯培养、家庭教育、学校安全等问题；

（6）参与学校评议：通过家长座谈会、问卷调查、网络调查、校长信箱等多种途径邀请家长对学校教育教学相关问题提出意见和建议，包括校园管理、日常教学、学校安全、家长教育等。

（二）校园"模拟招聘"活动

目前，开展校园模拟招聘会是学校开展生涯教育的一种常见形式。通常来说，校园模拟招聘会由学生和家长共同参与，学生可以提前制作好求职简历，家长则可以充当岗位面试官。因此，这种形式的活动不仅可以提高学生对职业世界的初步认识和体验，还可以提高家长对生涯教育的认识，同时促进学校对学生和家长的生涯教育。

学校除了可以邀请部分家长充当面试招聘官之外，还可以邀请其余家长参与整个招聘会的观摩，或者提前指导家长帮助学生做好面试准备，包括如何制作面试简历，如何突出自己的优势和技能，面试时应该注意哪些礼仪等。家长不仅可以在指导自家孩子的过程中学习生涯相关知识，还能够从面试别人家孩子的过程中更真实地了解中学生的心理状态。

 **案例分享**

未来可见[1]

——常州市第一中心首开校园模拟招聘会

一场主题为"未来可见"的的校园模拟招聘会在常州市第一中学举行。校方根据学生的职业倾向调研及社会需求，邀请数十家单位进校"招聘"，共设置了68个模拟招聘岗位，覆

---

[1] 毛翠娥，顾鑫浩. 一群高二学生提前"求职"——市一中首开校园模拟招聘会，让学生更早接触社会、明晰未来就业规划 [N]. 常州日报，2022-07-19（A02）.

盖教育、法律、金融、医药、新媒体、计算机等多个领域。

"招聘会"启动前，学校事先对学生开展求职培训，包括如何制作简历、应聘面试的礼仪和技巧等。

模拟招聘会现场包含分群面、个面等环节。群面以无领导小组的形式考察学生的逻辑思维和团队意识，个面环节则主要为面试官通过自我介绍、职场问答等方式考验学生的个人综合素养及应变能力。

模拟招聘会现场十分热闹，学生们拿着精心制作的简历，在心仪的岗位前自我"推销"。同学们在面试时有理有据的表达、自信的表现，令面试官很是惊喜。面试结束后，面试官给每位同学的"应聘"反馈表打分并进行点评，对其日后的专业学习和职业规划给出建议。

活动结束后，有同学表示："这场招聘会让我切身感受到了真实应聘的氛围，让我对未来的规划也愈发明晰，要向着理想的方向不懈努力。"

（三）生涯主题成人礼

"成人礼"是高中学校的常规德育活动之一。通常，根据学校教育重点不同，学生和家长教育需求不同，每年成人礼的主题都会有所不同。为了促进学生的生涯发展，学校可以举办生涯主题的成人礼，或者在成人礼中融入生涯教育的内容，鼓励学生对自己想要从事的职业和未来的人生做出规划和畅想，可以邀请家长参与成人礼活动的准备，并现场观摩活动。

 **案例分享**

全国中学生18岁成人仪式规范（试行）（节选）①

为贯彻落实《中学共青团改革实施方案》（中青联发〔2016〕17号）相关要求，进一步

---

① 参考自：中国共青团官网，https://www.gqt.org.cn/tngz/gz/gz_znjsgz/202204/t20220424_787464.htm

规范和深化中学生18岁成人仪式教育活动（以下简称成人仪式），特制订本规范。

本规范适用于全国各普通中学和中等职业学校（含技工学校）的成人仪式。

一、工作目标（略）

二、基本原则（略）

三、参与主体

成人仪式的参加者是普通中学、中等职业学校（含技工学校）即将或刚刚年满18周岁的适龄学生。可根据情况覆盖高三年级的全体学生。成人仪式原则上以学校团组织为主要组织单位，可邀请学校领导、教师、家长以及校友共同参与。地方团组织可集中举办区域性的成人仪式。

四、活动时间

成人仪式原则上安排在"国家宪法日"（12月4日）举行。各地也可根据实际情况，安排在"五四"青年节或当地确定的"成人节""成人宣誓日"举行。

五、活动地点

举行成人仪式的地点既可以在校内，也可以在爱国主义教育基地、国防教育基地、社会实践基地、志愿服务基地等有教育意义的校外场所。现场须悬挂国旗，布置"成人门"，营造庄重严肃的氛围。

六、基本程序

成人仪式应包括以下基本程序：

1. 升国旗、奏唱国歌；

2. 学习习近平总书记对青年的寄语（如，习近平总书记在党的十九大报告中的相关讲话内容）；

3. 师长代表致辞（可由上级团组织领导、校领导、知名校友或教师代表阐明成人仪式的意义，对参加学生提出希望和要求）；

4. 家长代表致辞（回顾孩子成长经历，表达美好祝愿）；

5. 师长、家长为参加学生佩戴成人帽或成人纪念章，赠送《中华人民共和国宪法》；

6. 参加学生向师长、家长鞠躬行感恩礼；

7. 参加学生代表发言，表达感恩之情、承诺成人责任、展望青春梦想；

8. 参加学生朗诵经典（可选用《少年中国说》或《青春》等经典文章相关内容）；

9. 参加学生面向国旗庄严宣誓；

10. 奏放团歌旋律，参礼学生迈过成人门。

成人仪式原则上由学校团委书记或当地团组织负责人主持，由团员作为发言学生代表。参加学生原则上着统一服装，是团员的须佩戴团徽。

七、誓词内容（略）

八、仪式标志（略）

九、组织实施（略）

四、在日常沟通中普及生涯教育知识

通过建立常规的家校沟通渠道，加强家校之间的日常沟通交流，是教师日常工作的主要内容之一，也是帮助家长获得生涯教育知识的重要途径之一。具体来说，学校教师可以通过家长会、家访、微信群、QQ群、微信公众号、电话、家长手册等多种方式保持与家长的沟通，帮助家长及时了解学校在生涯教育方面的计划和信息，学生在学校的学习和生活情况，以及关于中考、高考等方面的教育政策等。

（一）开好家长会

家长会是学校常用的家校沟通方式，也是对家长进行教育的良好契机。一方面，教师可以在召开家长会的过程中适当增加关于生涯教育方面的知识、政策等内容；另一方面，教师也可以根据学生和家长的需要，专门召开生涯教育主题的家长会。教师可以提前通过问卷、访谈等调研方式收集学生和家长在生涯教育方面的问题与困惑，然后在家长会上进行针对性的解答。具体来说，教师可以开展以下内容的家长会：

表 6-1　家长会类型

家长会主题	家长会主要内容
生涯觉醒类	帮助家长深入了解生涯规划对于中学生人生发展的重要性
生涯政策类	帮助家长了解当前中考、高考改革动向，国家对教育有哪些规划等
职业认知类	帮助家长了解有哪些职业、专业、大学等，比如我国大学专业的组成及其就业前景等
职业选择类	帮助家长了解如何根据学生的兴趣、能力、价值观、社会需求、家庭背景等选择合适的考试科目、专业、大学等
中学生成长规律类	帮助家长了解中学生的身心发展特点，掌握正确的亲子沟通技巧，妥善解决因为生涯决策带来的亲子冲突等

（二）利用公众号等新媒体平台

除了定期召开生涯教育相关的家长会之外，学校和教师还可以通过建立微信群、QQ群和创建微信公众号等方式，将中学生生涯教育相关的文字、图片、视频等定期推送给家长，帮助家长利用碎片化的时间学习如何帮助孩子选课、选科、选专业和选大学，如何与孩子讨论未来想做什么等问题。

具体来说，教师可以在家长微信群中定期推送以下内容：学校最近举行了哪些有关生涯教育的活动，学生们有哪些成长变化；国家最近有哪些与生涯规划相关的教育改革政策，如国家关于职业教育改革、"双减"的政策等；社会上有哪些关于职业生涯规划的新闻事件，如新闻报道最近出现了"酒店试睡员""旅游规划师""游戏陪练员"等新型职业。

此外，教师也可以和学生、家长一起建立专门的班级生涯教育微信公众号。例如，可以由教师或者家委会主任当总编辑，其他学生、家长充当编辑或供稿员等，定期在这个公众号平台上发布一些有关学生生涯教育的文章。首都师大二附中在学校的官方微信公众号上，发布了一篇关于学生模拟招聘会活动全过程总结的推送文章。这篇文章详细地阐述了学校为什么要开展这项活动，以及如何开展的，最后取得了哪些成果。学校和教师能够及时将这样的文章推送给家长，不仅可以帮助家长更好地了解学校工作、学生成长情况，还可以帮助家长更好地理解什么是校园模拟招聘，它有什么作用等，从而让家长更好地支持学校的生涯教育工作。

（三）编写、发放家长手册

学校还可以组织本校生涯发展指导中心的教师在校外专家的指导下，针对中学生及其家长面临的主要问题编制相应的家长手册。例如，针对低年级学生的家长手册，可以主要围绕自我认知、潜能挖掘、梦想探索、情绪调节、人际关系辅导、冲突应对等主题进行编写；针对高年级学生（九年级或者十二年级）的家长手册，可以主要围绕考前辅导、志愿填报、专业选择、大学生活规划等主题进行编写。总之，编写家长手册的目的就是帮助家长认识中学生身心发展的基本规律，了解生涯教育的基础知识和方法等。

案例分享

上海市北虹高级中学根据中学生的身心特点，开发了一系列生涯校本课程，并编写了《高中生生涯发展自主手册》。在手册中，每一模块都设有家长分享环节："生涯启航"中请家长和孩子谈谈对他们学业、职业、生活或者未来伴侣的期待；"生涯价值观"中有一棵"家庭职业树"，可以看出家人们的职业有哪些共通之处；在"职业采访与体验"活动中，家长也是孩子采访的候选人。

第3节 整合资源，充分发挥家长在生涯教育中的作用

仅凭学校和教师单方面的力量很难做好学生的生涯教育，而家长在学生生涯教育中具有一定优势，因为家长通常来自不同的岗位、职业，拥有不同的专业背景和特长等。因此，学校和教师应该学会整合家庭和家长资源，通过生涯教育课程、职业体验活动和家庭生涯教育活动等多种形式，让家长成为开展生涯教育的"好帮手"。

一、建立"家长生涯资源库"

为了保证家长生涯导师师资的稳定性和可持续性，学校和教师可以根据家长所具备的文化背景、职业专长、兴趣爱好等建立"家长生涯资源库"或"家长导师志愿者库"等，以便学校可以根据自己的需要以及家长的时间灵活调配家长参与学生生涯课程的授课工作。例如，学校可以通过向家长发放邀请函，在全校范围内开展家长生涯导师的招募活动，并动员家长积极报名填写《家长生涯资源库入库申请表》。通过邀请函，学校可以清楚地向家长说明"学校为什么要开展生涯教育""为什么要动员家长参与""家长可以怎么参与"等具体问题。然后，学校可以根据学校的实际情况、家长的报名情况、课程的匹配情况等，将家长资源分成不同的类型，以供需要时使用。最后，为了鼓励家长与学校建立长期的合作关系，学校还可以为积极参与课程建设的家长颁发"生涯导师荣誉证书"或者"感谢信"等。

二、组建"家长生涯导师团"

学校可以在"家长生涯资源库"中物色适合站到讲台上的家长，将家长纳入生涯

教育的师资队伍中，根据家长的职业、特长以及学生的实际需要等开展"家长进课堂"活动。学校不仅可以在学校层面开展普适性的生涯大讲堂，还可以针对年级或者班级的特别需要，定期邀请家长开展生涯讲座或者班会课，分享家长的成长历程和职业情况等，帮助学生开阔视野，更好地认识职业，认识世界。

案例分享

海南中学家长导师团，助力学生职业规划

海南中学成立"家长导师团"，邀请已经毕业的学生家长担任导师团导师，定期向在校生家长开展主题课程、经验分享、答疑解惑。家长导师团在学校生涯教育方面发挥了重要作用。例如，家长冯女士帮助孩子从高一开始进行职业规划，在高三成绩大幅震荡的情况下平衡心态，取得满意成绩，最终考上清华大学。诸多"家长导师"不吝分享成功经验和失败教训，开发成职业生涯教育课程，帮助在校生家长少走弯路，促进学生的生涯教育。

为了保证家长授课的有效性，学校和教师还可以对招募来的家长导师进行适当的培训。学校可以给家长一个大概的讲课提纲或者框架，明确家长导师具体需要在学生生涯课程中讲哪些内容，以及可以怎么讲等。例如，教师可以建议家长分享一下自己一天的职业生活，也可以分享自己的一个职业故事，或者在课程中让学生体验一种职业操作技能。学校也可以和这些家长导师一起提前做好"磨课"工作，帮助家长完善上课教案，明确教学目标等，确保家长上课内容能够贴近学生生活，让学生有兴趣听。

哈尔滨市第三中学——"家长职业联盟"和"普育讲堂"[①]

为了将家校共育和生涯规划教育二者结合起来，丰富学校德育与教学课程体系，哈尔滨市第三中学聘请了强大的家长导师团（涵盖八大类行业20余个具体职业），成立"家长职业联盟"。学校会给家长颁发"哈三中职业生涯导师"证书，并定期将家长请进学校，请进教室，在班会课上对学生进行职业生涯教育。

哈尔滨市第三中学从2017年开始就创设了"普育讲堂"，并邀请学生家长成为该讲堂的主讲嘉宾。家长在"普育讲堂"上可以分享自己生活和工作的经验与感受，帮助学生了解大学，了解专业，并引导学生合理选择自己未来的专业、大学和职业。例如，该校曾经邀请了两位身为哈尔滨工业大学教授的家长为学生讲授《建筑专业与建筑师》课，帮助学生了解建筑学学科的特点，建筑学和其他专业的关系，建筑学的课程设置，建筑师应该具备哪些专业素养，建筑师的职业前景如何等问题。

三、利用家长资源开展生涯实践体验

除了生涯教育课程之外，生涯研学、生涯社团、生涯主题活动和生涯开放日等形式多样的生涯教育活动也是学校开展学生生涯教育的重要形式。在这些丰富的生涯教育活动中，家长依然可以发挥极大的作用。具体来说，可以利用家长资源做好以下学生生涯教育活动。

① 吴霞. 形成家校合力 共育桃李英才——哈尔滨市第三中学"家校共育"路径探索与实践. 黑龙江教育（教育与教学）. 2020（9）.

（一）利用家长资源开展"生涯研学活动"

俗话说"百闻不如一见"。走进工厂、企业等生涯研学或者社会实践活动可以让学生更直观地感受职业世界，更清楚地了解"这是不是我喜欢的职业""做好这个职业需要具备哪些能力"等。因此，生涯研学活动或者生涯主题社会实践活动也是学校经常采用的一种帮助学生了解职业、社会和世界的生涯教育方式。具体来说，学校可以组织学生走进消防队体验消防员的工作，也可以带学生走进影视城了解影视产业，还可以带领学生走进汽车车间了解汽车是如何制造的……

学校可以通过家长委员会，号召不同职业的家长给学生提供职业体验的机会。学校也可以利用家长资源与某些企业之间建立长期的合作关系，定期分批次地开展学生职业体验活动。学校还可以在开展生涯研学活动过程中，组织家长充当志愿者，或者"生涯研学导师"，协助教师做好学生的组织、管理和安全等工作。

为了提高职业体验活动的有效性，学校可以提前将家长提供的企业资源进行分类，然后根据学生的生涯兴趣，分类别组织学生走进企业，真实地感受企业工作环境，聆听业内人士的专业讲座，或者与专业人士展开面对面的交流等。另外，学校也可以根据学生年级的不同设置不同的生涯研学任务。针对低年级的学生，主要是初步了解职业，包括职业岗位要求，行业现状等；对于高年级学生则可以开展一些生涯课题研究，或者让学生完成一些实际的工作等。

知识链接

2016年11月，教育部等11部门联合发布的《关于推进中小学研学旅行的实施意见》明确指出："各中小学要结合当地实际，把研学旅行纳入学校教育教学计划，与综合实践活动课程统筹考虑，促进研学旅行和学校课程有机融合。学校要根据教育教学计划灵活安排研学旅行时间，一般安排在小学四到六年级、初中一到二年级、高中一到二年级，并根据学段特点和地域特色，逐步建立小学阶段以乡土乡情为主、初中阶段以县情市情为主、高中阶段以省情国情为主的研学旅行活动课程体系。"

因此，学校可以根据学生的实际情况，有目的、有计划、有针对性地开展符合学生年龄特点的"青少年生涯研学课程"，帮助学生了解各行各业。

（二）邀请家长参与、指导"生涯社团"

生涯社团是学校开展学生生涯教育的一种重要形式。种类繁多的社团活动可以为学生提供丰富的自我探索机会，让学生更了解自己的兴趣、能力和价值观等，还可以培养学生的团队协作、人际交往、组织协调等多种有利于生涯发展的能力、品质。

学校可以根据本校实际情况，充分挖掘家长资源，请来自各行各业的家长担任社团导师，并根据导师们的特长量身定做，组建相关的生涯社团。例如，如果有的学生家长正好是学美术的，并且擅长陶艺，那么学校就可以聘请这位家长成为陶艺社的社团导师；假如有学生家长正好是剪纸、竹编等的非遗传承人，那么学校也可以专门成立相应的社团，并聘请家长当社团导师。

需要注意的是，聘请家长当社团导师，首先学校需要了解家长的兴趣、特长、职业等各种信息，了解家长群体中蕴含着哪些资源；其次，学校需要根据家长的时间、意愿等征求家长的同意，而不是强迫家长参与。为了保证社团的正常运转，学校也可以采取学生和家长"双导师制"，即在聘请家长充当社团导师的同时也为其配备一位"学生小助手"。

四、开展以家庭为主阵地的生涯教育

学校和教师除了可以利用家长资源做好学校学生的生涯教育之外，还可以让家长积极参与到自家孩子的生涯教育中，努力创设机会帮助孩子认识自己、职业、社会和世界，引导孩子学会做出合理的生涯决策。具体来说，学校和教师可以给学生和家长布置一些生涯教育主题的家庭亲子作业，将生涯教育的主阵地适当转移到家庭中，充分发挥家长在家庭生涯教育中的作用。

例如，教师可以给学生布置寻找"我家的传家宝"活动，引导学生寻找自己的"根"和"魂"，了解家庭成员的不同职业，从而提升家族认同感和自豪感。具体来说，可以开展"寻家谱，知家风，传家训"研学，"家长述说家族故事""晒晒我家的传家宝"等系列活动。

教师还可以利用假期，给学生和家长布置一些职业体验类的活动，帮助学生更好地了解父母的工作情况。例如，可以给学生布置"我跟家长上一天班"或者"一日职业体验"作业，由家长带着孩子去上班，让孩子在旁边观察家长一天是怎样工作的，包括"工作的内容是什么""处理了哪些事情""怎样处理的""说了什么话""做了什么事""工作的时间有多长""工作是不是很辛苦"，等等。这种形式的活动不仅可以让学生了解家长的职业，还可以让学生了解家长工作的辛苦，增进学生对家长的理解等。

此外，教师还可以邀请家长参与学校举办的生涯教育主题班会课，并且在课后给学生布置一些生涯亲子作业，比如让学生画"家庭职业树"，了解祖辈、父辈所从事的职业，并让学生向家长了解一下当初为什么选择这份职业，有哪些工作感受等。

案例分享

家长和孩子一起绘制生涯家谱[1]

生涯家谱是用来搜集家族成员三代之间的经纬结构以及互动关系的一种分析工具。我们

---

[1] 谢伟，王永中. 我的生涯家谱——高中生生涯规划教育教学案例. 中小学心理健康教育，2017（14）.

可以指导家长通过以下步骤，和孩子一起绘制生涯家谱：

第一步，画出自己的父母。圆圈代表女性，正方形代表男性。在图形的下方写明父母的姓名、工作与职称，在图形上方标示出生年月日。

第二步，画出自己这一代，包括兄弟姐妹。同样的，图形上方是出生年月日，下方是名字、工作与职称。

第三步，用同样的方法向上画出祖父母那一代。如果图形中所标示的人已经过世，在图形中用×标示，同时在出生年月日的下方标出过世的时间。

第四步，将家族旁支的其他成员绘入。

绘制结束后，家长可以和孩子一起分析讨论以下问题：

（1）在家谱图中，哪些职业是重复出现的？

（2）你对其中哪些职业有兴趣？哪些比较了解？

（3）哪些职业是你绝不考虑的？哪些职业是你会考虑的？选择职业时，你还重视哪些条件？

（4）家族中谁对职业的想法对你影响深刻？他/她怎么说？为什么对你影响深远？

第 4 节　精准滴灌，做好个别化生涯辅导

学校通过家长课程、主题日、家长会等开展生涯教育的方式效率很高，在普及生涯教育方面也具有重要价值。但是，这些方式并不能完全满足学生生涯发展的个性化需要，也无法解决家长在生涯教育方面面临的个性化问题，比如"孩子从来不跟我说自己未来想做什么怎么办""孩子对什么都没有兴趣怎么办""孩子选择的专业或大学和我期望的不一致怎么办"，等等。因此，学校和教师在开展生涯普及教育的同时，也需要关注到"一对一"的个别化生涯辅导，满足学生和家长的个性化需求。

一、做好个别化生涯辅导和开展生涯普及教育同样重要

无论是从学生发展，还是家长需求，或者学校生涯教育的角度来看，做好个别化生涯辅导都十分有必要。学校需要点面结合，同时做好个别化生涯辅导和生涯普及教育。

（一）做好个别化生涯辅导可以满足学生生涯发展的个性化需要

由于在性格、能力、成长环境、家庭环境等多方面的差异，不同的学生在生涯发展过程中会遇到不同的矛盾、困惑与问题。例如，有的学生遇到的问题是"我想读自己感兴趣的艺术专业，但是父母强烈反对，坚持让我选择他们期望的医学专业"；有的学生遇到的问题是"我不知道自己喜欢什么，未来要干什么，父母也从来不和我讨论这方面的事情"；有的学生遇到的问题是"这两个专业都是我喜欢的，我不知道该如何取舍"……总之，学生在现实中遇到的生涯方面的问题形形色色。但是，学校生涯教育通常是面向大多数学生的，是以解决学生普遍存在的问题为导向的。因此，要想解决学生在生涯方面存在的个性化问题，学校和教师就要注意开展个别化生涯辅导。

（二）做好个别化生涯辅导可以帮助家长解决家庭生涯教育中的个性化问题

从家长的角度来看，他们在开展家庭生涯教育过程中遇到的问题各不相同。比如，有的家长遇到的问题是"孩子不听我的建议，大家僵持不下，谁也说服不了谁"；有的家长遇到的问题是"孩子根本就不和我沟通，自己就做出了选择"；有的家长遇到的问题是"孩子自己根本不着急，父母干着急"；有的家长遇到的问题是"我和孩子一样迷茫，不知道该从何处下手"；还有的家长遇到的问题是"我工作太忙了，没有时间和精力去指导孩子或者参加学校活动"……个别化生涯辅导正好可以解决家长在

开展家庭生涯教育方面存在的这些个性化需求。

（三）做好个别化生涯辅导可以提高学校整体生涯教育的效果

从学校的角度来看，做好个别化生涯辅导可以弥补生涯普及教育的不足，提高学校整体生涯教育的效果。另外，生涯规划是一项需要综合考虑学生个性、能力、兴趣、价值观、家庭背景、父母期望、社会现实等多方面因素的工作，在实际操作中具有很强的"个人"和"家庭"色彩。只有充分考虑这些个性化的因素，才能真正做好生涯教育，让其落到实处。个别化生涯辅导正好可以弥补学校生涯教育的这些不足。

二、建立生涯导师制度

要做好个别化生涯辅导，学校可以建立"生涯导师制度"，为每一位学生配备一位生涯导师，全面负责学生的生涯教育工作，实现个性化差异指导。这是一种从"大水漫灌"式的生涯教育向"精准滴灌"式的生涯教育的转变，是目前学校实现个别化生涯辅导的重要形式之一。

（一）成立专门的组织机构，做好顶层设计

为了保证生涯导师制度的顺利进行，学校可以成立专门的组织机构，比如"生涯导师项目领导小组"。如果学校已经成立了"学生发展指导中心"，则可以依托该中心建立专门的工作小组。一般来说，生涯导师项目领导小组由学校校长、副校长、班主任、德育教师、心理健康教育、生涯发展指导教师等人员共同组成。其中，生涯导师项目领导小组的主要任务是制订生涯导师制度相关的实施方案，即明确生涯导师由谁来承担，具体工作如何开展，如何认定其工作绩效等。

在生涯导师项目领导小组的领导下，学校可以建立相应的工作机制，包括学生与导师的交流制度，生涯导师和家长的家校沟通制度等。学校还可以细化生涯导师的工作内容，比如撰写《生涯导师工作手册》，方便教师开展工作。

（二）建立专兼职结合的校内、校外生涯导师队伍

合理选配生涯导师是保证生涯导师工作小组顺利运行的关键。从生涯导师的人员构成来看，学校可以依托学生成长指导中心，以专职心理健康教育教师为基础，组建由学校心理健康教育教师、德育干部、班主任和学科教师分工协作的校内生涯导师队伍。此外，学校还可以聘用企事业单位人员、学生家长、大学老师、校友等组成校外生涯导师队伍。最后形成以校内导师为主，校外导师为辅的专兼职结合的生涯导师队伍。为了保证生涯导师工作制度的有效性，生涯导师与学生的人员配备比可以保持在1：10到1：5之间。

需要注意的是，学校在选配或者聘用生涯导师时，需要遵循自愿原则。例如，每年可以由生涯导师工作小组根据学校教师的任课情况，征询教师意愿后确定校内生涯导师名单，并将这个名单提供给学生，让学生自主选择，填写导师选择申请表。学校还需要提前建立好校外导师库，根据校外导师的工作情况、空闲时间等确定每年的校外生涯导师名单。

最后，每个班级可以建立以班主任为核心，成长导师为补充的班级管理团队。由班主任担任管理团队组长，负责组织、协调班级生涯导师工作情况。

（三）加强校内外宣传，增进学生、教师和家长对生涯导师制度的了解和认同

在建立生涯导师制度之初，为了让教师更好地了解、支持和参与生涯导师制度建设，学校可以通过全校教职工大会、升旗仪式、专题学习、校外观摩等多种手段，让全体教师了解生涯导师制度在做好学生生涯教育，促进学生发展，增强教师专业成长

以及促进学校综合实力提升等方面的重要意义。

另外，学校还需要加强和家长的沟通联系。一方面，教师要利用家长会、微信群、微信公众号、家长讲座、校园开放日、家长手册等多种渠道，让家长了解生涯导师制度的作用，争取家长对学校工作的理解和支持。另一方面，教师要通过与家长的沟通，及时了解学生的家庭情况、个性特征、兴趣爱好、学习成绩等，以及学生和家长在生涯方面的困惑、问题和困难等。

案例分享

上海市七宝中学从1998年开始，就将学校的教师节变成了"爱生节"，并在此期间开展"让每个学生都幸福成长"的师生结对活动。在活动中，每一位教师都要与一位特殊学生（学习困难学生、家庭困难学生、单亲家庭学生、心理偏差学生、行为偏差学生）结对，对这些学生进行"一对一"的帮扶，从思想、学习、心理等多方面给予有针对性的指导。

学校从2014年9月开始正式推出"学生成长导师制"，在任课教师中聘请了137位教师作为成长导师，90%以上任课老师参与其中，每位教师都对应指导一个学生发展共进小组（10～12名学生）。[1]

三、做好生涯个案咨询

除了建立生涯导师制度之外，学校还可以设立专门的生涯发展中心，由具备生涯规划师认证和心理咨询师资格的教师轮流值班，为有需要的学生和家长提供有针对性

家校合作操作手册　给学校和教师·中学卷

[1] 潘蓓蕾. 让学生全面而富有个性地发展——上海市七宝中学"成长导师制"的实践探索. 上海教育科研，2016（2）.

的、一对一的个性化生涯咨询。生涯个案咨询可以有效解决亲子生涯冲突，可以帮助学生更好地了解自己的兴趣、能力、特质等，还可以帮助学生梳理生涯困惑，缓解生涯焦虑。

在做生涯个案咨询的过程中，教师需要注意几个问题：

第一，要明确个案辅导的目的是"助人自助"，而不是"替代"和"包办"。也就是说，教师给学生和家长做生涯个案辅导并不是直接帮助学生或者家长做出选择，而是要通过一些咨询技巧引导学生和家长进行思考，帮助他们分析、厘清困惑，使他们逐渐明晰自己的想法，最终自己做出合理的选择，或者找到努力的方向。

第二，要建立良好的咨询关系，取得学生和家长的信任。建立良好的咨询关系是开展生涯个案辅导的第一步，也是咨询赖以继续的基础。在这个阶段，教师需要使用倾听、共情等心理咨询技巧营造安全、温暖、接纳的气氛，使学生和家长可以敞开心扉，没有顾虑地表达内心真实的想法和感受。

当学生或者家长拘谨、小心翼翼地走进生涯辅导中心时，为了打消学生和家长的顾虑，使他们放松下来，教师可以让学生和家长选择自己喜欢的座位，或者先给他们倒一杯水。此外，教师也可以在正式开始咨询前，给学生和家长简单介绍一下个案咨询的原则，尤其是保密原则，让学生和家长逐渐放下戒备心。

第三，要帮助学生和家长分析问题，厘清想法，引导他们进行自我探索，并最终解决问题。无论是学生还是家长，寻求生涯个案辅导的目的都是希望教师可以帮助他们解决问题。也就是说，帮助学生和家长明确问题，分析问题，并最终解决问题，才是进行生涯个案辅导的关键。因此，教师需要使用一些咨询或者生涯辅导的技巧，比如循环式提问、布置家庭作业、绘制生涯图谱、制作期待表格或者使用生涯决策平衡单等，来帮助学生或者家长梳理生涯困惑，找到解决问题的办法。

🗂 工具箱

生涯决策平衡单在学生选科中的应用举例[①]

当学生或家长遇到"到底应该选择物理还是历史"的选科困惑时，教师可以使用生涯决策平衡单帮助他们做出选择。具体来说，可以应用以下步骤：

第一步，先列出这两个选项，同时列出各类可能影响选择的因素，例如职业远景、科目学习现有成绩、父母的建议、老师的建议等各类因素。

第二步，给每个因素的重要性程度进行赋值，先给一个权重分数，如果有十个因素，最重要的因素给10分，最不重要的因素给1分，比如自己的兴趣比较重要就给7分，同学的建议给3分。

第三步，分别看每个因素下面两个选项的利弊，进行选择。

第四步，将每个选项和那个选项的权重分数进行相加计算总分，最后把两个选项的总分进行对比，在对比结果中，可以清晰地看到自己的倾向。

高一选科决策因素

	参考因素	重要程度	物理	历史
第一因素：高中生自身实际情况	1. 当下成绩	9	√	
	2. 兴趣倾向（喜欢思考因果还是构建模型）	10		
	3. 思维模式（善于语言表达还是逻辑推理）	5		√
	4. 学习方式（善于背诵，还是分析、转化）	7	√	
第二因素：选考科目客观情况	5. 内容难度	6	√	
	6. 提分难易	8	√	√
	7. 专业选择范围	5		√

---

① 马红，刘石头. 生涯决策平衡单在高中选科决策中的应用. 中小学心理健康教育，2021（25）.

	参考因素	重要程度	物理	历史
第三因素：社会支持系统情况	8. 家庭经济	4		
	9. 父母倾向	1	√	
	10. 教师建议	2		
	11. 同学建议	3		
总分			31	18

通过对比结果，学生可以清晰地看到自己的倾向。如上表中物理总分31，历史18，从这个结果可以看出自己的倾向是物理学科。

另外，教师在做生涯个案咨询时，还可以借助生涯测评系统，通过MBTI性格测评、霍兰德兴趣测评、多元智能测评、职业价值观测评等帮助学生认识自我、认识外部世界，更好地做出生涯决策。专业的生涯测评系统是建立在科学的生涯教育理念上的，具有较高的信效度，能够为学生提供更直观、更有说服力的测评数据，帮助学生和家长更好地了解学生的兴趣、能力、价值观、职业倾向等。

教师在使用生涯测评系统进行生涯个案辅导时需要注意：一是选择合适的测评内容。在众多的测试内容中，要结合学生和家长的困惑，在协商的基础上有重点地选择一到两项测试，而不必面面俱到。二是做好生涯测评结果的解读。当测评结果出来之后，无论其结果是否与学生预期一致，教师都需要帮助学生从各个角度、全面系统地分析测评结果的意义。教师还需要注意引导学生不要"贴标签"，而只是把测评结果作为生涯决策的一个参考依据。三是要注意测评结果的保密。原则上来说，生涯测评结果是不对外发布的。但是，如果教师确实需要将测评结果与家长沟通，则应该事先征得学生本人的同意，而不是直接将结果告诉家长。

霍兰德职业兴趣理论

霍兰德职业兴趣测试由美国著名职业指导专家霍兰德编制，他认为，人的职业兴趣可分为现实型（R）、研究型（I）、艺术型（A）、社会型（S）、企业型（E）和常规型（C）六种类型。

现实型（R）：这类人的基本倾向是喜欢以物、机械、动物、工作等为对象，从事有规则的、明确的、有序的、系统的活动。因此，这类人偏好以机械和物为对象的技能性和技术性职业，为了胜任，他们需要具备与机械、电气技术等有关的能力。他们的性格往往是顺应、具体、朴实的，比较缺乏社交能力。

研究型（I）：这类人的基本倾向是分析型的、智慧的、有探究心的和内省的，喜欢根据观察而对物理、生物、文化等现象进行抽象的、创造性的研究活动。因此，这类人偏好的是智力的、抽象的、分析的、独立的、带有研究性质的职业活动，如科学家、医生、工程师等。

艺术型（A）：这类人的基本倾向具有想象、冲动、直觉、无秩序、情绪化、理想化、有创意、不重实际等特点，他们喜欢艺术性的职业环境，也具备语言、美术、音乐、演艺等方面的艺术能力，擅长以形态和语言来创作艺术作品，而对事务性的工作则难以胜任。文学创作、音乐、美术、演艺等职业特别适合他们。

社会型（S）：这类人的基本倾向是合作、友善、助人、负责任、圆滑、善于社交言谈、善解人意等。他们喜欢社会交往，关心社会问题，具有教育能力和善于与人相处等人际关系方面的能力。适合这一类人的典型的职业有教师、公务员、咨询员、社会工作者等以与人接触为主要任务的社会服务型工作。

企业型（E）：这类人的基本倾向是喜欢冒险、精力充沛、善于社交、自信心强。他们强烈关注目标的追求，喜欢从事为获得利益而操纵、驱动他人的活动。由于具备优秀的主导能力和对人说服、接触的能力，这一类型的人特别适合从事领导工作或企业经营管理的职业。

常规型（C）：这类人的基本倾向是顺从、谨慎、保守、实际、稳重、有效率、善于自我控制。他们喜欢从事记录、整理档案资料、操作办公机械、处理数据资料等有系统、有条理的活动，具备文书、算术等能力，适合他们从事的典型职业包括事务员、会计师、银行职员等。

四、建立生涯成长档案

生涯成长档案可以有效记录中学生的成长信息，为后续学生做出生涯选择提供数据支持。同时，生涯成长档案也可以为学校做好个别化生涯辅导提供详细的资料，让教师可以及时了解学生各方面的情况。因此，学校可以在学生入学后，就为每一名学生建立生涯成长档案，并及时记录学生的成长信息，为后续生涯辅导和跟踪提供依据。一般来说，学校可以从以下几个方面，收集学生的信息，制作生涯成长档案。

（一）学生的学习情况

学生的学习情况是学生选择考试科目、专业和大学等的基础和保障。因此，在生涯成长档案中，首先需要收集的是学生的学习情况，包括学生的入学成绩、期末或者月考成绩，还有擅长的科目、喜欢的科目、获奖证书、获奖作品、理想的学校等。

（二）学生的健康状况

学生的身体和心理健康状况也会影响后续的生涯选择。例如，有的学生视力非常出众，则可以选择飞行员等对视力要求较高的职业；有的学生心理素质非常好，则可以从事谈判专家等对心理素质要求较高的职业。因此，在生涯成长档案中，还应该收集学生的身体发育和健康状况。

（三）学生的兴趣特长情况

学生的兴趣、特长等也是做出生涯决策的重要信息之一。因此，在学生的生涯成长档案中，应该记录学生参加了哪些课外兴趣班，取得过哪些成就，比如是否参加过绘画、舞蹈、钢琴、体操、足球等比赛；还应该记录学生在空闲时间喜欢干什么，比如是看书、运动还是做手工等。

（四）学生的生涯测评情况

专业的生涯测评结果有助于帮助教师和家长更直观地发现学生的兴趣、性格、能力等，预测学生未来适合的专业与职业方向。例如，通过霍兰德兴趣测评，教师可以了解学生对哪些类型的职业感兴趣或者未来适合从事哪些类型的职业；通过多元智能测试，教师可以了解学生在哪些方面更有天赋。学校可以根据生涯教育整体规划，定期开展学生生涯测评，并将测评结果记录在生涯成长档案中。如果有多次测试，还可以将结果进行比对，以便获取更多的学生信息。

 **案例分享**

广东省广州市第七中学通过完善学生的成长档案表，如建立学情登记表、活动记录表和学生自我规划表等方式建立学生生涯规划档案。[①]

在高中入学阶段，做好学情登记表，对学生的人生规划情况进行初步了解把握。先由学生自行填写表格，并做出自我评价，写出成长计划。然后由班主任结合学生的实际情况进行指导。

---

① 赵方勋. 学生生涯规划档案的建立. 教学与管理，2019（6）.

学情登记表

姓名	学号	入学成绩			特长	爱好	理想	学习动机
		文科	理科	总分				
个人提升点								
成长计划								
班主任建议								

（五）学生的评价情况

多方面的评价可以帮助教师更全面地了解学生。因此，在生涯成长档案中既要记录学生自己对自己的评价，也要记录学生、教师和家长等群体对学生的评价。学校可以每学期记录一次学生的评价情况，并对多次评价内容进行对比，以便更及时发现学生的成长变化。

第 **7** 章

寻求家长助力
共同提升学生的
学习品质

第 1 节 ● 与家长一起培养学生的自主学习能力

第 2 节 ● 让家长成为学生学习压力的"缓冲器"

第 3 节 ● 家校合作打造学生的阅读人生

教师1 虽然已经进入中学了，但是仍有不少学生在学习上缺乏主动性和自觉性，尤其是放假在家时，总是需要老师或家长跟在屁股后面"抽鞭子"。

教师2 上中学后，家长比小学和幼儿园阶段更关心孩子的学习成绩，却不知道如何正确对待孩子的考试成绩，尤其是当孩子出现成绩波动时，偶尔孩子成绩不理想时就特别着急，频繁找老师。

教师3 "双减"政策一出，家长就慌了，经常拜托我们多多关注自家孩子。这倒也能够理解，本来家长就没法插手孩子的知识学习，现在又不让补课，那还怎么提升孩子的学习成绩啊？

教师4 随着升学压力的增大，很多家长不支持孩子的课外阅读，甚至认为课外阅读就是不务正业，耽误学习书本知识，影响考试成绩。有些家长还会没收孩子的"课外书"，到底该如何跟家长沟通这些事情呢？

　　进入中学之后，随着升学压力的增大，家长越来越关注孩子的学习情况。北京师范大学发布的《全国家庭教育状况调查报告（2018）》表明，79.9%的八年级学生报告家长对自己最关注的方面是"学习情况"，95.8% 的八年级学生报告家长对自己的成绩期望至少是"班里中等"。尽管家长们非常重视孩子的学习，但是他们并不了解影响学生学习效果的因素，无法科学地指导孩子的学习。

实际上，影响学生学习效果的因素很多，学习品质就是其中的重要因素之一。所谓学习品质是指学生在学习过程中表现出来的一系列稳定的心理与行为特质，包括注意力、观察力、记忆力等智力因素，也包括学习动机、学习兴趣、学习习惯等非智力因素。良好的学习品质可以促进学生的学习，反之则阻碍学生各科的学习效果。提升学生的学习品质，不仅需要学校和教师的努力，还需要家长的参与。研究发现，家长参与不仅直接影响学生的学业成绩，更是对学生的学习兴趣、学习自信心、学习习惯以及自主学习能力等学习品质有显著的正向作用。[1]

那么，学校和教师该如何寻求家长助力，共同提升学生的学习品质呢？具体来说，学校和教师主要需要做好以下几方面的工作：一是与家长携手，共同培养学生的学习自主性；二是要引导家长正确看待学生的考试成绩，缓解学生学习压力；三是要培养学生良好的学习习惯，比如广泛阅读的习惯。

第 1 节　与家长一起培养学生的自主学习能力

自主学习能力，是个体有主动学习意愿，有明确学习目标与计划，有有效的过程监控和激励措施，有学习反思与成长。如果学生具备了自主学习的能力，就能够合理安排自己的学习，知道自己什么时候应该学什么，而不需要教师或家长督促，在任何学习阶段，甚至进入工作岗位，都能保持自主学习能力，最终达到终生学习。这不仅有利于减轻教师的教育负担，有利于学生未来发展，也有利于缓解家长的教育焦虑，

---

① 罗海风，刘坚，周达. 家长参与在家庭社会经济地位和高中生学习品质之间的中介作用——师生关系的调节作用. 心理发展与教育，2021（2）.

增进亲子关系。

进入中学阶段后，随着神经系统的成熟，学生的自我控制、自我管理和自我规划等能力都有所增强，但仍不够成熟。作为教师，我们仍然会遇到这样一类学生：他们就像缺乏动力的汽车一样，在学习上需要人来"推"。老师推一步，他们走一步；老师不推，他们也就不走了。有时候，如果老师"推"得太狠了，还会引起青春期学生的反感，落得一个"吃力不讨好"的下场。另外，教师自身的时间和精力有限。如果所有的学生在学习上都需要老师来"推"，那么终有一天，老师将精疲力竭。例如，有教师就表示自己的学生"学习没有一点自主性，上课经常开小差，不会主动学习、阅读等，完全带不动"，因此自己每天都很痛苦。

如果学生总是需要老师来"推"，家长来"管"，那么他们将永远学不会如何为自己的学习负责，做自己学习的主人。这些学生一旦离开了老师的监管，在学习上就容易出现各种问题。例如，有的学生在疫情居家学习期间因为缺乏教师和家长的监管，就出现了上网课开小差，偷偷打游戏，不能保质保量按时完成学校作业，学习成绩一落千丈的问题。有的学生高考结束，进入大学之后就彻底"放飞自我"，过起了晚上熬夜打游戏，白天睡觉不上课的悠闲大学生活。甚至有的学生因为功课不达标被大学"退学"了。

到了中学，学校需要家长助力培养孩子的自主学习能力，一方面是因为家长能参与的学生知识教育已经十分有限，另一方面是家庭、家长对学生的自主学习能力影响重大。研究发现，影响中学生自主学习的因素主要有两个方面：一是学校教育因素，包括学校管理方式、教师课堂教学方式和师生关系等；二是家庭教育因素，包括家庭教养方式、家长参与子女教育情况以及家长自身素质高低等。[①]例如，如果家长采取过度管控的方式，甚至给孩子的卧室装监控监督孩子的学习过程，孩子自然不知道

① 王晓春. 初中生自主学习能力培养策略研究. 山东师范大学，2009.

"自主"为何物，没有家长监督就不学习，有家长监督可能还会"假学习"。2015年，澎湃新闻曾经对当年的29名省级高考高分考生做过调查，在关于"父母是否会干预你的学习"一项，其中86%的表示几乎不会，14%的表示偶尔会干预，而选择经常会干预的则为零。可见，家长的严格监督跟孩子的学业水平并不是因果关系。因此，要让学生自主学习，家长一定要先学会"放手"。

一、及时与家长沟通学生的自主学习情况

培养学生的自主学习能力，第一步是要加强与家长的沟通联系。通过及时的沟通，帮助我们更全面地掌握学生的自主学习情况，也帮助家长更好地了解学生在自主学习方面存在的问题，做好与学校的配合。

及时与家长沟通主要有两个方面的目的。一方面，这可以帮助教师更好地了解学生，提高教育的针对性，促进教育效果的实现。作为教师，更了解学生在学校的表现。但是学生在校学习和在家学习可能完全是"两个样"。比如有的教师就会发现有些学生在学校学习挺认真的，也具有一定的主动性，但是一回到家就变样了，完全对自己没了要求。如果我们能够以一定的频率，保持与家长的沟通联系，那么就可以及时了解学生在家的学习情况，更清楚地了解学生在哪些方面存在问题或者需要指导，从而更有针对性地对学生开展教育。

另一方面，加强与家长的沟通联系可以帮助家长更好地了解自己孩子的学习情况，从而使家长更好地配合教师，共同培养学生的自主学习能力。学校教育不能单枪匹马，教师更不能成为学生教育的"孤胆英雄"。如果我们能够及时与家长沟通学生在学习，尤其是自主学习方面可能存在的问题，让家长及时了解孩子的学习与成长情况，那么就可以更好地获得家长的积极配合与大力支持。

一项针对高中生的调查研究发现，高中生存在语文学习动机不明、动力不足、兴趣淡薄等自主学习方面的问题。其中，高达88.31%的学生持有为了高考而学习的无奈态度，10.2%的学生为了提高自己的文学综合素养而学习语文，其他学生表示无明确目的。另外，有16.98%的学生表示对语文学习有浓厚兴趣，73%的学生表示没有兴趣，10.02%的学生表示因为语文教学内容的变化会偶尔有兴趣。[1]

一项针对初中生的研究发现，目前中学生在自主学习方面存在的主要问题是：自主学习意识淡薄，自主学习方法和策略缺失，没有良好的学习习惯，以及缺乏自主学习的时间和机会。[2]

在沟通渠道方面，教师可以根据不同的情况，选择合适的沟通方式。一是家长会、家长微信群等集体化沟通方式。这种沟通方式一般是针对学生普遍存在的问题开展的。例如，当教师在教育教学实践中发现学生出现学习兴趣缺乏、主动性差等自主学习问题时，就可以在家长微信群中通过文字的方式向家长反馈问题，引导家长关注孩子的自主学习情况。如果问题比较复杂，通过简单的语言文字无法表达清楚，那么教师也可以通过召开诸如"培养自主学习的孩子"等自主学习专题家长会的方式，加强与家长的沟通。此外，我们也可以在学期中、学期末等固定时间召开自主学习专题家长会。根据召开家长会时间的不同，会议的内容也可以做相应的调整。对于在期中召开的家长会，可以将会议重点放在总结前期学生存在的问题上。对于在期末召开的家长会，除了总结问题之外，还可以将会议重点放在指导家长如何在假期培养学生的自主学习能力上。为了增强家长会的效果，我们还可以邀请优秀学生及其家长分享他们的成功经验。

---

① 雷文文. 中学生语文学习品质研究. 延安大学，2013.
② 王晓春. 初中生自主学习能力培养策略研究. 山东师范大学，2009.

二是家访、打电话等个别化沟通方式。这种沟通一般是针对个别学生存在的特殊问题开展的。一般来说，我们需要特别关注并进行个别化沟通的是在自主学习方面存在比较严重问题的学生。比如严重缺乏学习动机、学习兴趣，上课经常开小差，扰乱自习纪律，不交作业，甚至逃学、厌学的学生；或者是来自留守、流动或单亲等特殊家庭的学生。这些学生存在的问题往往比较复杂，或者比较特殊，不适合在家长微信群或者家长会上进行沟通。为了保证沟通的隐私性，也为了保证沟通的效果，我们不得不单独与这些学生的家长进行沟通。根据学生的家庭情况，或者家长在工作、时间、性格等方面的特点，我们可以选择不同的个别化沟通方式。如果需要比较深入的沟通，我们可以选择家访；如果学生家长不方便见面，我们可以选择打电话；如果家长不愿意教师去家访，我们可以选择邀约家长到校。

二、加强对家长在学生自主学习方面的指导

我们除了需要及时与家长沟通学生的自主学习情况之外，还需要加强对家长在学生自主学习方面的指导，为家长赋能。只有家长的素质和能力提高了，他们才能够更好地配合我们培养学生的自主学习能力。

（一）指导内容

1. 营造自由的学习氛围

目前，有些学生完成了学校的学习任务之后，还被家长安排了一些额外的学习内容，使学生的自主学习空间被极大地压缩了。在这样的环境下，培养学生的自主学习能力就变成了一句空话。因此，要培养学生的自主学习能力，我们需要指导家长给孩子一些自主学习的时间和机会，而不是将学生的学习安排得满满当当。也就是说，我们要指导家长学会在时间上为孩子"留白"，给学生松绑。

给学生的学习"留白"，还意味着"学习是学生自己的事情"，家长要停止唠叨和包办，明确自己什么时候该管，什么时候不用管。也就是说，家长要在学习上给学生更多的自己决定的空间，让他们自己决定学什么、什么时候学等一系列问题。

知识链接

　　为了帮助学生管理好自己的学习，我们可以指导家长做好以下三件事情：

　　（1）帮助孩子制订一张合理的作息时间表。这张作息时间表宜粗不宜细，宜简不宜繁，大体规定几点起床，几点睡觉，什么时间锻炼，锻炼哪些项目，中午要休息多长时间，上午或下午要学习多长时间，等等。

　　（2）帮助孩子制订一份每日学习计划单。将自己的学习内容落实在纸上，写成计划单。比如上午的学习任务是什么，学习的方式是什么，大体要用时间多少等。需要注意的是，每日给自己布置的任务不要太多，少一些为宜。如果完成了，可以适当加一些，算是超额完成量，毕竟超额完成任务是使人心情愉快的。

　　（3）帮助孩子制订一张每日自我评价表。配合作息时间表和每日学习计划单，建立一个自我评价表。这个评价表最好固定下来，每日一张。孩子可以对照上述内容进行评价，达标或是完成的就奖励一个小笑脸，通过这个表格让孩子对自己一天的生活和学习情况进行分析。对于没有达标或是完成的事项，要分析原因，如果难度太大，或是任务太轻，都要进行适当调整。

---

2. 帮助学生树立正确的学习观

　　目前，有些学生不清楚自己学习的目标是什么，不知道自己为什么要学习。有些学生的学习则停留在"家长要我学"或者"老师要我学"的阶段，常常是迫于教师和家长的压力才被迫完成学习任务。这些都是学生缺乏正确学习观的表现。要培养学生的自主学习能力，我们应该指导家长帮助学生树立正确的学习观，具体来说包括：

　　一是指导家长帮助学生明确学习目标。我们要指导家长结合职业生涯规划，帮助学生尽早树立人生理想，找到自己梦想的大学、专业、职业和人生发展方向。例如，我们可以指导家长增加与孩子的沟通，在日常生活中多探讨"我未来想做什么"，"为了达到目标，我现在需要做哪些准备"等问题；我们还可以指导家长多给学生提供一些职业体验的机会，帮助学生发现自己的兴趣、能力和目标等。

二是指导家长帮助学生构建健康的学习动机系统。我们要指导家长激发学生学习的内部动机，而不是外部动机。只有这样，才能够帮助学生从"要我学"转变为"我要学"。例如，我们可以指导家长多关注孩子学习中的情感因素，学会挖掘孩子身上的闪光点；适当使用鼓励和表扬，帮助孩子建立学习的自信心；多关注孩子学习的过程，而不是结果；帮助学生体验学习的快乐和成就感等。

3. 帮助学生掌握一些适合自己的学习方法

帮助学生掌握一定的自主学习方法或策略，才能够让学生真正学会做自己学习的主人。具体来说，我们可以指导家长帮助学生掌握以下自主学习的方法：

一是正确预习和复习的方法。包括怎样预习，预习什么内容，什么时候预习，怎样复习，复习到什么程度，什么时候复习等，还可以使用思维导图来整理上课笔记，完成复习任务。

二是时间管理的方法。包括使用番茄钟、学习计划表、学习作息时间表、每日任务清单等方法来管理自己的学习。

三是学习反思的方法。包括使用每日三省吾身、周学习反思报告、建立错题本等方法来反思自己在学习中存在的问题。

🔗 知识链接

家长可以使用"每天三问"的方法，培养学生的自主学习能力。具体来说就是：

一问："我今天制订学习计划了吗?" 每天用5分钟时间规划好自己的学习安排。

> **二问："今天的任务完成了吗？"** 通过反思，做到今日事今日毕。
>
> **三问："学习内容总结回顾了吗？"** 通过整理笔记、建立错题档案、画知识树等，形成日、周学习反思报告。

（二）指导方式

对家长进行指导和教育的途径很多，包括家长学校、家长工作坊、家长论坛、家长讲座、家长会、家访、微信群、微信公众号、家校联系手册等。具体来说，我们可以通过以下途径，加强对家长在学生自主学习能力培养方面的指导。

1. 家长讲座与家长学校

我们可以根据学校教育计划，或者学生和家长的实际需要，邀请校内外专家，组织召开专门的自主学习主题的家长讲座。例如，学校可以在每个学期初或者学期末，针对全年级学生家长，组织一次大型的家长讲座。家长讲座的主题和内容可以围绕两个方面进行规划：一是家长自己要做什么，应该怎么做；二是家长需要指导孩子做什么，以及怎么做。家长讲座的主题可以是"如何提升孩子自主学习能力"，或者"如何营造孩子自主学习的环境"，或者"如何培养孩子自主学习的习惯"，等等。

家长学校是对家长进行教育和指导的重要抓手，也是最常见的家长教育方式之一。相比家长讲座而言，家长学校可以开发专门的家长学校课程，更系统、更全面地对家长进行教育和指导。例如，我们可以针对不同年级学生和家长的需求，系统性地设计一系列学生自主学习能力培养方面的家长讲座、家长沙龙、线上微课、线上家长课堂、家长工作坊等。为了保证家长的参与，家长学校课程可以实行线上与线下相结合的模式。对于不方便到校参与学习的家长，可以利用空余时间参加线上家长课程的学习。

2. 开展学生自主学习能力培养主题的家校活动

自主学习能力的培养不是一朝一夕的，也不是口头说说而已，而是需要在实实在在的实践行动中逐渐养成。无论是与家长的沟通，还是对家长的指导，最终都要落到实践中来。因此，我们需要引导家长积极参与到有关学生自主学习能力培养的家校活动中来。具体来说，我们可以设计学生自主学习习惯养成的家校活动，先从培养学生的自主学习习惯入手，培养学生的自主学习能力。

第一步：确定活动方案，明确活动主题、活动持续的时间、活动的主要内容和形式，参与活动的对象等。例如，根据习惯养成的时间，以及学校的具体情况，可以将活动时间设置为66天或21天。

第二步：在学校内部确定了活动方案之后，可以针对拟参加活动的家长召开启动仪式，向家长阐述为什么要举办这次活动，活动将如何开展，需要家长提供哪些支持等。启动仪式的目的是尽可能引起家长的关注，让家长更积极参与活动。

第三步：启动仪式后，就可以按照活动方案有序推进活动了。比如通过线上家长课程对家长进行指导，帮助家长和孩子一起签订行为契约。活动过程中，我们需要及时对家长在实践中遇到的问题进行指导，或者定期（如每周一次）为家长答疑。

第四步：活动结束后，我们还需要进行总结反馈。这个环节的目的，一方面是为了发现活动中存在的问题，方便后期改进活动方案；另一方面是为了及时对在活动中表现优秀的学生和家长进行表扬，树立积极典型。

3. 新媒体推送

学校可以撰写微信公众号文章，通过微信群定期推送给家长，对家长进行指导，帮助家长意识到培养学生自主学习能力的重要性，了解和掌握培养学生自主学习能力的方法，比如营造自由的学习氛围、和谐的家庭环境，帮助学生建立良好的师生关系，培养良好的自主学习习惯、学习方法等。

4. 编写家长手册

学校可以组织专家和学校骨干教师，编写针对中学生自主学习能力培养相关的家长手册，对家长进行指导。根据学校实际情况，可以编写针对不同年龄段的家长手册。我们也可以编写同时适合学生和家长阅读的家校共育手册，让学生和家长共同成长。

第 2 节　让家长成为学生学习压力的"缓冲器"

对于中学生来说，学习压力的一个重要来源就是各种各样的考试。进入中学阶段后，考试对于学生来说似乎是家常便饭。除了常规的期中考试、期末考试，高中生还有月考、季考等各种考试。尽管如此，很多学生在考试之前，尤其是重要考试（如期中考试、期末考试、中考、高考等）之前还是会出现"考前焦虑症"，即记忆力减退、注意力不集中、情绪紧张、食欲下降、失眠、胃痛等一系列身体和心理症状。大量研究发现，考试压力不仅会影响学生的身体健康，还会严重影响学生考试成绩，导致学生出现"平时学得好，一考就不行"的状况。因此，帮助学生缓解学习压力，轻松应对考试非常有必要。

为了有效缓解学生的学习压力，更好地帮助学生轻松应对日常学习中的各种考试，我们需要加强与家长的沟通以及对家长的指导，寻求家长的助力。

一、办好考前减压家长讲座，助力学生轻松应考

如果我们能够引导家长正确看待学生的考试成绩，帮助学生缓解考试压力，那么

将有助于学生在考试中发挥出应有的水平。

从形式上来看，我们可以通过举办考前家长讲座，召开考前家长会，发放家长手册，推送微信公众号文章，开设线上家长课程等多种方式来实现对家长的指导。其中，举办考前减压家长讲座是最常见、最高效的方式之一。根据学校实际情况，可以举办线下的家长讲座，也可以举办线上家长讲座。从家长讲座的授课教师来看，可以邀请学校的优秀班主任、优秀德育教师、专职心理健康教师等人给家长授课，也可以邀请校外的家庭教育讲师、家庭教育专家等进行授课。

从内容上来看，考前减压家长讲座可以围绕以下主题开展：

一是帮助家长正确认识考试的意义。例如，中考、高考是选拔性考试，而期中考试、期末考试、月考等属于检测性考试。检测性考试的目的在于帮助学生发现学习中存在的问题，及时查漏补缺。当家长正确认识到考试的意义之后，就会以更平和的心态去看待孩子的考试，也可以正确引导孩子认识考试的目的和意义。

二是帮助家长了解和掌握缓解学生考试压力的方法。例如，可以帮助家长了解引起学生考试焦虑的原因是多方面的，有来自学生自身的因素（学生抗压能力弱，情绪容易波动，考前准备不足，对自己期望过高等），也有来自家长的因素（家长对学生的考试成绩抱有过高的期望等）；可以帮助家长了解科学陪伴孩子考试，缓解孩子考前焦虑的策略，如营造温馨的家庭氛围，保证充足的睡眠、健康的饮食、合理的运动等，引导孩子接纳考前焦虑情绪，通过科学复习、心理调节等应对考前焦虑。

二、开好考后学习反馈家长会，引导家长正确看待学生考试成绩

考试后，引导家长正确看待孩子的考试成绩，不"以分数论英雄"，不仅可以缓解学生对于考试的恐惧、压力，还可以帮助学生调整考后情绪，做到"胜不骄败不

馈"，从而为学生的后续学习指明方向，提供动力。其中，召开考后学习反馈家长会就是实现这一目标的常见形式之一。

无论学生考得好还是不好，作为教师都需要准备召开一场家长会。这是我们与家长沟通，对家长进行指导的一个好时机。如果考后家长会开得好，那么家长将会更好地配合我们，共同提升学生的学习品质，使班级往良性发展。反之，如果考后家长会开得不成功，不仅无法取得应有的效果，使大家"白忙一场"，还可能加重家长和学生的心理压力，使亲子关系恶化，甚至可能导致学生危机事件的发生。

（一）会前要做好学生考试成绩和学习问题的分析

充足的前期准备工作，可以使我们从容不迫地面对家长，有条不紊地推动家长会朝预期的方向发展。对于考后的学习反馈家长会，我们要特别做好两方面的准备：

1. 提前做好学生的考试成绩分析

考试后学习反馈家长会的重点就是为了向家长汇报学生的学习和考试情况。考试成绩也是家长们参加家长会最关心的事情之一。为了保证考后学习反馈家长会的有效性，我们应该提前做好学生考试成绩的分析。

学生的考试成绩分析可以由本班的班主任和科任教师一起完成，也可以由全体班主任、科任教师、备课组长等集体研讨，共同完成。为了方便在家长会上展示，我们还可以将学生的考试成绩分析以图片、表格和简单文字说明的形式，制作成PPT，让家长可以直观看到自己孩子的考试成绩情况。比如，孩子所在班级的总均分、各科平均分在年级中处于什么位置，分别排多少名；在年级前十名、前五十名或者前一百名中，本班学生分别占了多少比例等。为了展示学生学习情况的动态变化过程，我们还可以将学生多次考试的成绩进行纵向比较。

如果有必要，我们还可以提前将学生的考试成绩分析报告打印出来，在家长会的时候发放给家长；或者将学生的成绩条分别打印出来，在家长会的时候发给相应的家长。不过，需要特别注意的是，中学阶段任何形式的公布学生成绩和排名都是不允许的，我们千万不能为了省事，将全班学生的考试成绩打印在同一张表格上，以免有学生家长在看到全班学生成绩后进行不合理的比较，回家后对孩子进行批评。

2. 提前做好学生的在校学习表现分析

在考后学习反馈家长会上，除了需要向家长汇报学生的学习结果（考试成绩）之外，还应该向家长们展示学生的学习过程。即向家长全面汇报学生在日常学习过程中存在哪些问题，以便引起家长的重视，让他们更好地配合我们共同提升学生的学习品质。

具体来说，我们可以从以下几个方面对学生的学习表现进行分析：一是学生是否有较强的学习动机，比如学生是否喜欢学习，上课是否能够集中注意力听课，课后是否能够主动完成作业等；二是学生是否掌握了正确的学习方法，比如学生是否会使用预习、复习、思维导图、记忆策略、错题本、寻求同学和教师帮助等方法，提高学习的效率和效果。

除了分析与学习直接相关的表现和问题之外，我们还应该关注学生的人际关系（如学生与教师、同学的关系如何）、课外兴趣（如下课时间喜欢干什么）、情绪状况（如遇到学习困难时是否会丧失信心，消极低沉）等多方面的表现。

（二）会上要把握分寸，客观理性陈述问题

我们需要牢记的是，考后学习反馈家长会，向家长汇报学生考试成绩和学习问题的目的不是为了批评学生和家长，而是为了有理有据地呈现学生的问题，引起家长的重视，获得家长的支持。因此，在家长会上，我们一定要客观、理性地表达问题，知道哪些该说哪些不该说，而不是发泄情绪。那么，哪些事情是可以做的，哪些事情是不能做的呢？

1. 可以客观陈述学生考试成绩

既然是考后学习反馈家长会，重点当然是学生的考试成绩，家长最重视的也是自

家孩子的考试成绩。但是，向家长陈述学生的考试成绩一定不能变成"批斗大会"，指责学生拖了班级后腿，批评家长不负责、不作为等。正确向家长谈考试成绩的方式是客观陈述，不掺杂情绪，不进行评判。例如，可以心平气和地向家长展示提前准备好的全班考试成绩分析PPT，用图表、数据说话。需要特别注意的是，在陈述学生考试成绩时，不要指名道姓，不要公布任何一个学生的具体分级和排名，保护好学生和家长的自尊心。

2. 可以理性分析学生的学习问题

除了客观陈述学生的考试成绩之外，还应该理性分析学生存在的问题。但是需要注意的是，在陈述学生问题时，要理性描述问题行为本身，只说现象，不对号入座，更不要对学生的行为进行评判。例如，当学生存在缺乏学习动力的问题时，可以这样表述："有部分学生存在学习动力缺乏的问题，这些学生对自己的学习成绩感到无所谓，在学习上遇到困难就容易退缩。这部分学生我会私下告知，请家长们留意我的信息。"

3. 可以向家长提出需要配合的事项

为了取得家长的配合，我们可以真诚地向家长提出需要他们配合的事项。具体来说，可以向家长提出以下请求：

一是请求家长心平气和地与孩子进行一次交谈。无论孩子考试成绩是否达到了家长的预期，都要保持平常心，做好亲子沟通，引导学生正确认识考试和考试分数，为学生后续学习提供动力。

二是请求家长配合自己做好学生的学习管理。家长要引导学生养成良好的自主学习习惯，主动、按时、保质完成作业，做好预习、复习等。

三是请求家长做好学生的日常生活管理。除了学习之外，学生还需要丰富的课外生活，家长应帮助学生养成阅读、运动、劳动等良好的习惯。

四是请求家长营造良好的家庭学习氛围。家长要为学生的学习创造良好的物理和心理环境，比如为学生学习提供必要的资源，为学生学习树立良好的榜样等。

总之，每一位教师可以根据自己班级的实际情况，真诚地向家长提出自己的请求。

📖 知识链接

教师召开考后学习反馈家长会的禁忌

考后学习反馈家长会其实是老师和家长找个时间会面，双方就共同爱护的人——孩子，发现问题，分析问题，解决问题，帮助孩子找到努力的方向和动力的一种沟通形式。召开考后学习反馈家长会，教师要注意以下禁忌：

（1）**忌当众批判家长不负责任。**家长不负责任当然有错在先，但其中缘由是什么，老师没有搞清楚就没有发言权。就算确实是家长不作为，私下沟通即可，不能拿到台面上来批判。

（2）**忌当众指责考试落败的学生。**学生考试落败，不论是家长还是学生自己，都很害怕开家长会。家长怕打脸，学生怕挨揍。家长和孩子好不容易鼓起勇气来参加家长会，老师当众一通指责，今后的家长会就不敢来了。

（3）**忌当众指责和评价表现差的孩子。**孩子表现差确实令人头痛，家长确实要担责，但不适合在家长会上指责和评价。私下与家长沟通，并给家长支招才是正道。

（4）**忌夸夸其谈大秀自己的专业能力。**老师的优秀不是夸出来的，而是老老实实做出来的。

（三）会后要做好学生和家长的跟踪辅导

在考后学习反馈家长会结束之后，针对在会上向家长提出的一些请求，要做好跟踪。一方面，我们应该定期与学生和家长沟通，看看家长有没有真正付诸行动，学生的学习问题是否有改善，还存在哪些问题，以及是否需要教师提供帮助等。另一方面，对于在家长会上提到的一些存在学习问题的学生，或者此次考试成绩有较大波动的学生，我们也需要进行个别沟通，给出有针对性的辅导建议。

三、做好考试后个别化辅导，解决学生和家长的个性化问题

开家长会只能解决大多数学生和家长的问题。对于一些特殊情况，我们需要有针对性地做好考试后的个别化辅导。

学生和家长遇到的问题不同，我们需要采取不同的方式，提供不同的指导。从辅导方式来看，我们可以选择给家长发短信、微信，打电话或者对这些家庭进行家访，也可以邀约家长到校，或者给家长写信等。从具体辅导内容来看，我们需要从学生和家长的真实需要出发，分类指导。

例如，对于在考试中成绩突然下降的学生家长，可以做好以下事项：一是要安抚好焦虑或愤怒的家长，帮助家长控制好自己的情绪；二是要引导家长正确看待考试成绩的波动，接纳孩子的成绩；三是要引导家长做好孩子考后归因，总结考试不理想的原因；四是要引导家长关注孩子的情绪和心理健康，避免出现危机事件。

对于在考试中有明显进步的学生家长，则可以做好以下事项：一是要引导家长及时表扬孩子在学习上取得的进步，增强学生学习自信心；二是要引导家长帮助学生做好考后归因，总结考试成功的经验是什么；三是要引导家长帮助学生理性看待考试成绩的变化，不要骄傲自满。

🔗 知识链接

对于在考试中成绩突然下降的学生，可以指导家长通过以下四个步骤帮助学生做好考后归因：

第一步：让学生写出考后心情（用一句话表达，或者画出能表达心情的表情）；

第二步：帮助学生寻找考试失败的原因（写得越具体越好）；

第三步：帮助学生确定下一步的努力方向（写得越具体越好）；

第四步：让学生写下重新出发的心情（用一句话表达，或者画出能表达心情的表情）。

第3节　家校合作打造学生的阅读人生

著名教育家苏霍姆林斯基曾经说过："让学生变聪明的方法，不是补课，不是增加作业量，而是阅读、阅读、再阅读。"帮助学生养成良好的阅读习惯，指导学生勤读书、会读书，不仅可以直接提升中学生的语文学业水平，还可以促进学生其他学科的学习，提升其综合素养，培养终生学习的能力。反之，如果一个学生的智力生活仅局限于教科书和作业，那么他将很难真正爱上学习，也很难拥有丰富的精神世界。

中学阶段是学生自我探索、认知世界的重要时期，是其人格、世界观、人生观以及价值观形成的关键时期。他们对自我和世界的认识，很大程度上源于书籍。网络能提供海量、多元的信息，但更多的是直观展示。而优秀的、经典的书籍对学生的影响可以说是震撼式的、直击灵魂的。它们引导学生深入思考，体悟文字魅力，感受别样人生，寻求人生困惑的答案。就像《平凡的世界》中的孙少平，正是由于年轻时孜孜不倦地阅读，与书籍为伴，汲取智慧，才树立了远大的理想，走出双水村，去追求更广阔的天地。可以这么说，互联网也许已成为人类离不开的新的生活方式，但书籍阅读，永远是人类灵魂的栖息地。

阅读在中学阶段的重要性不言而喻，但不少家长对阅读还存在一些认识误区。例如，认为只有读教科书或者语文课提供的阅读书目才是阅读，而孩子自己感兴趣的课外书就不是阅读，因此不让孩子读；或者对孩子的阅读不加规范，让孩子沉迷于网络小说，缺乏深刻阅读的引导；还有些家长自己不读书，捧着手机不放，家里一本书都没有，却天天叮嘱孩子要读书。北京师范大学发布的《全国家庭教育状况调查报告（2018）》显示，在受访的八年级学生中，约半数家庭的藏书量不超过25本。65.4%的学生报告"家长从不或几乎不和我一起读同一本书"，49.4%的学生报告"家长从不或几乎不和我一起讨论正在读的书"，44.5%的学生报告"家长从不或几乎不和我一起去书摊、书店或图书馆"，可见家长对亲子阅读氛围的构建不够重视。

要想学生养成良好的阅读习惯、最终形成终身阅读的优秀品质，不是学校教育一朝一夕就能完成的，而是需要学校和家庭、教师和家长共同配合，在日积月累、潜移默化中使学生发生改变。

一、营造一个充满"书香"的校园阅读环境

培养学生良好的阅读习惯，首先要从营造"书香校园"开始，营造一个"人人有书读""人人爱读书"的浓厚的阅读氛围。具体来说，学校可以通过以下途径来营造"书香校园"：

一是整合家校社资源，打造一个"书籍触手可及"的校园环境。苏联著名教育家苏霍姆林斯基曾经说过："一个学校可以什么都没有，只要有了为教师和学生精神成长而准备提供的图书，那就是学校了。"

为了让书籍变得触手可及，给学生和教师提供丰富的读书资源，可以重点打造学校图书馆、年级图书广场和班级图书角。以学校图书馆建设为例，一方面可以设立专门的图书购置资金，根据学生和教师需要，不断充实图书馆的藏书；另一方面，也可以发动家长的力量，通过家委会资源，鼓励家长为学校捐献、赠送图书；还可以利用社会公益组织、爱心基金等社会力量，丰富学校图书资源。

为了方便学生获取图书，可以调整学校图书馆开放的时间，尽量在学生空余的时间开放，比如课间休息时间，放学后一小时等；也可以在学校走廊、休息区或者教室里开辟专门的"图书角"，让学生在课余时间可以随时翻阅。

二是开展丰富多彩的校园读书活动，让阅读成为学生和老师们的一种日常生活方式。为了激发学生的阅读热情，培养学生的阅读习惯，可以举办丰富多彩的校级、年级和班级读书活动。例如，可以开展校园读书节、阅读主题月、图书漂流、阅读之星评比、读后感征文比赛、图书戏剧节、名著影视欣赏、师生共读、亲子共读等，还可以利用自习课、班会课等时间开展读书交流会，或者开设专门的阅读课、早读时间等。

为了丰富学校读书活动，更好地激发学生的阅读热情，我们还可以邀请社会名人（如著名的作家、优秀的阅读践行者等）、优秀学生家长等，参与校园读书活动，比如为学生开展读书主题的讲座。

二、唤醒家长培养学生终身阅读的意识

要想寻求家长助力，共同培养学生的阅读习惯，首先需要帮助家长树立正确的阅读观念。尽管随着家长教育观念的更新，越来越多的家长逐渐认识到了阅读对孩子学习品质提升和人生发展的重要性，但是仍有部分家长对培养中学生阅读习惯存在错误的认识。例如，有的家长认为阅读，尤其是课外阅读会占用孩子大量学习时间，因此把它当作看"闲书"，一旦孩子学习成绩出现下滑，就禁止孩子继续阅读；有的家长则认为阅读对于提高孩子的学习成绩并没有立竿见影的效果，而现在孩子学习时间有限，因此不支持孩子阅读；还有的家长把孩子的生活安排得满满当当，导致孩子没有自由阅读的时间。家长的这些错误观念会严重影响学生良好阅读习惯的培养，更谈不上与学校合作共同培养学生的阅读习惯。因此，我们首先要积极引导家长，转变他们

的观念，与他们达成共识。

我们可以通过《致家长的一封信》，召开家长会，举办家长讲座，开设家长学校课程，在学校微信群推送微信公众号文章，家访，与家长进行面对面交流等方式，向家长介绍阅读的重要性，培养良好阅读习惯对中学生学习的重要性，培养良好阅读习惯对中学生成长的重要性，为什么要家校共同培养学生的阅读习惯等内容。

具体来说，我们可以在每年新生入校时，发送《致家长的一封信》，向家长介绍一些名人通过阅读成才的故事，或者向家长推荐一些书籍、文章（如苏霍姆林斯基的《必须教会少年阅读》《怎样靠阅读扩充知识》）等；可以在家长会上介绍一些在阅读中受益的优秀学生案例，或者邀请有经验的家长分享阅读给自己孩子带来的变化等；还可以在家长讲座中邀请一些阅读领域的专家、名人来做分享，给家长普及先进的阅读理念。

我们还可以邀请家长走进校园，参与学校的读书节、主题读书月、读书分享会、故事会、读书手抄报、读书演讲会等多种活动；或者邀请家长走进教室，参与班级读书会、读书主题班会课等活动，让家长感受阅读带给孩子的成长。

三、指导家长掌握培养学生终身阅读的方法

培养学生良好的阅读习惯，除了需要培养一批"有意愿"与学校配合，共同培养学生良好阅读习惯的家长之外，更需要培养一批"有能力"与学校配合的家长。也就是说，在唤醒家长的意识、获得家长的理解与支持之后，我们还需要提升家长的能力，帮助家长掌握一些培养学生良好阅读习惯的具体方法。

（一）开设学生阅读主题的系列家长学校课程

家长学校可以系统、全面地对家长进行指导。从家长学校课程内容上来看，我们

主要可以开设以下两类课程：

第一类是增强家长意识，转变家长观念类的课程，包括"中学阶段，培养孩子阅读习惯的重要性""为什么要家校合作，共同培养孩子的阅读习惯""阅读改变人生""与其补课，不如阅读""终身阅读的人都怎么样了"，等等。

第二类是丰富家长阅读知识和具体技能的课程，包括"如何营造良好的家庭阅读氛围""如何为孩子选择合适的阅读书目""如何帮助孩子制订阅读计划""如何提高孩子的阅读兴趣""如何激励孩子坚持阅读""如何指导孩子平衡好学习和课外阅读""如何科学设置阅读时间""如何进行精读"，等等。

工具箱

我们可以指导家长和孩子一起制订每周阅读计划、每月阅读计划，或者每个学期、每一年的阅读计划，并通过阅读计划表来培养孩子的阅读习惯。具体的阅读计划表如下所示：

每周阅读计划表

日期	阅读内容	计划阅读时间段	计划阅读时长	实际阅读时间段	实际阅读时长
周一					
周二					
周三					
周四					
周五					
周六					
周日					

为了提高家长学校课程对家长的吸引力，增强家长学校课程的实际效果，真正让家长"方便学""愿意学"，并且"能学会""能学好"，我们还可以创新家长学校的课程形式。比如可以在开设线下家长课程的同时，开设视频、音频形式的线上家长课堂，方便家长利用空余时间学习，并反复回看；可以建立专门的家长学校课程学习微信群，并定期在群内组织答疑；可以在家长课程结束后，给家长布置一些实践作业（如协助孩子制订一份阅读计划，或者协助孩子制订一份阅读清单）；还可以让家长在每次家长学校课程结束后，完成一份简单的课后感想，甚至可以鼓励家长把感想分享给孩子，促进亲子沟通。

🔲 工具箱

为了检测家长的学习效果，也为了帮助家长把在家长学校课程上所学到的知识转化为实际的能力，我们可以在家长学校课程结束后，给家长留作业，比如让家长填写"家长学校课后作业反馈表"。

家长学校课后作业反馈表

班　　级					
开课时间		授课内容			
家长姓名		与孩子关系		工作单位	

1. 你的课后收获、感想是什么？

2. 你计划通过哪些方式培养孩子的阅读习惯？

3. 请协助孩子制订一份阅读清单。

（二）开展学生阅读主题的家长沙龙

除了开设家长学校课程之外，我们还可以为家长搭建一个可以互相学习、互相帮助的家校平台——家长沙龙。和家长学校相比，家长沙龙往往人数更少，家长和教师、家长和家长之间的交流会更加充分。因此，有时候家长沙龙会比家长讲座、家长学校课程、家长会等效果更好。

具体来说，我们可以从家长的实际需求和孩子的问题出发，针对某一类问题，如"孩子不爱阅读，怎么办"举办家长沙龙。家长沙龙可以由教师来主持，也可以由家委会中的志愿者，有经验的家长，或者校外专家来主持。为了保证沙龙的效果，人数不能太多，也不能太少，一般来说应控制在20人左右。家长沙龙还需要营造安全、轻松的氛围，以保证每一位家长都能够充分表达自己内心的真实想法，而不应该是主持人的"一言堂"。为了保证讨论的效果，主持人还需要根据本次沙龙的主题，提前准备好一些问题。

（三）开展"朗读者接龙"活动

学校可以在读书节、校园开放日等活动中，开展"朗读者接龙"活动。每次活动首先确定一本需要阅读的优秀名作，或者其中的节选，或者一篇较长的美文，长度是大概能在小半天内以正常语速朗读完成的。在活动前期的通知中，向全校师生、家长公布书目或选段，然后鼓励全校教师、学生、家长积极报名。在活动当天，由报名参加的教师、学生和家长接龙朗读，每人读一页或者一段。活动场地要选在安静的图书馆或心理团辅教室，可以准备一些清雅的茶点，营造书香氛围，让参与活动的每一位都能沉浸到阅读的美好体验中。

朗读结束后，还可以邀请大家谈一谈感受；还可以邀请语文老师们当评委，评选出本场的"最美朗读者""最有感情朗读者""最动听朗读者"等；同时，还可以请家长代表或学生代表指定下一场"朗读者接龙"活动的阅读书目，提高大家参与的积极性。

（四）发送《致家长的一封信》

给家长写公开信是一种常用的家校沟通方式，也是一种简单、高效的沟通方式。它可以通过文字、图片等形式，迅速拉近家校之间的距离，促进家校之间的了解。为了让家长了解如何培养孩子良好的阅读习惯，我们也可以利用"致家长的一封信"这种形式。

我们可以向家长发送"致家长的一封信"，指导家长营造良好的家庭读书氛围。例如，可以建议家长们在家中建立一个安静、不受打扰的图书角；在孩子读书时不开电视，不上网打游戏，不玩麻将等，为孩子创造一个安静踏实的读书环境；和孩子共读一本书；开展家庭读书比赛、家庭读书会、家庭读书日，等等。

也可以通过学校微信公众号，发送电子版的《致家长的一封信》，指导家长通过多种方式，激发孩子的阅读兴趣，从而进一步培养孩子的阅读习惯。例如，可以建议家长与孩子一起讨论书中有趣的问题，或者让孩子把书中的故事讲给自己听；经常用生动的、有说服力的例子、故事等，帮助孩子了解阅读的意义；使用制造悬念、讲故事、观看影视作品等方式，调动孩子的阅读兴趣。

最后，还可以在《致家长的一封信》中，向家长介绍一些具体的阅读技巧，比如如何制订读书计划，如何精读一本书，如何略读一本书，如何做读书笔记，如何使用抄读法、精读法、浏览法等阅读方法，等等。

第 8 章

家校密切沟通
助力学生建立良好
的**人际关系**

第 1 节 ● 青春期学生人际关系的特点

第 2 节 ● 指导家长建立良好的亲子关系

第 3 节 ● 指导家长正确对待异性交往

第 4 节 ● 家校携手应对校园欺凌

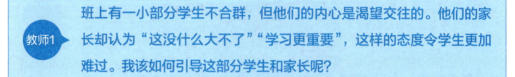

教师和学校的困惑

教师1 班上有一小部分学生不合群，但他们的内心是渴望交往的。他们的家长却认为"这没什么大不了""学习更重要"，这样的态度令学生更加难过。我该如何引导这部分学生和家长呢？

教师2 有家长跟我诉苦，为什么孩子越来越不听话了，回家也不愿和他交流，有时甚至怒目相向。这样的变化令一些家长不知所措，我该如何做才能帮助这些家长和青春期孩子建立良好的亲子关系呢？

教师3 有些孩子在学校欺负同学，但是家长说什么都不相信，就是认为自家孩子绝对不可能做出这些事情。这种情况到底要怎么沟通呢？

　　青春期学生的人际关系在悄悄发生着变化，同伴逐渐成为他们日常学习生活中最重要的人，相互倾吐烦恼，交流想法，保守秘密。但有时，同伴关系带来的也不全是积极的影响，比如身处不良同伴压力影响的学生，遭遇校园欺凌的学生。而这个阶段的学生，与家长和老师的关系往往不再亲密，甚至渐行渐远，时有冲突发生。

　　良好的人际关系能够促进青春期学生社会技能的完善，自我意识的发展，学业成绩的提高，以及心理的健康发展。因此，学校和家庭要关注学生的人际变化，建立良好的家校沟通，共同帮助学生建立和保持积极的人际关系。

第1节 青春期学生人际关系的特点

在儿童阶段，学生一般与家长的关系较为亲密，家长是他们情感和心理支持的主要来源，他们与同伴之间更多是一种玩伴关系，会有一些交友小圈子，但一般来说并不存在稳定的依赖关系。到了小学高年级，尤其是进入中学阶段，同伴关系逐渐开始占据重要位置，他们在同伴关系中寻求自我认同、探索自我、评价自我，学习人际交往技巧；与此同时，他们与老师、家长的关系慢慢疏离，同伴逐渐成为他们学习和生活中的重要他人，是他们进行情感和思想交流的主要对象，同伴关系成为学生青春期阶段最重要的人际关系。

这种"亲同伴，远师长"的人际关系倾向，是学生身心发展的必经阶段。教师首先要了解中学生人际交往的变化及特点，然后才能引导家长看到孩子人际交往上的变化，并让他们认识到这些人际交往变化对孩子成年后人际交往能力和心理健康水平的重要影响。

一、同伴交往是青春期学生的重要需求

进入青春期后，同伴关系变成了学生最重要的人际关系。不管是同性伙伴的交往，还是异性交友，都对学生社会化发展具有重要作用。

（一）同伴关系是中学生最重要的人际关系

由于自我意识和独立性的发展，中学生人际关系的重点开始向同龄伙伴转移，因为与同龄伙伴交往的平等关系能提供父母所不能提供的心理稳定感、认同感和发挥自身能动性的机会和场所，通过朋友之间分享共同的情感、矛盾、忧虑和困难，在相互

帮助和尊重中满足了自我发展的需要。他们需要一个能倾吐烦恼，交流思想，表露自我并能保守秘密的地方。

青春期学生在择友时更注重内在的品质和情趣，强调对方的气质、性格、能力和兴趣爱好等，交往内容也逐渐从活动的外在层面向内在认识和体验方面发展。选择朋友的标准主要包括以下几个方面：有共同的志趣和追求，有共同的苦闷和烦恼，性格相近，许多方面能相互理解等。

由于中学生的判断力、自我调节能力都得到了相对的提高，因而能够做到求大同、存小异，朋友间的一些非原则问题不会影响友谊的继续。随着他们志趣爱好不断拓展，内心的丰富使中学生的交往领域不断增大，他们更倾向于选择不同的朋友来满足自己不同的需要。

拥有充足的朋友，与朋友保持稳定而较亲密的友谊关系，可以让孩子更好地适应初高中学习和生活，也是学生实现社会化的重要途径。学生可以在与同伴的相处过程中学会换位思考，让他们在成年期人际交往也比较顺利，且心理健康水平较高。

但是，中学生的内心会变得敏感，他们会更加看重自己在别人眼里的形象，关注别人怎么评价自己。同时，由于情绪的不稳定，行为的冲动性，以自我为中心等发展特点的存在，以及家庭和学校环境等因素的影响，中学生容易出现消极同伴压力和校园欺凌等问题。

 知识链接

同伴压力

在中学生的同伴交往中，对获得群体归属感、受到同伴认可的渴望，就会成为一种压力，迫使孩子做出一些他本来不愿意的行为，给孩子带来消极的情绪体验，影响学习和生活。这种压力我们一般称为"同伴压力"。

一般来说，具有良好的自我探索，初步形成独立人格的孩子，较少屈服于同伴压力；而过分依赖外界评价、自卑的孩子，则比较容易屈服于同伴压力。家庭环境对孩子是否会遭受同伴压力也有重要影响，如果父母控制欲较强，让孩子习惯了听话、顺从，没有培养起孩子独立思考的能力，孩子在同伴交往中也就更容易选择遵从同伴的要求。

当然，同伴压力也有积极的一面，比如同伴好的处事方式和习惯也会通过同伴压力传递给孩子，提高孩子的人际交往能力。例如，同伴们都很注意言语的礼貌，原本喜欢说脏话的孩子也会在同伴的压力下，改掉说脏话的习惯，变成讲礼貌的人。

（二）异性交往是中学生正常的人际需求

到了中学，家长恐怕最担心孩子"谈恋爱"。家长会认为孩子心智还不成熟，处理不了这样一段"感情"；异性交往会分散孩子注意力，影响学习；异性交往很容易和"性"联系到一起，担心孩子会过早发生性行为，等等。

从社会心理发展的过程看，个体一般要经历三个社会交往阶段，即学龄前的"自我社交性阶段"、小学的"同质社交性阶段"和青春期一直到成人期的"异质社交性阶段"。

知识链接

个体的三个社会交往阶段

第一阶段是自我社交性（auto sociality）时期，婴儿期。在此阶段，儿童的主要愉悦和满足来自自身。学龄前早期属于此阶段。自我社交性在两岁的孩子身上表现得最为典型，他们虽然需要别人陪伴，但是主要是跟自己玩，而不是跟别人玩。

第二阶段是同质社交性（homo sociality）时期，约8～12岁。在此阶段，儿童的主要愉悦和满足来自相同性别的小朋友的友谊和陪伴。小学时期属于此阶段。同性友谊的意义重大，它可以帮助儿童形成自我认同，增强儿童的自我价值感，为后一阶段异性关系的顺利发展打下基础。

第三阶段是异质社交性（hetero sociality）时期，约13~14岁开始。从初中开始，一直延续到成年。在此阶段，人的主要愉悦和满足来自多方面的交往，包括同性友谊和异性友谊。能不能与异性形成一种密切的关系相当重要，不少青少年觉得与异性结识并自如地相处是一个痛苦的过程。在这方面的失败可能造成一些严重的心理后果，如焦虑、自卑、对异性的畏惧，等等。

中学生正处于"异质社交性阶段"。伴随着青春期发育，性意识觉醒，孩子开始对异性产生好奇，异性交往的需求增加。这是孩子正常生理、心理发展的需要，教师要引导家长正确看待孩子的异性交往。

二、青春期亲子关系逐渐由"亲密"走向"分离"

青春期亲子关系会是一个由亲密慢慢走向分离的过程，这一点需要家长有心理准备，不要认为这种疏离是孩子对自己有意见，或者是孩子"变了""不听话了"。中学生与家长在一起的时间逐渐减少，对家长的情感表露也逐渐减少。他们与家长之间拥抱、抚摸等身体上的接触越来越少，取而代之的是言语思想上的交流和沟通。一个常见的现象是在家庭中，家长主动与学生进行沟通的频率通常会高于学生主动与家长进行沟通的频率。

由于中学生的自我意识增强，他们希望能够与家长"平起平坐"，获得更多的尊重。中学生不再愿意什么事情都向父母汇报。他们时常反驳家长的观点，认为自己的想法得不到父母的理解，有心事也不愿意与父母沟通。他们特别反感父母过多地参与自己的事情，认为自己可以解决并能独立承担一些行为，希望参与家庭决策。

在这种转变下，中学生与家长的冲突可能日益增加，双方对关系的满意度都会下降，沟通减少，关系"渐行渐远"。这可能使得大多家长感到自己正在慢慢"丧失"对子女的控制权，而中学生却越发感觉到家长不但不能理解他们的内心，还总是阻止和干涉他们的意愿。

信息链接

初中生亲子关系现状①

一项针对216名初中生的亲子沟通质量调查显示，初中生与父母沟通主动性一般，经常与父亲沟通的学生仅占41.2%，经常与母亲交流的学生略多一些，但也只有58.8%。

亲子沟通频率	经常沟通	偶尔沟通	从不沟通
与父亲	41.2%	49.2%	9.6%
与母亲	58.8%	34.4%	6.8%

七年级学生的沟通质量最好，认为与家长容易交流的学生占总数的79.8%。八年级时沟通质量开始下降，认为与家长容易交流的学生有56.8%。九年级学生的沟通质量最差，认为与家长容易交流的学生仅占46.5%。

从影响沟通的因素来看，认为忽视自己的只占很少部分，大部分学生都抱怨父母不理解自己，过多干涉自己。

① 吴先东. 学校引导构建和谐亲子关系的实践对策——基于初中阶段亲子关系现状调查. 中国德育, 2017（4）.

与家长沟通的障碍（多选题）	父亲	母亲
觉得家长不理解自己	51.4%	55%
觉得家长只关注学习	28.5%	21.7%
觉得没话说	13.2%	8.5%
没有机会沟通	7.5%	3.6%
觉得家长不太重视自己	6.5%	3.9%
觉得家长过多干涉自己	37.6%	46.2%

三、青春期师生冲突逐渐增多

青春期阶段师生冲突明显增多，学生的"亲师性"逐渐降低，不会再像小学阶段那样崇拜老师。一方面是因为青春期学生自我意识迅速增强，开始追求独立，表现出强烈的"成人感"，并出现过度自尊，反抗成人控制，固执己见等现象。如果教师继续以高高在上的管理者角色进行说教，就可能引起他们的逆反心理，引发师生冲突。

另一方面则是因为中学生认知能力不断提高，思维的独立性和批判性显著发展，但由于整体认识水平仍比较幼稚，在与教师的交往中，他们经常较为偏激地看待教师的态度和行为，或是要求教师完美化，一旦教师达不到他们想象中的理想状态，他们就可能对教师产生不满的情绪，从而导致师生关系疏远或冲突。

知识链接

常见的师生冲突现象[1]

1. 学生干扰教师正常的课堂教学秩序（如讲话、看课外书籍等）；

2. 学生对教师的教育不予理会或表现得傲慢无礼；

3. 学生公然违抗教师的指令；

4. 学生故意起哄，让老师难堪；

5. 学生拉小团体与教师对抗；

6. 师生间发生激烈争吵；

7. 师生间武力侵犯（如拉扯等动作）；

8. 师生间发生暴力事件，如殴打等；

9. 师生就某一学术性的问题争论不休；

10. 师生因班级管理中的某个问题产生分歧。

　　师生关系是学生在学校生活中仅次于同伴关系的重要人际关系。师生冲突可能给学生带来负面情绪，如沮丧、失望、后悔等，影响学生学习成绩和身心健康发展。严重的师生冲突还可能导致肢体冲突，引发一系列的法律问题和社会问题。但师生冲突亦有其积极的作用，适度的师生冲突会加速学生的社会化，帮助学生自觉进行知识建构，认识自身的不足，增进对他人的理解，同时释放师生双方的心理压力和不良情绪。

　　师生冲突并不可怕，但发生冲突后，要保持冷静并积极化解，避免冲突升级。家长对老师的态度会直接影响师生关系，为此，在发生师生冲突后，老师和家长要做好沟通，努力让家长成为学生和老师间的润滑剂，引导学生客观评价老师，鼓励学生换

[1] 任彩芳. 初中阶段师生冲突研究. 苏州大学，2012.

位思考，尝试积极化解两者间的矛盾。和谐融洽的师生关系可使学生更喜欢教师的课，更愿意跟他亲近和交流，对该学科产生兴趣，在课堂上积极表现、主动参与，有利于学习成绩的提升。

如果师生冲突比较严重，甚至已经上升为家校冲突，学校可以请家委会介入，以第三方的名义公平、公正地处理双方间的纠纷，从而遏制冲突的恶化，促使双方以合作的态度解决问题，也避免给孩子造成巨大的伤害。

第 2 节　指导家长建立良好的亲子关系

青春期可以算是亲子关系最敏感的一个阶段，青春期学生逐渐与同伴更为亲密而与家长相对疏远。然而，亲子关系不会随着青少年的成长而变得无关紧要，良好的亲子关系对中学生的身心健康成长意义重大，有利于中学生良好行为表现和整体人际关系的发展。为此，学校要通过多种家校活动，如亲子家长会、校园开放日、家长志愿者互助等途径，增进青春期学生和家长间的亲子关系，减少亲子冲突。

一、召开"亲子家长会"

学校举办亲子家长会，通过孩子的共同参与，既能减少孩子对家长会的恐惧，同时也能指导家长科学的教育方法，从而有效促进亲子间的相互理解，增进亲子之间的情感。教师可以使用情景模拟法，让学生模拟家长，让他们站在父母的角度去处理问题，思考产生家庭矛盾的原因。在这个过程中，学生会逐渐理解和体谅家长的做法，有时候问题就迎刃而解了。

（一）让家长理解学生成长的需求

通过亲子家长会，可以让学生发表自己的心声，从而让家长直视学生的内心。在此基础上，教师要指导家长尊重学生成长的需求，给予学生自由的空间，教给家长一些对学生进行青春期教育的具体方法。

亲子家长会上，教师可以指导家长使用这样的方式与青春期学生沟通，即多倾听，并在平等的基础上与学生进行对话，保持真诚、尊重的态度，多与学生谈心，而不是训导。例如，指导家长使用"描述事实+表达感受+提出建议"的句式："当我看到你只是低着头吃饭，一句话也不说时（描述事实），我会感到很难接近你（表达感受）。因此，我想和你聊一聊，可以吗？（提出建议）"让孩子感到家长的建议是建立在客观事实基础上的，而不是出于对自己的指责、命令或误解。

当然，尊重学生的自主性，并不意味着完全撒手不管，教师还要指导家长趁此机会培养孩子的自我管理能力，让他们学会对自己负责。培养学生的自我管理能力主要包括学习和生活两方面。在学习上，自我管理能力主要是指自主制订学习目标、学习计划，自主管理学习时间，比如主动完成老师布置的作业等。在生活上，自我管理能力是指自主管理好自己的健康、压力等，比如按时吃饭、睡觉、锻炼，主动排解自己的压力等。[①]

（二）帮助家长和学生共同控制好情绪

正确看待青春期学生的情绪变化，以及指导家长和学生如何用合理的方法表达和宣泄自己的情绪，也是亲子家长会的主题之一。

首先，青春期学生因为大脑内控制情绪的杏仁核发育迅速，但控制理智的大脑皮层仍旧没有发育完成，就非常容易出现情绪失控的情况。相信这一点不少教师都深有

---

① 梁毅明. 家校合作对初中生个体自我管理能力培养的研究. 教师，2021（7）.

感触，而家长也一定能有共鸣。教师要跟家长普及学生青春期的生理发展特点，这一特点决定了孩子有时候并不能自主控制情绪，也就是说，很多时候他们的失控并非主观故意，而是客观条件决定的。教师和家长面对学生的失控瞬间，不妨给自己一点暗示："他正处于青春期，大脑发育还不完善，他不是故意发火的。而我已经是成年人了，我的大脑有完整的情绪控制系统，所以用不着跟他计较。"

因此，教师要让家长知道，当青春期的孩子发脾气的时候，其实只是在宣泄情绪，不是故意和父母"对着干""挑战父母底线"，不要给他们贴上"坏孩子"的标签；他们为一点小事哭泣不已时，也是正常反应，家长不必大惊小怪，忧心忡忡；他们在发牢骚时，家长也要包容，不要拒绝倾听……成年人要用更加宽容的心态去面对孩子的变化。

其次，帮助学生正确认识自己的各种情绪，尤其是愤怒、悲伤、焦虑等负面情绪；了解和识别自己的情绪状态，比如可以准确地描述自己的情绪，遇到情绪困扰时，学会用合理的方式化解，比如写情绪日记、涂鸦日记、运动、听音乐、找人倾诉等。

亲子家长会上，教师可以引导学生和家长共同参与体验式活动，掌握一些控制情绪的好方法。不仅仅是学生要控制好自己的情绪，家长同样也需要管理好自己的情绪。

二、举办青春期主题校园开放日

通过举办青春期主题的校园开放日，可以让家长了解学生在学校经历的各种大大小小的事情：上课、军训、艺术节、运动会……了解学生一张张专心致志学习的面孔，看到学生在跑道上挥洒汗水，在舞台上大放异彩，可以让家长体会到孩子的成长，发自内心地转变自己的教育方式。

（一）邀请家长参与活动观摩

校园开放日，通过邀请家长参与活动观摩，可以让家长切身体会学生的个性和风采，感受学生昂扬向上、追求理想并勇于创新的精神风貌，发自内心地为孩子的青春喝彩，承认并接纳孩子的成长。

 **案例分享**

校园心理剧促进亲子关系提升①

石家庄市第十二中学将心理健康教育作为德育体系中非常重要的一项内容，而校园心理剧是心理健康教育中一个重要的特色项目，近十年来已有近百部成品剧，并尝试把校园心理剧与教育教学工作紧密结合，将其应用于心理健康教育课、家长学校和心理班会课中，收到了良好的效果。

2017年5月，"第五届校园心理剧展演暨'亲子师'共同成长活动"成功举办。本次活动参演剧目共17个，内容涉及亲子矛盾、青春期恋情、师生关系、同伴关系、梦想目标等主题。学生们的表演生动、热情、真挚、感人，精彩纷呈、高潮迭起，比赛过程中涌现出很多优秀的剧目。

有学生说："我编写的这个剧目就是我自己的故事。我这次扮演的是我妈妈的角色。我的妈妈非常忙，还得为我的学习和生活操心。现在我也在试着理解她，我知道她非常不容易。我爱我的妈妈！"

一名扮演爸爸的学生说："这回真的体会到了父母的不容易。就是特别操心，特别担心孩子。当说剧中台词的时候，心里面会有酸酸的感觉。"

在活动中，我们看到了同学们不凡的演技，全心的投入；我们体会到了同学们淋漓尽致的情感表达，积极向上的生命活力；我们也见证了亲子情感的自然交融，师生之情的真挚流露。我们知道，这些都是同学们自编、自导、自演的剧目，内容都是同学们关心的主题，思

---

① https://www.sohu.com/a/140020368_755866.

想与情感都是同学们最真实的表达。

　　本次活动，既给了孩子们一个锻炼自己、展示释放的舞台，又给了老师和家长一个了解孩子的渠道。学生在生活中会更懂得体味亲情，收获友情，更懂得感恩励志，融入社会。家长们观看完这些剧目，会更加了解自己孩子的所思所想，在家庭教育、亲子沟通等方面受到启迪。

（二）鼓励家长积极参与亲子活动，促进亲子沟通

　　在青春期主题校园开放日上，学校可以设计一些促进亲子关系的游戏或活动等，邀请家长和学生一起完成，比如参与亲子趣味跑、亲子手工制作、亲子素质拓展游戏，等等。这有利于在活动中拉近孩子和家长的关系，促进亲子间感情，增进彼此的了解与信任，特别有利于青春期阶段的亲子沟通。

案例分享

亲情手拉手 一起动起来①
——桂林中学的这场亲子趣味运动会有点意思

　　为促进亲子关系健康发展，增进亲子间的了解和情感交流，桂林中学特开展亲子趣味运动会，邀请家长和孩子一起积极参与。

　　本次亲子运动会设置了一分钟踢毽子比赛、多人绑腿跑、亲子运球比赛及小组齐心拔河比赛等比赛项目。亲子随机分组，在各队长的带动和组织下，热情地参与比赛，并根据各项比赛进行积分，分别评选出相应奖项。

---

① 参考自：广西桂林市教育局官网，http://jyj.guilin.gov.cn/jydtnew/xxdt/202211/t20221117_2409038.htm

拔河比赛将当天的活动气氛推上高潮，家长和孩子全身心投入，一个个奋力使出自己的九牛二虎之力，特别是在胜负难分之际，大家咬紧牙关，坚持到底。整个赛场上笑声、加油声此起彼伏，整场比赛气氛热烈又秩序井然，参赛队员们既赛出了友谊，也赛出了风采。

除了邀请家长到学校参与亲子活动，也可以鼓励家长在校外和孩子一起参与亲子活动，比如父母和孩子一起进行各种户外体育运动，外出旅游，去游乐场、采摘园等，再如父母和孩子一起前往图书馆、科技馆、艺术馆、展览馆，或是外出看球赛、看话剧、听音乐剧等；抑或是父母和孩子在家做家务、做游戏、亲子共读等。

三、组织同伴互助家长沙龙，共同解决亲子冲突

面对青春期的亲子冲突，家长往往依照自己原生家庭的处理方式来教育孩子，这就可能存在忽略孩子个体特殊性和时代性的问题。当家长发现自己无法管教青春期的孩子时，常常产生无力感，家长学校教授的方法可能对自己的孩子也并不奏效。为了疏导家长在教育青春期孩子过程中焦虑和无助的情绪，增强家长的自我效能感，帮助家长个性化地解决教育困惑，学校和教师可以尝试开展同伴互助式家长沙龙。

互助式家长沙龙由多个家长出于对共同教育主题的兴趣自愿组成小组，结成互帮关系，立足于家庭教育的研究，通过互相支持、经验交流等方式，提升解决家庭教育中实际问题的能力。在同伴互助式家长沙龙中，家长处于主体地位，教师是活动的促进者而非主导者。

同伴互助式家长沙龙①

一、初始阶段

1. 活动目标

打破家长间的陌生感，激发和增强每位参与者的投入度与归属感。

2. 活动内容

第一步：介绍主持人和活动原则

介绍大组主持和小组主持的专业背景和资历，简单介绍助理主持与嘉宾。为了澄清沙龙与讲座的区别，着重向家长强调活动是体验式、参与性的，并具有保密性。

第二步：身份清空活动

运用冥想放松技巧，让家长卸下心中烦扰的工作与琐事，专心投入到活动中来。

第三步：大组热身活动

所有家长均参与到热身活动中来，主要进行两个热身活动：

"松鼠搬家"：将家长分为三人一组，其中两人双手举起对撑搭成一个"树洞"，另一人扮演"松鼠"蹲在"树洞"里。在活动过程中，家长根据主持人口令的变化，另组成新的三人小组。口令有三个：当听到"松鼠"时，只有扮演"松鼠"的家长动，其他人不动；当听到"树洞"时，扮演"树洞"的两位家长都要动，其他人不动；当听到"大火"时，全部都重新组合。

"万能胶"：是一个粘合参与者身体任意部位的活动。当主持人说到N个身体的某部位（如"两个脑袋"）时，家长们要第一时间，用自己的该身体部位和别人的贴在一起，并且数量要等于N（如两个脑袋贴在一起）。这个活动的亲密度与灵活性要比"松鼠搬家"高。最后通过口令的变化，将一个大组分为男生家长和女生家长两个小组。

---

① 苏岚颖. 同伴互助式家长沙龙—— 一种解决青春期家庭教育困惑的模式初探. 中小学心理健康教育，2014（17）

二、转换阶段

1. 活动目标

使参与者聚焦于家长沙龙活动主题——当"不放心"遇上"青春"，发现自己孩子和别人孩子的变化与成长。同时鼓励家长积极分享，增强彼此的信任度。

2. 活动内容

男生家长给"青春男"画像，女生家长给"青春女"画像。

首先，家长们分组坐好后，大组主持在墙上贴出两幅人物轮廓画，分别是"青春男"的人物轮廓和"青春女"的人物轮廓。大组主持请家长自由到贴画上添加内容，使人物形象符合他们的名称。

大组主持邀请家长上来添加内容，启发家长思考，如家里的"青春男"和"青春女"平时有怎样的口头禅，怎样的行为表现等。每位家长书写的内容，大组主持都面向大家重复一次。

三、工作阶段

1. 活动目标

在平等、互助、信任的氛围中，家长在小组内分享自己教育孩子的困惑，获得来自同伴的情感上的理解与支持，以及教育孩子的方法和策略；通过倾听小组内其他家长的教育困惑，缓解自己教育青春期孩子的焦虑，理解孩子在青春期普遍具有的心理发展特点；通过给其他家长提建议，增强教育自己孩子的自我效能感；通过小组内家长们就一个问题发表不同的意见，探讨教育青春期孩子的观念与策略。

2. 活动内容

男生家长组和女生家长组各自进行小组分享——我家的"青春男"和"青春女"。

第一步：小组主持和嘉宾老师分别入组男生家长组和女生家长组，每个小组配一位小组主持和至少一位嘉宾老师，两个小组分别在不同的房间进行讨论。小组主持组织自己的小组围圈坐好。

第二步：座位安顿好后，小组主持重申活动原则，即主动投入，真诚分享，保守秘密，彼此尊重。

第三步：主持抛出讨论主题——看看我们刚刚勾勒的"青春男（女）"的特点，请家长们分享一下进入初中后，孩子让你觉得骄傲与欣慰的成长与变化，同时也分享孩子的一个让你觉得"最不放心"的地方。家长逐个在小组内分享，记录员主要就"最不放心"作好记录。明确家长们普遍关心的"最不放心"的地方，组织小组成员进行深入的探讨。

第四步：小组主持邀请嘉宾老师从教师的角度进行总结与回应。

第五步：小组主持进行小组总结，总结的重点在于肯定小组成员投入、主动、真诚分享的表现，也提出小组讨论不够充分的地方，对小组未来的发展提出期望。

除了以上家校共育形式之外，教师还可以在重要时间节点引导家长和孩子互相写信，平时很多难以开口的话，用书信的形式表达出来会更自然，更真挚。例如，在母亲节让学生给母亲写一封感恩的信；在学生的生日偷偷让家长写一封信，经由教师交给学生，给学生一份"惊喜"；教师还可以鼓励家长给学生往后每年的生日都写一封信，表达拳拳爱意，提出殷切期待，让学生明白家长、家庭永远是自己最安全、最温暖的港湾。

第 3 节　指导家长正确对待异性交往

异性交往是中学阶段的敏感话题，很多家长最担心的就是孩子在校园里发展出恋爱关系，无法把握异性交往的尺度，不仅影响学习，更影响身心发展。教师可能也会对学校里的"小情侣"感到头疼。但正常的异性交往对学生的社会化发展十分必要，恋爱经历往往也是很多青春期孩子必须面对的问题。不管是喜欢上别人，还是被别人喜欢，不管是大大方方地谈恋爱，还是藏着小心思的暗恋，只要教师和家长理性看待，正确引导，这段青涩的经历往往会成为孩子们甜蜜的回忆。

一、引导家长理性认识异性交往

在学生阶段，家长让孩子拼命学习，不让孩子与异性交友，更不允许谈恋爱；等孩子事业有成，到了谈婚论嫁的年纪，家长又逼着孩子谈恋爱、结婚，不成功就把孩子推向相亲市场，似乎异性交往是年纪到了自然就会的事情，不需要学习。而家长还理直气壮："我们那时候可不都是这样。"可以说，这是中国式家长对孩子恋爱问题的生动写照。

这种对异性交往的认识误区，需要教师帮家长"纠正"过来。

首先，异性交往是中学阶段的正常探索，能够促进孩子自我概念的形成和自我同一性的发展。孩子通过与异性交往的互动和反馈，来了解、判断自己是个什么样的人，是否有人喜欢，是否有性别魅力，异性都喜欢我的哪些方面等。同时，也会让孩子明白自己喜欢异性的哪些方面，讨厌哪些方面。

其次，与异性交往，可以帮助孩子更加清楚地认同自己的性别角色，还能练习与异性交往的技能，为日后成熟的爱情奠定基础。中学时期的异性交往既带着孩童时期的单纯，又含有成人异性交往的雏形，有时甚至说不上是正式的交往，只是青涩的萌动。这其实是未来恋爱、婚姻生活的演练，有助于孩子了解与异性交往的过程并学会如何与异性相处。例如，他们会在互赠礼物中学会换位思考对方喜欢什么，会在给对方过生日中学会心系他人。这些技巧也使得孩子成年后的异性交往更加顺利，更容易跟喜欢的人相处，从而能够维系较为稳定的亲密关系。

二、引导家长正确处理异性交往

虽然我们并不反对异性交往，但仍有必要引导学生正确处理与异性的关系，为他们设置好"底线"，让他们知道什么是正当的恋爱观、什么是正当的"性"，以免交往过密而影响身心健康和学习。如果学校教师发现班级中的学生异性交往有过密行为时，可以与这些学生的家长进行个别沟通，通过家校合作来减少异性交往的负面影响。

（一）设置异性交往的尺度和底线

异性间的正常交友应以群体交往为主，鼓励学生多参加有男女生同时参加的群体活动。异性交往对象要广泛，尽量避免只与某一位异性发展"一对一"的亲密关系。异性交往活动要公开，不要偷偷摸摸，交往时要像对待同性那样自然、大方，正常的说说笑笑是没有问题的，避免过分拘谨。

另外，与异性相处时要避免过于随意、暴露、怪异的着装，避免交际距离过近或肢体动作过于亲密，尽量避免时间上过早或者过晚见面，不要前往僻静、人少的场所。

（二）正确处理恋爱与学习的关系

一些处于"恋爱"中的学生，由于心智尚未完全成熟，又对这份感情充满好奇，很可能将自己有限的精力全部投入到与异性的"恋爱"关系中去，无时无刻都在想着对方，全然没有心思学习，导致自己的学习和生活变得一团糟。

对于这样的学生，老师发现后要提醒家长引导他们"带着责任感恋爱"：恋爱应当是两个人在一起相互鼓励，相互扶持，使各自都成为"更好的我"，而不是彼此消耗，一起退步。一定要处理好恋爱和学习的关系，不能因为恋爱耽误学习。

（三）注重性知识的传达

家长要给学生推荐正确的获取性知识的渠道，除了挑选合适的时机直接跟学生讲述，也可以给他们推荐一些纪录片或是专业的书籍，从而避免让学生自行去网络上查找，被网络色情文化误导。

同时，家长合理引导性行为，劝诫孩子不可偷食禁果，要对彼此负责，要学会尊重自己，保护自己，也是尊重对方。告诫孩子，他们是无法独立承担性行为后果的，如果"早孕"，负面影响将不可估量，一定要学会为双方的未来多做考虑，控制住自己。

在处理学生异性交往的问题上，教师要做到"轻拿轻放"。有些家长了解到自己孩子可能存在异性交往问题，往往会找到班主任老师进行确认，要么希望教师予以劝阻，要么希望教师尽量把两人分开，或者希望教师予以"监视"……面对这种家长，教师也应该理解他们的心情，客观评估学生双方的情感状态。同时跟家长做好私下沟通，只要学生不存在逾矩行为，不影响学习和周围的同学，家师可以共同装作不知情，允许学生进行适度的异性交往的探索。也许这些青涩的恋情会自行消失，而成人的过度干涉，反而容易让学生产生逆反心理。

第4节　家校携手应对校园欺凌

据联合国教科文组织2019年发布的数据，全世界范围内约35%的儿童青少年会遭受他人的欺凌。近期，有研究者发现，我国1.5%～13.4%的儿童青少年会遭受同伴欺凌，且遭受同伴欺凌会导致儿童青少年出现一系列适应问题，如焦虑、抑郁、自残等。[1]2017年11月，教育部等十一部门印发《加强中小学欺凌综合治理方案》（以下简称《治理方案》），以建立健全中小学生欺凌综合治理长效机制，有效预防中小学生欺凌行为发生。《治理方案》也明确要求学校要将家长纳入校园欺凌治理工作体系。因此，学校有责任向家长积极宣传，引起家长对校园欺凌的关注和重视，从而有效预防校园欺凌现象，或者一旦发生校园欺凌现象，能够和家长一起及时处理和干预，避免给孩子带来更大的伤害。

🔄 知识链接

教育部《加强中小学欺凌综合治理方案》（节选）

组织开展家长培训。通过组织学校或社区定期开展专题培训课等方式，加强家长培训，引导广大家长增强法治意识，落实监护责任，帮助家长了解防治学生欺凌知识。

严格学校日常管理。学校根据实际成立由校长负责，教师、少先队大中队辅导员、教职工、社区工作者和家长代表、校外专家等人员组成的学生欺凌治理委员会（高中阶段学校还应吸纳学生代表）。

一、帮助家长了解校园欺凌及其后果

《治理方案》明确界定了校园欺凌的概念："中小学生欺凌是发生在校园（包括中小学校和中等职业学校）内外、学生之间，一方（个体或群体）单次或多次蓄意或恶意通过肢体、语言及网络等手段实施欺负、侮辱，造成另一方（个体或群体）身体伤

① Pan Bin, Li Tengfei, Ji Linqin, Malamut Sarah, Zhang Wenxin, Salmivalli Christina. Why Does Classroom-Level Victimization Moderate the Association Between Victimization and Depressive Symptoms? The "Healthy Context Paradox" and Two Explanations. Child development, 2021 (5).

害、财产损失或精神损害等的事件。"因此，校园欺凌不仅仅是对身体施加暴力，还可能通过语言、社交及网络等手段实施欺负、侮辱。在校园欺凌中，欺凌者的力量或势力大于被欺凌者，他们实施的行为是恶意的、故意的，且通常是多次、反复地实施欺凌行为。

一些家长认为"小孩子免不了打打闹闹"，错误地把校园欺凌看成一般的"打闹"行为，不予重视。可能这种"小打小闹"在小学阶段确实存在，但是到了中学，学生的身体素质接近成人，情绪控制能力却仍旧较差，一旦发生校园欺凌行为，特别是肢体欺凌，就很有可能造成严重的后果。另外，中学生的认知水平较小学生有很大提升，他们在实施欺凌行为时能够明确意识到自己是在欺负人。虽然我们确实不能把一些正常的冲突和问题都放大为校园欺凌，但学校需要让家长了解，在现实社会环境中，校园欺凌发生的频率、严重性和隐蔽性都有逐渐增加的趋势，一旦发生校园欺凌，可能会对孩子未来的一生都有持续的影响。研究发现，校园欺凌可能会使孩子变得胆怯、畏缩、敏感、猜疑、没有安全感，可能导致孩子情绪抑郁，自我评价和自我价值感低，还可能导致孩子出现学习困难、厌学、逃学等问题。

知识链接

如何识别校园欺凌？

校园欺凌是指发生在校园内外、学生之间，一方（个体或群体）单次或多次蓄意或恶意通过肢体、语言及网络等手段实施欺负、侮辱，造成另一方（个体或群体）身体伤害、财产损失或精神损害等的事件。具体来说，校园欺凌包括：

肢体欺凌：通过肢体动作去恐吓、伤害他人，如暴力推搡、拳打脚踢、抢夺或勒索财物等。

言语欺凌：通过骚扰、辱骂性语言对他人进行伤害，如当面或背后羞辱、讥讽、嘲笑、诅咒、起外号等。

社交欺凌： 故意离间破坏同学之间的关系，如散播谣言、暴露他人隐私、损毁他人形象、孤立排挤他人等。

校园欺凌主要有以下行为表现：

（1）"打"，即打架、斗殴；

（2）"骂"，即辱骂、中伤、讥讽和贬低；

（3）"传"，即通过传播谣言来进行人身攻击；

（4）"吓"，即恐吓、威胁、逼迫对方做不愿意做的事情；

（5）"毁"，即损毁对方的书本、衣物等个人财物。

另外，严重的校园欺凌行为已经能够构成犯罪。我国《刑法》中规定，已满十四周岁不满十六周岁的人，犯故意杀人、故意伤害致人重伤或者死亡、强奸、抢劫、贩卖毒品、放火、爆炸、投放危险物质罪的，应当负刑事责任。其严重程度不言而喻。严重的欺凌行为已经构成校园暴力犯罪，其主要表现为侵犯他人人身权利和财产权利为主，有时还可能危害公共安全，妨害社会秩序。而程度较轻的校园欺凌行为，例如辱骂、殴打造成轻伤等，施暴者同样会因违反《治安管理处罚法》的规定，而受到拘留、罚款等治安管理处罚。

二、指导家长预防孩子卷入校园欺凌

不良的家庭环境（如父母关系紧张、父母有暴力倾向等）和错误的家庭教养方式（如打骂孩子，过分溺爱、骄纵孩子，重智轻德等）等都容易导致孩子卷入校园欺凌。因此，为了预防校园欺凌，我们首先需要从家庭入手，引导家长营造和谐的家庭氛围，采取合适的家庭教养方式，避免孩子卷入校园欺凌事件。具体来说，我们可以指导家长这样做：

（一）引导家长为孩子提供处理问题的正向榜样

家长要言传身教，为孩子树立学习的榜样，控制自己的情绪和言行，少在孩子面前争吵，营造和谐的家庭氛围。如果孩子在家庭中看到的都是家长之间的攻击和指责，孩子便只学会这样解决问题，很容易迁移到学校情境中。对孩子的教育要采用温暖、民主的教养方式，少用批评、打骂等方式。当孩子没有达到自己期望的时候，要听听孩子的想法，问问孩子需要怎样的帮助，而不是一味地指责和打骂。当与孩子意见不一致的时候，要一起讨论，而不是压制和要求孩子绝对服从。家长在生活中碰到受人欺负、遭受委曲等事件，要减少敌意归因，要学会更多的非攻击性解决方式；在评价各种策略的有效性选择反应时，应更理性地评估攻击反应的后果，选取更合理的反应；在实施反应时，要学会"等一等"。这样孩子在碰到类似事件时也会更理性。

另外，家长每天要腾出一段时间跟孩子聊聊学校中的生活，包括学习、同伴之间的交往等，从更多方面了解孩子在学校的状态。对于孩子表达出的一些不同看法，家长不要横加批评，让孩子在家长面前可以很轻松、真实地交流自己的情况。这样，当孩子遇到一些问题时，才会向家长寻求帮助。亲子关系是非常重要的，可以化解孩子许多的心理和行为问题，同样，也可以减少孩子的攻击性行为和受欺负的可能性，即使受了欺负，也会更愿意与家长沟通讨论，防止更严重事件的发生。

（二）引导家长培养孩子的自信和良好的交往能力

有自信和有良好交往能力的学生更不容易卷入校园欺凌中，因此，家长要培养孩子良好的性格并建立自信。自信不仅有利于提高孩子的学习成绩，各个方面的发展都得益于孩子自信的建立。

要培养孩子的自信，就要营造非攻击性的环境，少用批评等方式教育孩子；要理解孩子，接纳孩子，与孩子建立安全的依恋关系，孩子才能安心表达自己的感受和情绪。比如，有一项擅长的运动或爱好有助于提升孩子的自信，在同伴中树立健康有力量的形象。假期也可以参加一些夏令营等活动，提升交往的能力和自主应对挑战的信心。如果孩子能量过剩，可以学空手道、拳击、游泳、足球、橄榄球、军乐表演等。这样不仅能让孩子充分发泄过剩的体能，还会学到新技能，更能让孩子明白怎么控制愤怒情绪。

家长还要充分重视孩子同伴交往的需要，让孩子多参加班级团体活动，提升孩子的社交技能，以及应对冲突和矛盾的能力，营造和谐的同伴关系。家长不应该过度干涉孩子的社交生活，让孩子多锻炼自己的社交技能，引导孩子多参加集体活动，多与同伴交往。

（三）引导家长帮助孩子掌握一些应对校园欺凌的具体方法

教师还要引导家长指导孩子掌握一些面对欺凌的方法。例如，在学校不要去挑逗比较霸道和强悍的同伴；上下学和活动时尽可能结伴而行；独自出去找同学玩时，不要走僻静、人少的地方；不要天黑才回家，放学不要在路上贪玩，按时回家；遇到暴力的时候不要惊慌，尽量不激怒对方，尽可能拖延时间，争取机会求救；当自己和对方力量悬殊时，要认识到自己有保护自己的能力，通过有策略的谈话或借助环境来使自己摆脱困境；一定要及时跟家长、老师沟通情况，不要忍气吞声，一个人默默承受身体和心理上的创伤。

三、在日常沟通中提醒家长关注孩子的心理行为变化

很多孩子遭遇校园欺凌后，出于种种原因不敢或不愿跟教师、家长沟通，因此，教师要引导家长平时多留意孩子在行为和心理上的变化，及时发现孩子的异常情况，

及时处理。具体说来，教师需要引导家长关注以下方面：

（一）身体出现伤痕

如果孩子身体无故出现各种伤痕，诸如淤伤、抓伤等，那很可能是孩子受到暴力侵害。特别是如果孩子在夏天经常穿着长袖衣服，他可能是受到了伤害。

（二）生活规律和习惯的改变

很多孩子受到欺凌之后会出现食欲下降，注意力恍惚，睡眠质量变差，学习成绩波动，如厕习惯改变（厕所是校园欺凌的高发地，因此有些受欺凌的孩子会避免在学校上厕所）等情况，要巧妙地与孩子沟通这些变化背后的原因。

（三）不爱上学或要求转学

由于体验到生理、心理上的痛苦，受到校园欺凌的孩子会变得恐惧和厌恶学校。因此，如果没有其他原因，孩子突然不爱上学，要引起特别关注并与班主任等取得联系进行沟通。

（四）情绪和行为的变化

由于校园欺凌的侮辱性、伤害性较大，孩子的自尊心会受到很大伤害，最直接的表现就是情绪的变化，特别是如果孩子一直比较乐观活泼，突然变得沉默，不和外界交流，有些孩子甚至可能出现退行的行为，如尿床、依恋父母等。

四、引导家长正确处理校园欺凌事件

最后，我们还可以通过召开家长会、校园欺凌专题家长讲座或者给家长发放《防校园欺凌指导手册》等资料的方式，帮助家长了解校园欺凌事件发生后应该如何处理和干预。

（一）控制好情绪，第一时间与学校沟通

校园欺凌事件发生后，作为受害学生家长首先要控制好自己的情绪，保持理性，立即查证、判断事情的具体情况，不要采取极端措施，而是第一时间和学校沟通，找班主任协调处理。若班主任处理不当，可找学校管理部门或校长进行处理。若仍没有结果，可以向教育行政主管部门举报。同时，还要注意保留证据，用法律的武器保护孩子。

（二）情感急救与身体治疗同样重要

卷入校园欺凌事件的孩子，特别是被欺凌的孩子，身体治疗固然重要，但是更要重视的是心理和情感急救。孩子如果表现出恐惧、焦虑、紧张，家长要了解这是孩子在遭遇创伤后的反应，不能急于改变或回避孩子的感受，而是要理解并与孩子共情，无条件陪伴、倾听孩子，积极与孩子沟通，让孩子相信随时都可以得到家长的帮助。

（三）陪伴孩子，帮助孩子恢复安全感和信心

卷入欺凌事件后，孩子对外界的安全感和信任感遭到破坏，有时可能需要在家里调整一段时间，需要家长的安慰和陪伴。在这段时间里，孩子可能还会出现情绪不稳定、紧张和焦虑的情况，家长要予以回应，表达共情，如"这种感觉的确很不好"。如果必要的话，家长要和孩子一起做些孩子感兴趣的事，或者请孩子比较信任的亲友与孩子沟通，帮助孩子重新建立对他人的信心。

（四）寻求专业心理干预

如果校园欺凌事件特别严重，家长感觉自己无法安慰和帮助孩子，孩子的情绪和心理受到明显影响，这种情况应及时寻求专业的心理干预和辅导。不仅受到校园欺凌的孩子需要专业的干预和辅导，欺凌别人的孩子如果手段特别具有伤害性和侮辱性，同样需要专业的心理干预。

第 9 章

家校配合
提升学生网络
媒介素养

第 1 节 ● 帮助家长树立正确的网络使用观念

第 2 节 ● 学生沉迷网络的原因及其应对方法

第 3 节 ● 家校共管，预防学生沉迷网络

教师和学校的困惑

教师1 有些家长恨不得孩子完全与网络绝缘，将其视为洪水猛兽，但在信息和网络时代，家长根本不可能阻止孩子与网络的接触。如何才能消除家长关于学生使用网络的认识误区，让他们成为学生使用网络的"把关人"呢？

教师2 有些学生在校基本能做到不玩手机，但一回家就控制不住自己，怎么办？

教师3 学校禁止学生带手机进课堂，有些家长拍手叫好，但也有少部分家长表示质疑，认为有和孩子联系的需要。如何说服家长积极配合学校工作，家校联手预防学生网络成瘾呢？

教师4 如今学生玩游戏似乎能被控制住了，但他们有些人还是会止不住地刷短视频，有时开家长会也能看见家长自己就在不停刷短视频，怎么才能让家长以身作则呢？

　　信息化时代，中学生的生活早已与网络紧密相连，网络丰富了他们的生活，满足了他们的学习和娱乐需求，同时成为不可替代的生活方式。然而，网络也是一把"双刃剑"，如果把握不好使用的"度"，学生就可能深陷其中，受到网络的"反噬"。

　　预防学生沉迷网络，提升学生网络媒介素养，需要家校协同发力。首先，我们需要加强家校沟通，引导家长提高自身的网络媒介素养，充分认识中学生沉迷网络的危害性，以及加强家校管理的必要性，以便更好地形成家校育人合力。其次，我们需要帮助家长深入了解中学生沉迷网络的原因，从而有针对性地加强家庭教育指导，引导家校共同制订网络使用规则，预防中学生沉迷网络。

第1节　帮助家长树立正确的网络使用观念

现在的中学生早已和网络密不可分，他们被称为网络时代的"原住民"，几乎每天都能接触到多种电子产品。网络给中学生的学习和生活带来了许多便利，但也有一些中学生借上网课、做作业之名欺骗家长，捧着手机聊天、打游戏、刷短视频，还有学生沉迷追星打榜，在家长不知情的情况下为一些App充值或打赏网络主播。面对防游戏沉迷措施，一些中学生还会动"歪脑筋"，注册多个账号切换登录或让老人替自己进行面容识别。

这些现象让不少家长都焦虑不已，他们特别担心自己的孩子产生网瘾。为了不让孩子被"网"所困，一些家长甚至直接禁止孩子使用手机和平板电脑。其实，把学生与网络完全隔离不现实，也不明智。

为此，教师自身首先要摆正观念，不能把网络当作洪水猛兽，正确使用网络是当下学生的"必修课"，要了解和掌握引导中学生正确使用网络的有效方法，并在此基础上通过家长学校、家长会等途径，引导家长转变对中学生上网的陈旧观念，教会家长帮助孩子科学使用网络，从而让孩子不为网络所役，学会做网络的主人。

一、帮助家长了解网络媒介素养

目前，网络已成为中学生日常学习生活中不可或缺的一部分。2021年7月，共青团中央维护青少年权益部、中国互联网络信息中心、中国青少年新媒体协会联合举办"网络保护·守护成长"主题研讨会，发布《2020年全国未成年人互联网使用情况研究报告》。报告显示，未成年网民规模持续增长，2020年，我国未成年网民达到1.83亿人，互联网普及率为94.9%，初、高中学生的互联网普及率更是高达98.1%和98.3%。

孩子上网的问题上，"堵不如疏"，比起天天担心孩子沉迷网络、受到不良信息影响，不如主动培养孩子的网络媒介素养，让孩子真正把网络变成有利于自己学习成长的便捷工具，做到会上网，科学上网，有效上网。

🔗 知识链接

网络媒介素养

网络媒介素养是基于网络媒介特点对用户正确使用和有效利网络提出的一种能力要求。例如，学生面对媒体各种信息时能够正确理解，能够合理选择适合自己的网络信息内容，能够质疑和分辨信息，在网上发言和在现实中发言一样保持理性，等等。

网络媒介素养可以分为以下几个方面：

（1）认知素养：主要包含网络媒介的基本知识、网络媒介的功能和特点、正确认识网络的作用以及基本的信息检索能力，对网络媒介进行比较全面的认识，掌握最基本的网络技术。

（2）批判与解读素养：主要是对网络信息的认识和解读。具体内容有理解媒介信息的建构性和再现性，对媒介的理解能力，批判地解读媒介信息，区别媒介世界和客观世界的异同。

（3）道德、法律素养：主要是对使用网络应具有相应的自制能力，能够自觉遵守伦理道德和法律法规。

（4）**安全素养**：主要指使用网络接收或传播信息时具有保护自身安全的意识，在处理不良信息时能够使自己免受伤害的能力。

教师可以通过网络媒介素养系列讲座，来帮助家长提高对网络媒介素养的认识，在家庭教育中指导孩子正确使用网络。学校可以开展为期一月的"网络文化节"，每周讲解一个网络媒介素养。比如认知素养主题的讲座，教师向家长介绍网络的强大信息检索功能和学习功能，以及网络如何帮助学生的学习和成长；批判与解读素养主题的讲座，教师向家长普及辨别网络信息的方法，懂得识别谣言，批判性地吸收信息；道德与法律素养主题的讲座，教师则可以告知家长，互联网并非法外之地，造谣传谣、不实言论、人肉搜索、互撕谩骂、网络暴力都有可能触犯法律法规，而学生如果遭遇网络暴力，则要鼓励孩子拿起法律的武器，保护自己的权益；安全素养主题的讲座，教师则要提醒家长注意家庭成员的个人信息及账号安全，特别要提醒家长，不要随意告诉孩子家长的银行卡密码、手机支付密码等，避免孩子陷入游戏充值、打赏主播、冲动消费等陷阱。

另外，教师在准备网络媒介素养讲座的同时，自己也要注意甄别信息源头。例如，引用案例要来自客观真实的新闻报道，而不是"据网友爆料"；政策文件、文献数据最好有明确的出处，尽量找到一手资料，而不是"据说"。

二、帮助家长认识沉迷网络的危害

虽然中学生上网已经是大势所趋，但由于中学生自制力不足，他们很容易受到网络内容的吸引，无法做到有节制地使用网络，导致网络成瘾。而中学生正面临人生的分叉路——中高考，一旦网络成瘾，就会花费大量时间和精力在网络活动上，影响正常的学习、社交和生活。因此，教师在向家长普及网络媒介素养的同时，也很有必要让家长了解中学生沉迷网络的危害，让家长对孩子的网络使用、手机使用尽早有意识地开始进行引导，不要等到孩子深陷网络泥潭再追悔莫及。

（一）影响身体健康

网络成瘾的学生在生理上可能会出现视力下降、肩背肌肉劳损、睡眠障碍、免疫功能减弱等问题；在精神上可能会出现上网时精神亢奋、全神贯注，下网时精神萎靡、焦虑抑郁，有狂躁、交流障碍、社交恐惧等倾向，严重的可能导致猝死或自杀。

网络成瘾还会损害中学生的脑功能，与鸦片、毒品等物质成瘾有类似之处。网络成瘾学生大脑中的灰质和白质会发生改变[1]，对语言、记忆、运动控制、情绪控制、目标设定以及冲动、不当行为抑制等产生不良影响，且上网时间越长影响越大。网络成瘾的学生需要激活更多的脑区才能完成冲动控制型任务，且他们的决策能力受损，使他们更难以下决心关掉电脑，远离网络。

（二）影响学业、社交发展

中学生在网上花费大量时间和精力，容易导致上课注意力不集中、学习障碍等问题，严重的还可能导致厌学、逃课等问题行为。同时，网络成瘾的学生往往喜欢独处，性格内向封闭，易陷入虚幻的世界中，导致交流障碍、社交恐惧倾向。

（三）容易诱发青少年犯罪

中学生由于自制力和判断力较差，难以甄别网上信息的优劣，容易受到黄色、暴力等不健康信息的影响，加上青少年好奇心和模仿能力较强的特点，故而容易误入

---

[1] 弗朗西斯·詹森，艾米·艾利斯·纳特. 青春期的烦"脑". 北京：北京联合出版公司，2017.

歧途，甚至走上违法犯罪的歪路，这可能会对学校教育、社会和谐造成巨大的不良影响。

三、帮助家长学会识别网络成瘾

家长只有清楚网络成瘾的具体表现，才能在日常生活中观察并发现学生的网络成瘾，从而及时进行干预，让学生尽快从网络中走出来，恢复正常的学习和生活。

（一）网络成瘾的表现形式

所谓网络成瘾，是指学生对网络产生过度依赖，对现实生活失去兴趣，即使知道某个行为可能造成不良的后果，却依然难以自拔而持续地重复这种行为，以此来获得心理满足。

对中学生而言，玩游戏、聊天、看小说、浏览色情网页、购物等都可能是其网络成瘾的主要表现，且男女生在网络使用行为上往往存在差异。沉迷刷短视频、网络购物等可能是男女生都会出现的问题，男生在上网时更偏好玩游戏、浏览色情网页等，女生则更偏好网络文学、网络社交和追星等。具体来说，中学生网络成瘾有以下几种表现形式：

1. 网络游戏成瘾

中学生可以通过在游戏中扮演不同角色、与他人战斗等方式，不断晋升游戏等级，在游戏中获得金钱与地位，体验到他们在现实生活中无法体验到的成就感、自豪感和虚拟的名誉，以此满足自身渴望冒险的心理。

2. 网络交友成瘾

中学生正处于青春期，他们不愿轻易向别人坦露自己的内心世界，但往往又有很强烈的同伴交往需求。网络聊天恰好能够隐瞒真实身份、年龄甚至性别，使交往双方回避了现实交往中的压力，满足了中学生的心理需求。

3. 网络小说成瘾

网络小说类别众多，中学生可以从网络中很容易地获得满足自己需求的一部又一部作品，且能够很方便地使用手机随时随地进行阅读。沉浸在虚幻的小说世界中，中学生可以转移和逃避自己对现实处境的压力和不满。

4. 网络色情成瘾

对于性需求强烈而又阅历不足的中学生而言，网络上的色情图片、影像内容具有强大的诱惑力。由于缺乏性知识，不少中学生都把网络当成了性启蒙、性教育的场所，沉溺其中，从而成瘾。

5. 网络购物成瘾

网购成瘾可简单概括为"心血来潮，狂购乱买，货到后悔，悔而不改"。由于网购的便利性及同伴间的攀比心理，中学生在网购时可以获得消费瞬间的快感及网购过程带来的心理满足感。

（二）判断网络成瘾的标准

值得一提的是，老师和家长不可轻易将孩子定义为"网络成瘾"，否则容易对孩子有消极暗示作用。现实中，很多孩子并没达到所谓成瘾的程度，只是家长内心无法接受孩子上网这件事情，只要一看到孩子上网，内心就很焦虑，片刻都不能忍耐。

判定孩子是否网络成瘾，有严格的诊断标准，在美国一般使用《精神障碍诊断与统计手册》（DSM-5），在我国通常使用《国际疾病分类》（ICD-10）和《中国精神障碍分类与诊断标准》（CCMD-3）。但验证这些标准通常需要持续认真地观察，对家长而言可能要求比较高，不太容易实现。

教师可以为家长提供一些简单可行的判断标准，从而让家长能够更轻松地区分学生是正常使用网络还是已经网络成瘾，及时察觉和正确处理孩子的网络成瘾问题。

🛠 工具箱

如何判断孩子是否网络成瘾？

如果家长观察到孩子具有以下表现中的两至三种，就可以初步判定他对上网已经成瘾：[①]

1. 吃过饭就直奔电脑，严重的甚至在吃饭时还在网络上"厮杀""通关"；

2. 干什么都没有兴趣，但一提到上网就立刻兴奋起来；

3. 经常把自己独自关在房间玩电脑，并且时间越来越长；

4. 经常没有正当理由地晚回家，甚至夜不归宿；

5. 一段时间（从几小时到几天不等）不上网，就会明显变得焦躁不安，不可抑制地想上网；

6. 企图缩短上网时间，但总以失败告终；

7. 花大量时间搜寻、购买、下载、安装新软件；

8. 上网已经严重影响学习，影响与家长的关系和与同学、朋友的交往。

一般而言，有学习和行为问题，在校得不到老师鼓励、同学认可的学生，缺乏兴趣爱好、难以结交朋友的学生，家庭关系不和谐或家长忙于工作疏于管理的学生，更容易出现网络成瘾的问题。

四、帮助家长树立"堵不如疏"的网络使用观念

网络已经成为中学生生活中不可或缺的一部分，现在的学生出生在互联网环境

---

① 孙云晓. 学习力：12招巧妙唤醒孩子的潜能. 杭州：浙江文艺出版社，2021.

中，网络是他们从小就开始接触的生活方式，早已渗透了他们学习和生活的各个领域。因为担心学生网络成瘾，就让学生完全与网络隔离是不现实的。

教师要让家长意识到，虽然网络可能会给中学生带来一些负面影响，但也的确为中学生的学习和个人成长提供了极大的便利。例如，新冠疫情期间，学校开展的网上教学使得学生的学习得以持续。

因此，教师要引导家长在对待孩子上网这件事上有正确的态度，千万不要因为担心孩子上网成瘾，就对孩子采取较为极端的方式，一味指责、批评孩子"一天到晚就知道玩手机"，即使周末节假日休闲时间，也不让孩子使用电脑和手机上网，甚至直接断网，摔手机，将"上网"视为洪水猛兽。这种因噎废食、完全隔断的方式，不仅会遭到孩子的反抗，恶化亲子关系，还会激起孩子更大的上网欲望。一旦孩子有机会脱离家长的管控，就会如脱缰野马一样，无节制地上网，甚至几天几夜不下网。

例如，家长把手机藏起来，孩子会偷偷拿钱重新买手机；家长让孩子上网课学习，孩子锁上门偷偷玩游戏；甚至有孩子因为家长没收手机不让玩游戏而做出一些极端行为，造成家庭悲剧。这样的局面想必是任何一位家长都不愿意看到的。

教师要鼓励家长积极面对学生的上网问题，认识到适度给予孩子上网时间是合情合理的，上网只是孩子一种正常的休闲娱乐方式，和孩子在课余时间看喜欢的课外书是一样的。而且，孩子使用网络不一定是玩游戏，也有可能是在查找资料，或是在和朋友聊天，想放松一下……合理利用网络、有效化解上网的风险才是关键，切不可一棍子打死。

一定要让家长明白，不必如临大敌般打压和禁止学生使用网络，堵不如疏，只有给中学生提供更健康的娱乐方式和网络环境，帮助他们树立底线和防沉迷意识，让他们学会合理选择上网的内容、合理安排时间和频率，同时让他们在现实中感受到更多的意义和价值，才能帮助中学生上好正确使用网络这堂必修课，让网络为己所用，而不是成为网络的"奴隶"。

第2节　学生沉迷网络的原因及其应对方法

要预防中学生的网络成瘾，首先要了解他们网络成瘾的原因。其实，孩子网络成瘾并非都是孩子自己的原因。网络成瘾与药物成瘾、消费成瘾等其他成瘾类型一样，是环境与个体共同作用的结果。有研究团队在国内6个省份针对学生和家长分别发放6000多份问卷进行调查，结果发现网络成瘾的孩子大多在成长过程中遇到了不能解决、或没人帮助解决的问题，比如学习不成功、不受老师或同学喜欢、对自我不够认可、家长常吵架、亲子互动时间少或缺失等。而且，家长越拒绝网络，比如把网线拔掉，电脑拿走，孩子越容易上瘾。另外，家长对孩子的教育方式粗暴或放任、溺爱，孩子也更容易网络成瘾。

一、中学生沉迷网络的原因

教师可以通过家长学校跟家长一起分析为什么网络对学生的吸引力这么大，方能对症下药，有效解决学生沉迷网络的问题。简单来说，中学生网络沉迷主要原因如下。

（一）网络本身的吸引力导致中学生沉迷网络

中学生之所以容易迷恋网络，和网络功能十分强大有着密切的关系。学生在网上既可以上网课，接受作业辅导，查阅学习资料，也可以与同伴沟通交流，分享心事，还可以进行玩游戏，看视频，看直播，看小说等休闲娱乐。

　　同时，网络软件的开发者和游戏的设计者非常善于洞悉用户的心理需求，可以通过大数据分析持续给学生推荐可能感兴趣的内容，从而不断满足学生的好奇心和探索欲。对学生来说，网络就像是一把打开更广阔的未知世界大门的钥匙，让学生体验到生活中不易接触的新奇场景，可以带给他们无限的快乐，具有极大的吸引力。

📖 知识链接

网络成瘾发生机制

　　1954年，美国心理学家奥尔兹和米尔纳利用白鼠做了一个实验：他们把一个电极植入白鼠的不同脑区，电极的另一端连接到实验箱内的一个杠杆上。在试验人员诱导下，每当白鼠踩动杠杆时，就会有一次微弱电流刺激它的大脑。

　　结果发现，当电极植入白鼠下丘脑时，白鼠会一次又一次不知疲倦地踩动杠杆，频率高达每小时5000次，它们可连续按压15至20小时，直到筋疲力尽进入睡眠为止。

　　实验证明，动物大脑的下丘脑中存在一个快乐中枢，刺激这个快乐中枢能让动物产生兴奋，告诉自己"再来一次，这会让你感觉良好"。实际上，快乐中枢产生的是一种神经递质多巴胺，主要负责大脑的情欲、感觉，传递兴奋及开心等信息。

　　并非只有电极能刺激多巴胺的分泌，网络也是一种，网络成瘾的孩子通过长时间上网来增加多巴胺的分泌，以产生开心及兴奋的感觉。

（二）自制力不足导致中学生沉迷网络

　　对中学生而言，手机游戏、视频等充满了吸引力，一旦投入其中，便很难自我抽离，这其实与他们的大脑发育也有关系：人类大脑中负责做出决定、计划、抑制冲动的前额叶完成发育较晚，到25岁左右才会成熟。但大脑中用于管理记忆、情绪和感受奖励的边缘系统（海马和杏仁核）在15岁左右就已经发育成熟。因此，处于青春期的中学生虽然和成年人一样能够感知情绪、情感，却没有成年人那种控制情绪和行为的能力，很难像成年人一样作出理性的决策。

所以，中学生对行为的自我约束能力、对抽象时间的感知和管理能力均存在不足，即使他们知道沉迷于网络是不好的行为，要留出时间完成学习任务，却又常常高估自己的时间效率，总认为"还有时间，还可以再玩一会儿"，结果就一直沉浸在网络良莠不齐的信息资源、各式各样的娱乐享受以及虚幻空间的"过度自由"与"为所欲为"中。

（三）社交需求导致中学生沉迷网络

同伴是中学生学习生活中的重要他人，他们在中学阶段会很自然地想要拓宽自己的交际范围，认识更多的朋友。同伴关系的质量会影响中学生的网络使用情况，如果学生缺乏跟同伴之间的正常沟通与交流，就极有可能沉溺于网络交友软件与不认识的人进行交流，在虚拟世界中寻找存在感和安慰，满足自己的社交需求。

中学生间的交往常常是同伴群体的方式，由于从众心理和社交需要，如果同伴群体中有人沉迷于网络，那么日常的朋友圈子中也必然会围绕手机游戏、各类社交软件等进行讨论。为了融入群体，避免缺少共同语言而被同伴孤立，学生在自己的空闲时间不得不"探索"网络。同时，同伴群体间可能形成心理防御，对家长和老师的劝导充耳不闻，且相互包庇。

（四）逃避现实压力导致中学生沉迷网络

在网络游戏中，每通过一关，每完成一次升级，每一场胜利PK都会给学生带来成就体验，得到现实生活中无法体验到的成就感、自豪感和虚拟的名誉，让他们获得紧张、忙碌的学习以外的轻松体验，逃避现实生活中遇到的种种挫折。同时，游戏的即时奖励机制，更是会让这种成就感体验更加深刻。

一些自信心不足、自尊心较强、抗挫能力较差的中学生，在面对家长和老师的高期望时，常常产生错误的自我认知。一旦学习成绩不理想，得不到教师、同学的认可与较高的评价，就自认为自己不是学习的材料，甚至因为自卑而开始抵触周围的人和事，从而选择在网络世界中寻找被认可、被接受的感觉，以期实现自我价值。

（五）不恰当的教养方式导致中学生网络成瘾

良好的教养方式对于中学生的健康成长有着重要影响。一方面，如果家长的教育方式比较专制，总是对孩子过分干涉，严厉处罚，就可能导致孩子情绪过度压抑、自闭，转而到互联网寻找发泄，导致网络成瘾。同时，家长盲目排斥网络，坚决杜绝学生与网络接触，也可能激起孩子的叛逆心理，让他们反其道而行之，沉迷于网络世界。另一方面，如果家长对孩子过度溺爱，总是没有原则地迁就，就很容易被孩子左右，无法做到科学地教育和引导。这样做还会导致孩子个性脆弱、顺从、依赖、自卑等，这些个性缺陷也可能导致中学生对网络失去免疫力。此外，如果家长对孩子放任不管，很少与孩子进行交流，忽视孩子的问题和心理需求，孩子也会去网上寻找慰藉。而且，这种忽视型家庭中的学生一旦上网成瘾，会更加难以纠正。

二、加强对家长应对中学生沉迷网络的指导

在帮助家长深入了解"孩子为什么会沉迷网络"这个问题之后，我们可以进一步利用家长会、家长讲座、家长课堂、《给家长的一封信》等多种家校共育形式，加强对家长预防学生沉迷网络的方法指导。

（一）指导家长关注学生的现实生活

很多学生沉迷网络是因为现实生活匮乏，难以在现实生活中获得足够的情感支

持、认同感和成就感，而虚拟的网络世界刚好填补了他们的这些心理缺失。因此，学校有必要指导家长关注学生的现实生活，通过丰富多彩的活动来削弱网络对学生的吸引力。

对此，除了上文提到的鼓励家长日常要多陪伴孩子，多倾听孩子内心的声音，让孩子感受到来自家长的爱与支持，学校还要组织开展丰富多彩的夏令营、篮球赛、绘画比赛等活动，并号召家长鼓励学生和同伴一起积极参与。这样既能满足学生社交的需求，让孩子在真实的同伴交往中看到现实生活的精彩，又能从中发现和培养自己健康的兴趣爱好，在擅长的领域中施展才华并体验到成就感，从而将自己的注意力从虚拟网络世界拉回到现实世界。

例如，研学旅行继承和发展了我国传统游学中"读万卷书，行万里路"的教育理念，加深了学生与自然、社会的联系，是一门引导学生从实际生活中发现问题，注重知识和技能综合运用的综合实践课程。课程内容涉及历史文化、天文地理、物理化学等多方面知识，形式和内容上也更为丰富，有利于学生发现自己的兴趣爱好。同时，研学旅行重视培养学生的集体意识，有利于学生团结合作并收获友谊。学校可以在开展研学旅行的同时提出"不低头"的口号，引导学生抬起头看世界，感受内心与现实世界的联结，而不是走到哪里、不管做什么都低头抱着手机玩儿。还可以让学生给同学们或者父母分享"一天没有碰手机"的感受。

（二）指导家长帮助学生利用网络学习

除了休闲娱乐，中学生已经有能力在宽广的网络空间中汲取大量的知识，学校可以通过组织一系列家校活动，帮助家长引导学生利用丰富的网络资源进行学习，使网络从伤害孩子的科技神器变成孩子学习的好帮手。

一方面，学校可以在寒暑假通过布置社会实践作业的方式，让家长协助学生一起利用互联网进行国内外资料搜集，开展网上问卷调查等，最后完成实践报告。特别是让家长教给学生如何在网上利用关键词搜索知识，如何对网络中的各种信息进行筛选，查找有用的信息。

对于一些调研主题，还可以在网络上查找并观看相关纪录片，如调研地理相关主题时，观看纪录片《地球脉动》中大自然万物的生命传奇，让学生从南极到北极，从赤道到寒带，从非洲草原到热带雨林，再从荒凉峰顶到深邃大海，超近距离感受和了解大自然的奇妙与壮美。

另一方面，学校可以给学生推荐一些学习类App，如记单词的、做实验的、画思维导图的，让学生通过碎片化时间来学习，有利于他们实时关注自己的学习效率和学习效果。同时，学校要引导家长督促学生科学使用这些App，特别是避免学生一遇到学习困难就直接上网搜索答案，要鼓励他们遇到问题先独立思考，实在解答不出来时再求助网络，并尝试做到举一反三。

 **案例分享**

宝兴县中学开展"预防中小学生沉迷网络游戏"教育活动[①]

为积极响应教育部办公厅等六部门《关于进一步加强预防中小学生沉迷网络游戏管理工作的通知》精神以及"五项管理"工作要求，宝兴县中学开展"预防中小学生沉迷网络游戏"主题教育活动，推动"双减"工作进一步深化，贯彻落实了立德树人的根本任务。

一方面，多措并举，加强校内的教育管理。学校配置有手机存放柜和保管室，由专人负责管理，每周按规定时间收发学生的手机。通过班会、晨会、辩论会等方式，了解沉迷网络、游戏的危害，培养学生正确看待网络的观念，形成独立思考和判断的能力，远离诱惑，文明上网。

---

① 参考自：雅安市教育局https://jyj.yaan.gov.cn/xinwen/show/3ff576b1069111d24a2fab5b0db7d517.html

另一方面，协同家校，共同发力。通过学校官方的微信公众号、班级微信、QQ群，发布教育部"关于预防学生网络沉迷致全国中小学生家长的信"，加深家长对沉迷网络危害性的认识，进而肩负起自身的职责，及时发现问题，并给予孩子正向的引导，将不良的网络使用、消费行为制止于根源，并安排好孩子的课余生活，与学校共同配合，帮助孩子形成良好的手机使用习惯。

此次活动，通过家校共育，使学生清楚了解了沉迷网络的危害，并坚定了健康、绿色、文明上网的决心，给予他们正向引导，拥抱更加积极向上的生活。

第3节　家校共管，预防学生沉迷网络

让学生学会正确上网是学校和家庭共同的责任。一方面，我们可以开展丰富的校园活动，制订合理的校园规则，营造积极、健康的网络使用氛围；另一方面，我们也需要加强对家长的指导，督促家长在家庭中通过榜样示范、制订规则等方式，让学生养成正确的上网习惯，逐步形成上网的自控能力。

一、开展校园网络文化节

首先，学校要广泛开展各类文艺和体育活动，从而引导学生培养兴趣爱好，满足他们多元化的发展需求，将他们对网络的注意力引向正确的轨道。

学校举办校园网络文化节，可以组织学生积极参与一些借助网络才能完成的活动，比如短视频创作大赛、网页设计大赛、电子海报设计大赛等。通过竞赛的形式，让那些在网络中有一技之长的学生能够在活动中尽情发挥自己的优势，获得老师和同学们的肯定，充分感受到网络使用的积极作用，将自己的注意力转移到这些积极的网络活动中，自动减弱网络的消极作用。

校园网络文化节还可以举办各种网络主题活动，如"网络文学""网络经济""网络爱情""黑客传说""AI技术"等，引导学生利用网络查资料和学习网络知识，这同样也让他们在网络中不再只是单纯地玩游戏和聊天。

校园网络文化节还可以倡导学生利用网络给家长写一封家书，鼓励他们向家长敞开心扉，表达爱与感恩，从而缓解亲子冲突，增进亲子关系。对于优秀的家书作品还可以通过H5等简单方式分享和传播，让更多人体会到家书所传达的真挚情感和家风传承。

校园网络文化节开展过程中，学校要通过家委会等途径充分利用各种家长资源，获得家长在活动中的支持。例如，邀请家长前来为同学们分享网络前沿信息，委托家长为活动提供网络技术支持，请家长担任活动颁奖嘉宾，提供活动志愿服务等。

 **案例分享**

城南中学让学生共享健康文明的网络文化①

暑期，城南中学联动教师、家长、学生等各层面共同帮助学生文明上网，感受网络世界的广阔天地。

首先是学校层面的引导：教师要求学生在健康上网守则中签名，使大家遵守"全国网络文明公约"，并倡导学生"绿色文明上网，远离侵害与诱惑，积极行动，从自己做起"，此外，还向学生推荐了健康的、内容有益的网址。

其次是家长层面的监督：通过致家长信，建议尊重孩子的独立性和自主性，引导孩子有

① 陶弘标．城南中学让学生共享健康文明的网络文化［N］．上虞日报，2010-07-25（03）

效运用网络的资源进行学习。此外，要求家长在电信局办理绿色上网业务，拦截过滤有害信息、查询孩子的上网记录、控制上网时间，在发现孩子浏览不健康网站时，及时制止。

此外是学生层面的参与：学校把网络与社会实践结合起来，策划组织了多种多样的活动，带动学生参与其中并在开学后评分，其一是电脑动画、漫画创作大赛，以"学礼仪倡文明"为主题，培养文明素养。其二是个性网页（站）制作、海报、宣传画平面设计等，锻炼网页设计制作能力。其三是DV制作大赛，包括"风土名胜类"、"生活谐趣类"和"纪录公益类"三个主题，要求学生按主题拍摄纪录生活中的点滴，并剪辑制作成有故事感的DV影片，鼓励学生发现生活中的美好，提升创作创新能力。

二、制订校园网络使用规则

学校作为学生学习和生活的重要场所，首先要制订好学生使用网络的具体规则，特别是关于手机携带和使用的规则。

（一）管控校园内使用电子设备已成为世界共识

为促进学生身心健康发展，国家相关部门就校园内的网络使用进一步出台相关规定：

2021年2月，教育部办公厅印发《关于加强中小学生手机管理工作的通知》，要求中小学生原则上不得将个人手机带入校园，学生确有将手机带入校园需求的，须经学生家长同意，提出书面申请，进校后将手机交由学校统一保管，禁止带入课堂。学校应将手机管理纳入学校日常管理，制订具体办法，明确统一保管的场所、方式、责任人，提供必要保管装置。

2021年6月1日，新修订的《中华人民共和国未成年人保护法》正式施行。要求未经学校允许，未成年学生不得将手机等智能终端产品带入课堂，带入学校的应当统一管理。学校发现未成年学生沉迷网络的，应及时告知其家长或其他监护人，共同对未成年学生进行教育和引导，帮助其恢复正常的学习生活。

2021年8月，国家新闻出版署发布《关于进一步严格管理切实防止未成年人沉迷网络游戏的通知》，严格管控未成年人网络游戏使用的时间和条件。

⊙⊙ 知识链接

国家新闻出版署
关于进一步严格管理切实防止未成年人沉迷网络游戏的通知

各省、自治区、直辖市新闻出版局，各网络游戏企业，有关行业组织：

一段时间以来，未成年人过度使用甚至沉迷网络游戏问题突出，对正常生活学习和健康成长造成不良影响，社会各方面特别是广大家长反映强烈。为进一步严格管理措施，坚决防止未成年人沉迷网络游戏，切实保护未成年人身心健康，现将有关要求通知如下。

一、严格限制向未成年人提供网络游戏服务的时间。自本通知施行之日起，所有网络游戏企业仅可在周五、周六、周日和法定节假日每日20时至21时向未成年人提供1小时网络游戏服务，其他时间均不得以任何形式向未成年人提供网络游戏服务。

二、严格落实网络游戏用户账号实名注册和登录要求。所有网络游戏必须接入国家新闻出版署网络游戏防沉迷实名验证系统，所有网络游戏用户必须使用真实有效身份信息进行游戏账号注册并登录网络游戏，网络游戏企业不得以任何形式（含游客体验模式）向未实名注册和登录的用户提供游戏服务。

三、各级出版管理部门加强对网络游戏企业落实提供网络游戏服务时段时长、实名注册和登录、规范付费等情况的监督检查，加大检查频次和力度，对未严格落实的网络游戏企业，依法依规严肃处理。

四、积极引导家庭、学校等社会各方面营造有利于未成年人健康成长的良好环境，依法履行未成年人监护职责，加强未成年人网络素养教育，在未成年人使用网络游戏时督促其以真实身份验证，严格执行未成年人使用网络游戏时段时长规定，引导未成年人形成良好的网

2021年10月，教育部办公厅等六部门发布《关于进一步加强预防中小学生沉迷网络游戏管理工作的通知》，要求进一步严格校内教育管理。指出学校提供的互联网上网服务设施，应安装未成年人网络保护软件或者采取其他安全保护技术措施。学校教职员工发现学生进入互联网上网服务营业场所时，应当及时予以制止、教育。

其实，管控中小学生在校园中使用电子设备，已成为世界共识。多国已经通过立法或其他形式明令禁止学生将手机带进校园或者课堂，或规定在教师和家长的引导下学生才能使用手机。美国通过立法禁止在校学生使用手机，日本初中严禁携带手机上学，英国禁止16岁以下学生使用手机，芬兰禁止向初三以下的学生销售手机等。

这些政策的出台，在制度层面明确赋予学校管理学生使用网络（手机）的权力，也为学校制订网络使用规则提供了指导，而且有利于家长支持学校的相关管理规定。

（二）学校、学生、家长共同制订规则

在相关政策的引导下，学校教师可以和全班学生一起讨论并制订校园内的网络使用规则。制订规则本身也是对学生的一个教育过程，由学生自己参与制订的规则，而非学校或班主任单方面宣布的要求，迎合了中学生自我意识增强的特点，会让他们更愿意去遵守。

为了让学生更好地遵守规则，科学理性对待并合理使用网络，学校要通过国旗下讲话、班团队会、心理辅导、校规校纪等多种形式加强教育引导，且避免一些简单粗暴的管理行为。例如，教师以没收甚至销毁学生手机的方式来解决问题，实际上是激化矛盾而非解决矛盾，而手机在法律上属于学生的个人财产，教师也没有权力予以毁坏。

同时，规则制订要与家长达成共识。学校可以邀请家长前往学校，让家长了解学校网络管理的有关要求，跟他们讲清楚过度使用网络的危害性和加强网络管理的必要性，并与他们签订家校公约，从而让家长积极履行教育职责，支持和配合学校的管理规定，加强对学生使用手机的监督管理，帮助学生养成正确使用网络的习惯，形成家校育人合力。

（三）严格执行校园网络使用规则

规则一经制订，就要严格遵守执行，学校应组织专人监督检查和不定期突击检查，对于做得好的学生予以表扬，对于不能遵守规则的学生则进行批评教育和指导改进。通过一段时间的强化，帮助学生养成规则意识，自觉遵守规则，并形成依照规则行事的良好习惯。

但要注意的是，规则制订应有一定的弹性，比如对于手机确有需求的学生，要与家长、学生共同制订规则，明确带手机进校园的具体细则，做到因人而异，因时而异，提高精细化管理水平，避免"一刀切"。对于住校的学生，可以根据住校生人数给宿舍楼配备相应数量的固定电话，以便学生在校期间与家长联系。如果学生未带手机，在校期间有急事，也可以到办公室请求老师协助联系。

同时，学校应规范和改进作业布置方式，不得用手机布置作业或经常要求学生使用网络完成作业，以免因为做作业而不得不和网络绑定在一起。

三、指导家长制订家庭网络使用规则

让孩子正确使用网络，不仅是学校的责任，也是家庭的责任。学生在家中使用网络也要制订规则，并且要尽量跟学校保持一致，以提高家校协同配合的教育效果。

（一）向家长普及关于中小学生网络使用的新政策

近年来，我国各级政府部门、行政机关接连出台相关政策，不断加强对中小学生网络使用的监管和约束。

2007年，新闻出版总署、中央文明办、教育部、公安部、信息产业部、共青团中央、中华全国妇女联合会、中国关心下一代工作委员会等八部委发布《关于保护未成年人身心健康实施网络游戏防沉迷系统的通知》，颁布《网络游戏防沉迷系统开发标准》和配套的《网络游戏防沉迷系统实名认证方案》，在全国网吧中推行防沉迷系统和网络实名制度。

2019年11月，国家新闻出版署印发《关于防止未成年人沉迷网络游戏的通知》，要求实行网络游戏用户账号实名注册制度；严格控制未成年人使用网络游戏时段时长，每日22时到次日8时不得为未成年人提供游戏服务，法定节假日每日累计不得超过3小时，其他时间每日累计不得超过1.5小时；规范向未成年人提供付费服务；切实加强行业监管；探索实施适龄提示制度；积极引导家长、学校等社会各界力量履行未成年人监护守护责任，帮助未成年人树立正确的网络游戏消费观念和行为习惯。

2020年8月，教育部、国家新闻出版署、中央网信办、工业和信息化部、公安部、市场监管总局联合印发《教育部等六部门关于联合开展未成年人网络环境专项治理行动的通知》，通过集中整治未成年人沉迷网络问题，整治不良网络社交行为，专项治理低俗有害信息等方式，营造健康的未成年人网络环境。

2021年8月底，国家新闻出版署印发《关于进一步严格管理切实防止未成年人沉迷网络游戏的通知》，明确提出"网络游戏企业仅可在周五、周六、周日和法定节假日每日20时至21时向未成年人提供1小时网络游戏服务，其他时间均不得以任何形式向未成年人提供网络游戏服务"。

这些政策的出台体现了国家对中小学生正确使用网络的重视和治理未成年人网络环境的决心，学校要让家长也清楚这些政策，重视管理学生在家里的网络使用，为营造健康的未成年人网络生态贡献出自己的一份力量。

（二）指导家长和学生制订家庭网络使用规则

为了保持家校教育的一致性，教师还要引导家长和学生一起商讨和制订在家中的网络使用规则。在制订规则的过程中，要充分发挥学生的主观能动性，让学生与家长一起就网络使用问题进行深入、具体的探讨，包括每天使用网络的时间、用途、场所、奖励和惩罚方法等。探讨结束后，家庭成员一起签订协议，并贴在家里显眼的位置，从而起到提醒学生的作用。

1. 网络使用时间

规定学生可以在放学回家、完成作业以后使用网络，时间应控制在每天1小时以内。如果孩子当天使用网络超出规定时间，次日则相应减少。周末可适当增加使用时间。

如果是使用网络进行学习，如上网课、查询学习资料、做课外实践作业等，可根据需要适当延长学生使用网络的时间。但使用网络学习时，家长应督促学生制订好学习计划，通过消息免打扰功能、绿色上网软件等途径保证学生使用网络的专注度，以免他们被微信消息、网络小说、网络游戏等转移注意力。

2. 网络使用内容

当学生使用网络娱乐休息时，家长无须对内容进行过多约束，可以让学生自行决定使用手机是和同学聊天、玩游戏，还是看小说、视频等，只要内容健康，不超过总的规定时长就行。对于一些软件，家长可以给孩子设置为未成年人模式，督促孩子进行实名注册，从而确保孩子所接触的是经过软件方过滤的、青少年儿童适宜接触的内容。

家长要做到尊重孩子的隐私，不随意翻看他的网页浏览记录和手机，但同时要管理好孩子的手机支付功能，并对他进行相应的网上消费教育，避免其打赏、游戏充值等不恰当消费。

3. 网络使用地点

孩子上网使用的台式电脑或笔记本电脑应放置在书房或客厅，使用的手机也应限制在家里的公共活动空间（如客厅、餐厅），要尽量避免他独自在卧室中使用网络，尤其是不能晚上带着手机睡觉。

例如，可以在家里一个显眼的地方如在客厅沙发旁或阳台躺椅旁，放一个收纳手机的挂袋或盒子，设置为"手机使用角"。要求每个家庭成员不使用手机或给手机充电时，都应把手机放置在"手机使用角"。每个家庭成员都要到"手机使用角"去使用手机，不可以带到其他地方，并且在用完手机后重新将手机放置回"手机使用角"。

4. 网络使用奖惩制度

如果孩子使用网络时间持续超过规定时间，家长有权利暂停孩子近一阶段的网络使用权力，如收回手机或暂停无线网络。如果孩子使用网络一直很自律，家长可对其进行一定的奖励，如让他在周末延长1小时上网时间。

要注意的是，奖励的设置一定要根据孩子的手机使用情况，而不是其他原因，如"考试成绩进入全班前五名，就买新出的高配智能手机"，否则容易令孩子将兴趣点从事情本身转移到奖励上，削弱孩子自律使用网络的内部动机。

手机使用协议

甲方：

乙方：

（必须要使用手机完成的事情）

（如果是用于休闲娱乐，可使用的内容有哪些）

（什么时候可以玩手机：周一至周五/周末）

（每天使用手机的时长：周一至周五/周末）

（奖励规则）

（违反协议的惩罚）

本协议生效日期：＿＿＿年＿＿＿月＿＿＿日。

甲方签字：   乙方签字：

签订时间：   签订时间：

（三）要求家长以身作则，与孩子共创良好家庭网络使用氛围

教师要让家长意识到，家长是孩子的一面镜子，家长的行为会直接影响孩子的行为。因此，若要孩子遵守家庭网络使用规则，家长首先要约束好自己，如果家长自己都不能以身作则，又如何要求未成年的孩子自律呢？

因此，家长尽量不要在孩子面前玩手机，特别不能在孩子学习时，自己在一旁玩手机，或者孩子想要聊天时，一边玩手机一边回应。想要孩子不沉迷于手机，家长自

己就得先不做"低头族"。

　　家长应多将自己的目光放在孩子身上，在忙碌之余努力增加陪伴孩子的时间和质量，对孩子的陪伴和关爱是网络无法取代的。多多营造美好的亲子共处时光，不仅可以帮助孩子培养健康的娱乐方式，还能增进亲子间的感情。

　　家长可以带孩子出去亲近大自然、逛公园、做户外运动；即使在家里，也可以和学孩子一起写写画画、做做手工、玩玩乐器等，或者只是陪孩子聊聊天、读读书。这些活动都能给孩子"被关注"的心理满足感，成为孩子成年后脑海中的美好回忆；还能让家长了解孩子的想法和学习生活近况，及时发现孩子的压力来源，并和孩子一起积极应对，帮助孩子解决问题，疏解压力。

第 10 章

家校携手
做好学生的
生命教育

第 1 节 ● 生命教育为学生筑起安全防线

第 2 节 ● 在家校活动中渗透生命教育

第 3 节 ● 家校协力呵护学生心理健康

教师和学校的困惑

教师1　现在的学生越来越脆弱，焦虑、抑郁等心理问题越来越多，还有些学生动不动就离家出走、跳楼、自杀，似乎把自己的生命当儿戏，弄得我们当老师的压力也很大。

教师2　教育内卷下，家长更多关注的是学生的学习成绩，而忽视了学生的心理健康，使教育偏离了"育人"本质。我们也很愁，要怎么让家长意识到孩子心理健康的重要性呢？可千万不要等到出了大问题才懊悔不及啊！

教师3　有时候我们老师也挺无奈的，很多家长对于"死亡"这个话题讳莫如深。这导致我们开展生命教育困难重重，弄不好就会被家长投诉。

教师4　有时我们也会扪心自问，生命教育是什么？要怎么回答生命的意义？想不太明白的话，我们要如何跟家长做好生命教育的家校共育呢？

　　近年来，关于中学生自杀的事件层出不穷。《中国儿童自杀报告》指出，我国每年大约有10万青少年死于自杀，其中每分钟就有2人死于自杀，还有8人自杀未遂。居高不下的青少年自杀率使我们不得不深入思考"生命教育"这个话题。所谓生命教育，就是通过有目的、有计划、有组织地进行生命意识熏陶、生存能力培养和生命价值的提升教育，使学生认识生命、保护生命、珍爱生命、欣赏生命，探索生命的意义，实现生命的价值。

做好中学生的生命教育，我们不仅需要充分发挥学校教育的优势，开展学科渗透、专题教育、课外活动等多种形式的生命教育活动；还需要充分利用好家庭教育的优势，通过多种途径加强与家长的沟通和对家长的指导，引导家庭积极参与生命教育，与学校形成生命教育合力。

第1节　生命教育为学生筑起安全防线

生命教育是直面生命和人的生死问题的教育，其目标在于使人们学会尊重生命，理解生命的意义以及生命与天人物我之间的关系，学会积极地生存、健康地生活与独立地发展，并通过对生命的呵护、记录、感恩和分享，获得身心灵的和谐，事业成功，生活幸福，从而实现自我生命的最大价值。可以说，生命教育包含了与生命有关的一切，对个体最终的自我实现有着重要影响。

中学生正处于人生发展的特殊阶段，是自我同一性发展的关键时期，不可避免会遇到一些问题、困惑。开展生命教育则可以帮助他们解决这些成长中的烦恼，帮助他们树立正确的生命观，提高其生存能力，发挥其生命潜能，提升其生命价值，促进自我同一性达成。做好学生的生命教育，我们不能单打独斗。因为如果没有家长的配合与支持，学生的生命教育将很难顺利开展，其效果也可能大打折扣。

一、生命教育是中学生成长中不可缺失的重要一课

首先，从中学生身心发展的特点来看，他们正处于从儿童期向青年期过渡的"疾风骤雨时期"，生理和心理都在发生剧烈变化，容易出现一些有关生命的困惑与问

题。从情绪方面来看，他们有丰富而深刻的情感体验，时而感到兴奋不已，时而感到压抑、郁闷，并且有时候容易被情绪"绑架"，做出一些丧失理智的行为。例如，武汉某中学一位男生因为被母亲当众扇了几个耳光跳楼了，虽然这一事件背后有极其复杂的原因，教师和家长都有责任，但是这位男生在当时那一刻，就是因为几个耳光失去了理智，酿成了令人扼腕的悲剧。从思维方面来看，他们的思维具有一定的片面性和表面性，有时候不能够全面看待问题，容易"钻牛角尖"。从行为方面来看，他们做事情容易"冲动行事"，不顾后果。此外，从人际关系方面来看，他们开始逐渐与父母疏离，并容易受到同龄人的不良影响。

其次，现阶段中学生面临着生命意识淡薄、生命意义缺失等诸多成长中的问题，这导致做好学生生命教育变得更为迫切。一方面，生命意识的淡薄使学生缺乏对自己以及他人生命的敬畏心，不懂得珍惜自己的生命权，也不懂得尊重他人的生命权。这导致有的学生在生活中遇到一些挫折、压力、委屈时就选择自残或者自杀，有的学生因为一些矛盾、误会就对同伴大打出手，故意伤害他人等。北京大学儿童青少年卫生研究所曾经做过的一个全国性调查就发现：大约有20.4%的中学生曾经考虑过自杀，其中为自杀做过计划的就有6.5%，也就是说大约平均每5个人就有1个人曾经考虑过自杀。另外，在我国，1.5%～13.4%的儿童青少年会遭受同伴欺凌。[1]另一方面，生命意义的缺失也让中学生找不到学习和生活的目标、随波逐流，失去对生命的责任感，就算学业有成考上大学，也很容易患上"空心病"。

[1] Pan Bin, Li Tengfei, Ji Linqin, Malamut Sarah, Zhang Wenxin, Salmivalli Christina. Why Does Classroom-Level Victimization Moderate the Association Between Victimization and Depressive Symptoms? The "Healthy Context Paradox" and Two Explanations.Child development, 2021, 92 (5):

"空心病"是什么病？

北京大学心理健康教育与咨询中心副主任徐凯文在2016年11月的一次演讲中指出，价值观缺陷导致部分大学生出现心理障碍，并称之为"空心病"。症状为觉得人生毫无意义，对生活感到十分迷茫，不知道自己想要什么；表现在身心方面，可能会出现疲惫、孤独、情绪差、存在感缺失，感觉身心被掏空的症状。

徐凯文坦言：北大很多新生认为活着没有意义。这些孩子有强烈的孤独感和无意义感。他们从小都是最好的学生、最乖的学生，特别需要得到别人的称许，但是他们有强烈的自杀意念。他们不是真的想自杀，他们只是不知道为什么活下去，活着的价值和意义是什么。

最后，开展生命教育有利于帮助孩子探索自我，寻求积极、正向的生命意义，促进自我同一性达成。一项针对四川省南充市3所中学的调查发现，当被问到"你认为你目前的生活有确定的近期目标和长远规划吗"这一问题时，21.3%的学生选择了"都没有"，42.1%的学生选择了"说不清楚"，还有7.1%的学生表示完全不清楚生命的意义和价值。[1]这些都是自我同一性弥散的状态：学生不知道"我的生命"是什么，应该追求什么。

生命教育需要学生充分体验生命，探索生命，去思考关于自我、关系、世界等方面的各种问题。如果学生只有学习，没有生活，自然也无法开展生命教育；如果学生只有课堂，没有见过美丽的风景，没有尝过失败的苦涩，没有经历跌倒的阵痛，没有体验深刻的情感，自然也不懂得生命的多姿多彩、酸甜百味。因此，从这个意义上说，"双减"政策也是在将学生的时间还给生活，还给他们自己的生命，鼓励学生开展学习之外的生活体验，最终促进学生达成自我同一性这一重要任务。

---

[1] 孙慧. 中学生生命教育的长效机制构建研究. 西华师范大学，2019.

二、家校协同使生命教育效果最大化

近年来，随着学生无视生命的现象越来越多，开展生命教育已成为学校教育必须关注的问题。然而，学校在开展生命教育的过程中也遇到了一些问题，比如缺乏家长的理解和支持。有的家长认为生命教育虚无缥缈，人生意义不可言说，这些对中学生并不重要，不做也罢；也有的教育效果不理想，一场生命教育的班会课，往往开成感恩会，教师隔靴搔痒，学生不为所动。为了解决目前学校生命教育面临的这些问题，顺利推进学生生命教育，守护学校生命教育成果，我们需要家长参与到学生的生命教育中来。

（一）家校协同能破解生命教育"难开展"的被动局面

目前仍然有不少家长对于生命教育有误解、有顾虑，不理解、不支持也不愿意配合学校开展生命教育，有时候甚至因此引发家校矛盾，导致学校生命教育陷入"难开展"的被动局面。家校协同则有利于增进家校之间的互相了解，打消家长的顾虑，从而让学校的生命教育可以更加顺利地开展。

具体来说，目前家长对生命教育主要存在以下几种误解：一是觉得生命教育，尤其是死亡教育，有些"不太吉利""晦气"等，甚至担心有可能"诱导孩子"，因此不赞同甚至强烈反对在学校开展生命教育，导致学校的生命教育，尤其是死亡教育很难深入开展；二是认为"孩子马上就要中高考了，学习更重要"，学校应该重点抓好孩子的学习，因此不支持学校搞生命教育，甚至认为学校是在"不务正业"；三是认为"生命教育是学校和老师的事，和我关系不大"，不重视家庭生命教育，也不愿意参与学校生命教育相关的活动；四是认为生命教育就是安全教育，孩子只要注意安全，身体健康，就是做好生命教育了。

（二）家校协同有利于提升生命教育实效

在家庭中，生命教育的缺失会导致学校生命教育效果大打折扣，甚至功亏一篑。比如有些家长不重视孩子的生命体验，只重视孩子的学业发展，忽视了对孩子的精神关怀，就会导致他们无法及时掌握孩子表现出来的一些负面情绪甚至自杀念头，甚至因为不恰当的家庭教育方式导致孩子做出一些轻视生命、追悔莫及的行为等。

家校协同则可以充分发挥家庭教育在学生生命教育中的作用。研究发现，家庭教育在中学生生命发展过程中扮演着十分重要且不可替代的角色。家长对于生命的态度会直接影响孩子的生命观。一项针对高中生的调查研究发现，大约有57.7%的高中生表示自己生命观或价值观的形成受家庭因素的影响最大，有17.6%的学生表示受学校教育的影响最大，有10.1%的学生表示价值观或生命观的形成主要受社会媒体的影响，另有8.2%的学生表示同伴的影响最大。[1]如果父母对生命抱有积极乐观的心态，无形之中孩子也会受到这种积极心态的感染；相反，如果父母总是抱怨人生，那么也会让孩子产生消极的人生观。如果在日常生活中父母能够善待孩子，尊重孩子，能与孩子平等地沟通交流，那么孩子在和他人交往的过程中，同样会知道如何与他人和谐相处。因此，家庭在中学生生命教育中起着重要作用。另外，家长的生命教育素养，家长与孩子之间的关系，以及家长的教养方式等都会影响学生生命教育的效果。

（三）家校协同能丰富生命教育资源

为了做好学生生命教育，弥补校园生命教育缺失的问题，学校可以开设专门的生命教育课程，或举办丰富的生命教育主题活动。例如，在母亲节期间组织感恩教育主题活动，引导学生学会关爱父母、珍视亲情；在世界禁毒日期间组织活动引导学生

---

① 杨振峰. 高中生命教育支持系统研究. 华东师范大学，2018.

珍爱生命，远离毒品；在"525心理健康日"期间组织活动引导学生关注自身心理健康，等等。除此之外，学校还要结合学生生命成长需要，将生命教育延展到校外，开展丰富的校外实践活动，比如组织学生去敬老院关爱老人，去参与保护动植物的公益活动，等等。

无论是开展校内活动，还是开展校外活动，都需要有一支强有力的师资队伍。但是，目前有些学校生命教育师资力量还比较薄弱，没有专门的教师负责学生生命教育，或者即使有专人负责，力量也非常有限。家校协同正好可以帮助学校解决生命教育资源不足这一问题。通过家校协同，我们可以充分挖掘家长资源，将学校生命教育资源和家庭生命教育资源整合起来。例如，学校可以邀请有经验的学生家长走进课堂，为学生开设专门的生命教育家长课程；可以开设专门的家长沙龙，让家长们分享自己在家庭生命教育中的经验、心得；还可以邀请家长参与学校生命教育活动，充当家长志愿者或资源提供者，等等。

三、家校协同视角下的生命教育内容

生命教育是一个很大的课题，包含着丰富的内容。不同的研究者对生命教育到底包含哪些内容有不同的看法。有人认为青少年生命教育的内容主要包含生存教育、灾难教育、死亡教育和生涯教育四个方面[1]；有人认为中学生生命教育的主要内容应该包括五个部分，即强化生命意识的教育、重视生命价值的教育、端正生活态度的教育、加强生存能力的教育以及引入正确死亡观的教育[2]；还有人认为中学生生命教育的内容包含既相互联系又有所区别，且层层递进的七个方面，即了解生命、敬畏生

---

① 陈庆华，谭蒋梦. 家校协同视角下的青少年生命教育. 教育文汇，2021（3）.

② 王媛媛. 加强中学生命教育的必要性及其路径探究. 广州大学，2011.

命、尊重生命、热爱生命、保护生命、提升生命和生命价值观教育。[1]具体来说，从家校协同的视角来看，中学生生命教育的主要内容包括：

（一）生命意识教育，帮助学生学会珍惜生命

家校协同做好学生的生命教育，首先要做的就是唤醒、强化学生的生命意识，让学生意识到生命的可贵，从而学会敬畏生命、珍爱生命。目前，频发的青少年自残、自杀事件，以及校园欺凌等现象，都透露着中学生生命意识薄弱的现实。有些学生之所以选择自杀，可能是因为没有认识到自己生命的重要性，没有意识到自己和其他生命之间的紧密联系，忽视了结束自己的生命后给自己的家庭、学校乃至社会带来的影响。因此，做好生命意识教育是开展生命教育的第一步。

具体来说，做好学生的生命意识教育有以下几层意思：一是需要帮助学生了解生命、认识生命的可贵，包括生命是从何而来的，每个生命的诞生都无比艰辛，生命对于每个人来说只有一次，每个人的生命并不仅仅属于自己，生命是一切的前提等；二是需要帮助学生学会敬畏生命、珍爱生命，在了解生命的特点、规律和价值等之后，意识到一切生命都是神圣的、不可摧毁的，不能把生命当儿戏，不仅要尊重自己的生命还要尊重他人的生命，包括一切动物和植物的生命，不至于出现虐杀动物的情况。

（二）生命价值教育，鼓励学生活出生命的意义

生命价值观对于中学生的整个人生发展来说具有重要的指引作用。学生一旦形成了正确的生命价值观，就可以更好地看清自己，明白自己应该要怎样度过有意义的一生等。另外，对于中学生来说，他们正处于自我同一性建立的关键时期，也正处于探索自己、探索世界的关键时期。因此，关于"我是谁""我为什么会来到这个世界

---

① 李宜. 中学生命教育研究. 广西师范大学，2005.

上""我活着的意义是什么""我未来应该做什么""生命的价值是什么"等一系列问题都将成为他们的困扰。他们也迫切希望能够找到这些问题的答案。如果他们能够找到这些问题的答案，或者起码对这些问题有自己的认识，那么则可以更好地实现生命的价值，活出生命的意义。因此，对于中学生来说，做好生命价值教育也十分有必要。

具体来说，做好生命价值教育，需要重点关注以下内容：一是帮助学生树立健康的生命价值观，即以积极、乐观、向上的态度对待自己的生命，积极看待生命中可能出现的苦难、困难，并努力去克服；二是帮助学生认识生命的独特性和差异性，即每一个生命都是独一无二的，每个人都有自己的优势和劣势，要学会欣赏自己，悦纳自己，努力开发自己生命的潜能，同时也要学会尊重他人的独特性，包容他人的缺点，与他人和谐相处等；三是帮助学生认识到生命的价值是在不断的实践中，在努力服务他人、造福社会的过程中逐渐升华的，从而懂得感恩他人和社会，对自己和他人负责等。

（三）挫折教育，增强学生心理韧性

做好学生的生命教育必不可少的内容之一就是挫折教育，即帮助学生正确看待生命发展过程中的困难和失败等，增强学生的心理韧性，以坚强坚毅的态度迎接人生的失败与痛苦，这将是学生一生的财富。

知识链接

心理学家维克多·弗兰克尔：生命的意义是对苦难的回答

贫穷犹太家庭出生的维克多·弗兰克尔，是维也纳第三心理治疗学派意义疗法与存在主义分析的创始人。他以《活出生命的意义》一书闻名世界。书中讲述了他从万恶的奥斯维辛

集中营幸存的故事。这段经历帮他认清了苦难的价值跟存在意义的关联，进而明确提出生命的意义不是追寻一个答案，而是对生命提问的回答——苦难是生命的提问，你的回应方式，就构成了你生命的意义。"我们通过行动赋予生命意义，但也通过爱，最终通过苦难赋予生命意义。"①

具体来说，做好学生挫折教育需要重点关注以下内容：一是帮助学生正确看待挫折，让学生认识到挫折是人生中必不可少的人生经验之一，每个人都会遇到挫折，挫折并不是不可以战胜的，挫折和困难中其实也蕴含着积极的意义等；二是帮助学生获得抵抗挫折的能力，明白遇到挫折时应该如何正确处理，应该如何寻求身边人的支持等，从而帮助学生积累处理挫折的成功经验，建立应对挫折的自信心。

（四）死亡教育，帮助学生正确理解死亡，向死而生

由于文化等因素的影响，死亡教育一直是我国生命教育中比较欠缺的内容之一。然而，这并不代表死亡教育不重要。相反，死亡教育在生命教育内容中处于核心地位，是不可缺少的内容之一。科学的死亡教育可以帮助学生更好地理解生命的本质，思考生命的价值，从而更好地珍惜生命，尊重生命，活出生命的意义。

具体来说，做好死亡教育需要重点关注以下内容：一是帮助学生正确认识死亡，即死亡是一种不可避免、不可逆转的生物学自然现象，是人和生物都必须要面对的一件事情，是任何外在力量都无法改变的客观规律，避免学生因为影视作品、网络文学作品等的不良影响对死亡产生误解；二是帮助学生正确面对身边人的死亡（包括亲

① 维克多·E. 弗兰克尔. 生命的探问——弗兰克尔谈生命的意义与价值. 北京：人民邮电出版社，2021.

人、朋友、新闻报道中的人等不同群体的死亡），合理调整自己对于死亡的恐惧、痛苦、悲伤等情绪，积极健康地生活；三是帮助学生从死亡中发现生命的价值，从有限的生命中寻找"到底什么才是对自己最重要的事情"，从而更加珍惜生命，享受生命，活出生命的精彩。

第 2 节　在家校活动中渗透生命教育

生命教育可以渗透到学校丰富的家校共育活动中。一方面，可以通过家长学校、家长大讲堂、班会课等对家长开展学生生命教育，提高家长对生命教育的重视程度，帮助家长系统了解生命教育的主要内容，指导家长在家庭中做好孩子的生命教育；另一方面，可以通过亲子类家校共育活动，对学生和家长共同开展生命教育的体验活动，促进亲子间对生命感悟的交流沟通，从而达到学校生命教育的目的。

一、生命教育主题家长会

作为一种常见的家校共育方式，家长会可以加强学校和家庭、教师和家长之间的沟通与联系。召开生命教育主题的家长会有几个好处：一是可以方便我们更好地向家长传达生命教育的理念，帮助家长更好地了解如何做好家庭生命教育，如何配合好教师做好学校生命教育等；二是可以方便我们及时与家长交流学生在生活、学习等各个方面可能存在的问题，实现家校信息共享，共同守护学生生命安全；三是可以增进我们与家长之间的理解和信任，尽可能避免或者减少因为学生生命安全问题引发的家校矛盾。

首先，把握好召开生命教育主题家长会的时机。原则上来说，我们每一位班主任都应该将生命教育主题家长会纳入每年或者每学期的工作计划中，在每学期工作开始前就应该计划好至少召开一次生命教育主题家长会。一旦提前有了计划，我们就可以进行整体工作安排。例如，这个时机可以是每学期第一次家长会，也可以是在重大考试之后。值得注意的是，有时候也可能出现一些突发情况，需要我们在计划外灵活召开生命教育主题家长会。例如，面对突如其来的新冠疫情，或者突然出现学生危机事件、校园欺凌事件等，我们都需要根据实际情况，抓住时机召开生命教育主题家长会。

其次，需要抓住召开生命教育主题家长会的重点内容。一般来说，召开生命教育主题家长会，可以主要围绕生命教育的重点内容（生命意识教育、生命价值教育、挫折教育和死亡教育）来进行。在这个大的框架下，我们可以根据学生的年级特点，学生存在的主要问题或者家长面临的困惑等，适当调整家长会的内容。例如，在新冠疫情的背景下，生命教育主题家长会的内容可以侧重于"帮助学生认识到生命的可贵"，"如何维护好自身和他人身体健康"，"我们的生命和其他生命之间的关系是什么"，"生命存在的真正价值是什么"等，激发学生珍爱生命、勇于承担、感恩他人的情怀。

 **案例分享**

市铁路中学召开"珍爱生命 预防伤害"安全教育家长会[①]

为促进家校沟通，共同落实好学生的安全工作，市铁路中学于6月12日召开了"珍爱生命 预防伤害"安全教育家长会。

---

① 宋献霞. 召开"珍爱生命 预防伤害"安全教育家长会［N］. 汴梁晚报，2020. 06. 17（A11）

学校副校长邵继胜首先通过钉钉软件，以直播的形式为家长们带来了安全教育课。他介绍了学校预防溺水方面工作的落实情况，详细地分享了防溺水知识，并且强调家长和学生必须树枝预防溺水"六不准"，并要求家长积极配合学校的相关工作。此外，也针对交通、消防、防踩踏、食品卫生、防灾减灾安全及用火用电安全等内容进行了细致地讲解。

随后，班主任、科任老师以班级为单位，与家长进行面对面交流，班主任根据学校及市教体局关于安全工作的要求，结合实例，带领家长学习防溺水、安全上网、安全出行、心理辅导等相关知识，巩固加深家长对安全问题的认识，将对孩子的安全教育融入生活点滴、落到实处。

二、生命教育主题校园开放日

校园开放日是一个能够让家长全方位、多角度、立体式了解学校、教师和孩子的好机会，是一种常见的家校共育方式。根据校园开放日持续的时间长短来看，可以有持续一天的校园开放日，持续一周的校园开放周和持续一个月的校园开放月；根据校园开放日的内容和目的来看，可以举办生命教育主题开放日、生涯主题开放日、心理健康主题开放日等。

以"生命教育开放周"为例。首先，我们可以将举办生命教育开放周纳入学校年度工作计划，围绕生命教育这个大主题，每年定期开展一系列丰富多彩的生命教育家校活动。然后，我们可以在学校生命教育周领导小组的带领下，提前制订生命教育周活动策划方案，明确本次活动的时间、目的、主题、主要内容安排等。

值得说明的是，丰富多彩的活动是生命教育周的核心和亮点。生命教育周是否能够取得良好的效果，很大程度上取决于活动组织得怎么样。因此，为了办好生命教育周，我们需要开拓思路，设计出既能吸引学生又能吸引家长的活动，同时还能够让学生和家长在活动之余有所收获。具体来说，我们主要可以设计以下几种类型的活动：

一是生命教育主题课程观摩。在生命教育周期间，全校统一组织各班级召开生命教育主题班会课，并邀请学生家长进入课堂进行现场观摩，帮助家长了解学校生命教育课程是如何开展的，打消家长的顾虑。

二是生命教育成果展示。学校可以提前将本校历年在生命教育方面的成果、经验等以图片、视频或者文字等方式展示出来，让家长看到学生在生命教育中的变化和成长，从而更加理解和支持学校的生命教育。

三是生命教育活动展示。学校可以设计一系列生命教育主题的学生活动、亲子活动，让学生在活动中体悟生命的价值，让家长在活动中感受生命教育的意义。

四是生命教育主题家长活动。在生命教育周期间，学校可以专门针对家长设计一些讲座、沙龙等，让优秀家长来分享经验，让有困惑的家长找到交流、咨询的途径。

五是生命教育主题校外活动。除了举办一系列校园活动之外，还可以整合校外资源，开展生命教育主题的社会实践活动、公益活动等，并在这个过程中邀请家长充当志愿者或者资源提供者。

除此之外，在生命教育周上，我们还可以举行征文比赛、国旗下的讲话、学生戏剧表演等多种形式的活动。

 案例分享

家校合作，让生命教育向家庭延伸[①]

随着生命教育的深入开展，广东省深圳市新安中学（集团）生命教育课程由学校逐渐向家庭拓展延伸。比如，学校每周邀请约50名学生和家长参加一节选修小班制电影课，每月邀请约800名学生和家长参与一次家校大电影课，组织亲子共赏《小孩不笨》《得梦环游记》等经典教育电影，并邀请专家、学者、教师、家长、学生参与"观影沙龙"，共同学习生命

① 参考自：深圳市教育局网站，http://szeb.sz.gov.cn/home/jyxw/tpxwnew/content/post_10430426.html

教育的相关知识，帮助家长树立正确的育儿观，与孩子共成长。

三、生命教育家长课堂

"家长课堂"就是以班级为单位，根据家长所从事的职业、所学的专业等将不同背景的家长纳入学校生命教育课程师资队伍，让他们在学校教师的帮助和指导下，以授课的方式开展生命教育。家长课堂一方面可以很好地解决学校生命教育师资力量不足的问题，另一方面也可以丰富学校生命教育的内容，弥补教师在知识、阅历等方面的不足。

具体来说，我们可以依托家长委员会，提前了解学生家长的职业、特长、爱好、空余时间、参与意愿等，建立班级、年级和校级家长课堂师资库。在了解了家长的基本情况之后，我们可以通过家长会、家长讲座、家长微信群、给家长的一封信等多种途径向家长宣传生命教育的意义，开设家长课堂的必要性等，动员家长积极参与家长课堂活动建设。需要注意的是，我们应该尽量挑选一些在职业经历、教育背景、专业技能方面与教师互补的学生家长进入生命教育师资库，以便更好地实现家校优势互补。在家长自愿报名参与的基础上，我们可以对有意愿参与家长课堂的家长进行相关的授课培训，帮助家长们更好地站稳课堂。最后，培训合格的家长就可以正式成为家长课堂的教师，定期为学生开展生命教育家长课程。

为了进一步增强家长参与家长课堂的积极性，我们可以定期对优秀家长进行表彰，颁发证书。此外，为了保证家长课堂的效果，我们还可以做课堂效果评估，比如在每节家长课程结束后，让家长及时填写授课心得，让学生填写课堂体验等。在家长课堂开展一段时间后，我们还可以将一些优秀的、有代表性的、有指导性的、有可操作性的家长课程案例收集整理起来，形成校本生命教育课程或者班本生命教育课程。

🔧 工具箱

为了更好地开展家长课堂，我们可以在学期初就制订好教学计划，并将家长课堂课程表向学生和全体家长公布。家长课堂授课内容可以根据学生年级以及家长资源来定，授课频率可以一周一次，也可以两周一次。

家长课堂课程表（示例）

课程安排	课程主题	课程时长	授课家长
第一次课程	保护身体，健康成长	40～45分钟	×××爸爸
第二次课程	理想与现实	40～45分钟	×××妈妈
第三次课程	其实我也有烦恼	40～45分钟	……
第四次课程	食物的旅行	40～45分钟	……
第五次课程	大声说出"我爱你"	40～45分钟	……
……	……	……	……

四、生命教育家长社团

学校还可以通过组建生命教育"家长社团"来丰富生命教育的活动形式。以学生的兴趣、爱好，或以学生所居住的社区，以及家长的专业兴趣为基础，组建与生命教育相关的社团，在学校德育处或年级组指导下开展生命教育活动。

和家长课堂不同的是，家长社团不是以班级授课为主的，而是以实践性活动为主。因此，相比家长课堂，家长社团更注重体验性，对于学生的吸引力更大，效果更持久。这也导致家长社团活动组织起来更困难，对家长的要求更高。因此，通常来说，从参与的人员规模来看，家长社团每次活动的人数相对较少，大概在15人左右，而家长课堂通常是30～40人。

为了保证家长社团的正常运转，我们需要在年级组、家长委员会等的协助下，指导家长制订社团章程、活动要求和活动计划，明确家长社团的工作内容、具体工作规范以及注意事项等。为了便于家长社团资料的保存，我们还可以建立家长社团档案，将每学期、每学年的社团活动情况记录在案。

 **案例分享**

北京师范大学亚太实验学校"家长社团"[1]

为了开展生命教育家校协同工作，北京师范大学亚太实验学校以学生家长的职业、专业、特长、兴趣、爱好、能力、资源等信息为基础，建立了以下五类家长社团：

1. **兴趣类——生命的滋养**：这类社团以培养学生某方面兴趣特长，获得生命的滋养为主要目的，以讲授、指导、学习、交流和分享某方面经验技能为组织方式。如绘本社团、故事社团、读书社团、摄影社团、演讲社团、绘画社团、影视社团、创意贝壳社团、心理调控社团、学习方法社团和自救自护社团等。

2. **体验类——生命的成长**：这类社团以让学生获得某方面新鲜或深刻的认识、实现生命的成长为目的，创造特定条件，以模拟、扮演、操作、品尝、交流和分享某方面体验为组织方式。如小鬼当家社团、家庭互访社团、童话剧社团、蔬菜种植社团、小动物饲养社团、糕点制作社团、美食社团、团队拓展社团、模拟家长、模拟职业和模拟联合国社团等。

---

[1] 徐向东. 中小学生命教育家校协作方式的研究. 教育科学研究，2011（3）.

3. 研究类——生命的认知：这类社团以引导学生对一定主题开展研究性学习活动、获得对生命的认知为目的，以走访考察、实地探究、问卷调查、网络查询、参与活动和分析汇总研究为组织方式。如学生零花钱研究社团、学生课外阅读研究社团、学生时间利用研究社团、学生网络使用研究社团、毕业校友去向研究社团、校园绿化美化设计社团、废物利用设计社团、家庭低碳生活研究社团、学校节能减排研究社团和创新设计社团等。

4. 自益性社会实践类——生命的拓展：这类社团引导学生以自己的收益为主要目的，通过考察、观摩、实践和体验等方式走出校园，走进大自然，走进各种场馆和社会实践基地，走进社会公共场所、企业单位和城市乡村等，通过接触社会、了解社会、参与并服务于社会进行生命的拓展。如公园场馆参观社团、工艺制作观摩社团、生存体验社团、科技改变生活参观社团、艺术涵美参观社团、郊区远足社团、野外采摘社团和民风民俗参观社团等。

5. 公益性社会实践类——生命的责任：这类社团引导学生以公益活动为主要目的，通过调查、汇报、宣传、推广、奉献和服务等方式在校园内外、社区家庭、公共场所、福利机构和救援组织等场所向一定的人群、组织、家庭或个人贡献自己的财产、时间、精力、劳动和知识，体现生命的责任。如校园志愿者社团、社区服务社团、关爱老年人社团、城市美容社团、植树护绿社团、环境保护社团、爱心接力社团、手拉手家庭互助社团、节能减排行动社团和健康生活理念宣传社团等。

除此之外，教师还可以将生命教育与阅读、影视结合起来。通过亲子共读名人传记、励志故事，激发学生对生命由衷的赞美之情，从内心生出昂扬的斗志；学校还可以定期组织"主题观影"活动，播放优秀的电影作品，邀请有一定电影鉴赏力的家长担任点评嘉宾，向学生剖析主人公在面对挫折、追寻人生意义过程中的生命智慧和积极的心理品质，鼓励学生通过写小影评等方式表达自己的感想，强化电影的激励效果。

最后，为了方便家长会、校园开放日、家长课堂、家长社团等家校活动的顺利开展，我们还可以组织教师、家长和校外专家共同编制《生命教育家校协作工作指导手册》，规范生命教育家校活动的开展。具体来说，该手册可以介绍各类家校活动开展的意义、内容选题、操作提示、案例参考、常见问题处理等多方面问题。

第 3 节　家校协力呵护学生心理健康

从广义上看，生命教育包含心理健康教育，心理健康教育是生命教育的重要组成部分。生命质量的高低，心理健康是一项非常重要的衡量指标。中学生正处于青春期，由于生理和心理发展的不平衡性，导致这个阶段的青少年更容易出现一些心理健康问题。如果处理得当，能让学生从危机中重生，培养出积极的心理品质；但如果问题被搁置，就容易引发一些心理安全事故。因此，如何呵护好中学生的心理健康，守护中学生心理安全，也成为广大教育工作者甚至整个教育行业思考的一个问题。

知识链接

2021年，在世界精神卫生日发布的"中国儿童青少年精神障碍流行病学调查"数据显示，我国17岁以下儿童青少年整体精神障碍流行率为17.5%。其中，注意缺陷多动障碍占6.4%、焦虑障碍占4.7%，对立违抗障碍占3.6%、重性抑郁障碍占2.0%。并且，12～16岁患精神疾病的概率要明显高于6～11岁。另外，2006年的一项国际分析也发现，13岁以下儿童抑郁障碍的患病率为2.8%，13～18岁青少年的患病率为5.6%。其中，重性抑郁障碍在儿童中的患病率约为2%，在青少年中的患病率为4%～8%。也就是说，13岁以上青少年抑郁障碍患病率为13岁以下儿童的两倍。

维护学生的心理健康，守护学生的心理安全，我们除了需要充分发挥学校和教师的主导作用之外，也不能忽视家庭和家长的主体作用。因为家长的素质、教养理念、家庭氛围、家庭教养方式、家庭关系等都会对学生的心理健康产生重要影响。家庭和学校就像学生心理健康的两个"缓冲器"，可以起到互相补充的作用。如果仅有一方发挥作用，那么两者的最终效果都将减半。只有把学校心理健康教育和家庭心理健康教育有机结合起来，才能对学生形成更好的保护作用，才能真正促进学生的心理健康。因此，对于学校和教师来说，家校共育是做好心理健康教育不可缺少的重要一环。具体来说，我们可以通过以下途径和家长一起呵护学生的心理健康。

一、加强与家长在心理健康方面的日常沟通

进入中学阶段后，在日益繁重的学业压力和巨大的升学压力下，家校沟通的重点往往会向学生的"学习情况""考试成绩"等倾斜，而忽视了在学生心理健康方面的沟通。无论是老师还是家长似乎更多关心的是孩子"飞得高不高"，而不是孩子"飞得累不累"。另外，家长和学生朝夕相处，是最了解学生的人，他们更容易发现学生身上可能存在的心理健康问题。学生的一言一行、一举一动，都逃不过家长的眼睛。因此，加强与家长在学生心理健康方面的日常沟通非常有必要。

（一）把握好沟通时机，不要等到学生出了心理问题时才沟通

我们在与家长沟通学生心理健康方面问题时，一个常见的误区就是"小问题不沟通，大问题沟通不了"。平时很少主动联系家长了解学生的情况，或者向家长汇报学生在校情况。即使和家长联系也更多关注的是学习方面的问题，而不是学生的心理健康问题。往往只有当学生出现明显的心理或者行为问题时，或者当学生的心理问题严重影响学生在校学习时，我们才想起来与家长进行沟通处理。实际上，大部分班主任教师都不是专业的心理健康教育人员。当学生出现比较严重的心理问题时，我们其实是很难解决的，或者已经来不及解决了。即使能解决，也要花费很大的精力。更多时候我们能做的就是将这些学生转介给专业的心理健康教师或者专业机构的咨询师。但是，往往在这个时候，很多家长很难接受自己的孩子有心理问题这一现实，沟通起来也会比平时更困难，有些家长可能还会认为教师的转介是在"踢皮球"，稍不注意就可能引发一场家校冲突。因此，这种"滞后的"或者"问题导向"的沟通方式既不利于学生心理问题的预防，也不利于学生心理问题的解决。

所以，教师的工作重点应该更多地放在平时，即当学生还没有出现比较明显的心理问题时，就要做好日常沟通。一方面，我们要多与学生家长保持联系，取得家长的信任，让家长主动跟自己交流学生在家的情况（包括情绪、人际交往、睡眠、饮食、性格、兴趣等多方面的变化），以便第一时间了解学生的心理波动和心理问题，给予关注并及时介入处理，将问题扼杀在萌芽状态，避免学生的"小情绪"发酵成不可挽回的"大问题"。另一方面，我们也需要及时、主动向家长汇报学生的心理健康状况，而不仅局限于汇报学习情况，并提醒家长配合自己关注学生的心理变化。例如，学校做完学生心理健康筛查后，我们就可以在不违反保密原则，保护好学生隐私的情况下，主动向家长汇报学生的心理健康状况。

总之，我们应该在平时就养成定期与家长沟通、汇报学生心理健康状况的习惯，并最好将每次的沟通过程、沟通结果、需要注意的问题等都记录下来，形成专门的

"心理健康家校沟通档案",一方面是为了做到工作留痕,保护自己,另一方面是为了方便掌握学生心理健康状况。

知识链接

心理健康家校沟通档案(部分示例)

学生姓名		紧急家长联系人	
第 1 次沟通记录	沟通时间		
	沟通对象		
	主要沟通内容		
	沟通结果		
	需要特别关注的问题		
……	……	……	
第 N 次沟通记录	沟通时间		
	沟通对象		
	主要沟通内容		
	沟通结果		
	需要特别关注的问题		

第10章
家校携手 做好学生的生命教育

(二)把握好沟通尺度,做到"有理""有据""有节"

我们在与家长沟通学生心理健康问题时,第二种常见的误区就是只关注"事情"，不关注"心情"。在与家长沟通的过程中，过于关注学生的心理健康问题本身，而忽视了家长的心理感受，导致有时候造成"好心办坏事"的结果。因此，我们在与家长沟通孩子的心理问题时要注意：

第一，要和家长"共情"。也就是说，要学会换位思考，设身处地地为家长着想。首先，我们需要给家长一个缓冲时间，让家长慢慢接受学生的心理问题，不要过于着急解决问题。实际上，没有任何一位家长愿意自己的孩子有心理问题。当第一次得知自己的孩子可能有心理问题时，家长也许不愿意接受事实，甚至不断地否认、辩解等。作为教师，我们要理解家长的这种心情，给家长一个释放自己情绪的出口，而不是强迫家长接受。

其次，我们需要给家长一些可操作性的建议，帮助家长解决问题。当家长逐渐接受了孩子可能存在某些心理问题时，他们更关注的是"我该怎么办"。所以，此时我们可以表达愿意与家长一起解决问题的态度，并给家长一些具体的指导建议，让家长从内心觉得"我们是站在一起的"。我们可以为家长推荐一些专业的医院、机构或者心理咨询师，也可以给家长推荐一些专业的书籍等。

最后，需要注意的是，我们在向家长解释"为什么我的孩子会有心理问题"时，一定要顾虑家长的感受，不要居高临下地指责家长说"孩子的问题都是家长造成的"，"有什么样的家庭就有什么样的孩子"等。即使要表达这样的意思，也需要注意语气，一定要委婉，比如可以说"因素是多方面的，可能和家庭氛围有关，可能和……有关"，以减轻家长的愧疚心理。

此外，我们还要注意保护家长的隐私。与家长沟通尽量选在家长接待室、心理辅导室等相对私密的空间，而不是教师办公室、学校走廊等人多的地方，让家长感到被尊重。

第二，要学会客观、"专业化"的表达。首先，我们在与家长沟通学生的心理问题时要做到"有根据"，而不要包含过多个人色彩、主观评价，夸大事实。我们在向家长阐述学生心理问题时，可以更多地客观描述学生在校的实际表现，并且用具体的事例作为支撑，而不是主观推测。例如，"我观察到××学生最近两个星期上课都出现了无精打采、打瞌睡的情况，作业错误率也明显比以前高了一倍，下课后也不和同学玩耍，基本都在座位上不动……"

其次，我们要学会"专业化"地表达，即学会用专业的心理学知识来说服家长。例如，在与有抑郁症的学生家长沟通时，我们可以使用一些专业量表的数据作为支撑，告诉家长学生目前的抑郁严重程度，而不是使用"情况非常糟糕"，"情况不容乐观"或者"问题不是很严重"等词语。当我们在向家长解释"孩子为什么会得抑郁症"这个问题时，也可以使用一些成熟的理论，或者一些专家的研究成果作为支撑，让第三方为自己背书，而不是直接告诉家长"可能与您的家庭教养方式有关"或者"可能和您的家庭环境有关"等。

（三）善用沟通方式与沟通技巧

家校沟通联系的方式很多，各有各的好处，也各有各的弊端。因此，我们可以根据自身需要，有针对性地选择适合的方式。

例如，当首次与某位家长沟通学生的心理问题时，或者当某位学生的心理问题比较严重时，我们最好采取面对面的沟通方式，可以邀约家长来学校，也可以去学生家进行家访；当需要与大多数家长沟通学生普遍存在的心理问题时，比如考前焦虑、沉迷于网络等，或者需要给家长普及一些心理健康教育知识时，我们可以选择召开家长会的方式，也可以选择"致家长的一封信"，或者发放家长手册等宣传资料的方式；当需要定期、多次与学生家长沟通，并且事情不太复杂时，我们可以选择家长微信群、家长QQ群、家校通等方式。

二、提高家长的心理健康教育素养

家校合力维护学生心理健康，关键还是要努力提高家长的心理健康教育素养，即让家长从思想观念上认识到做好心理健康教育工作的重要性，让家长具备一定的促进学生心理健康的家庭教育能力，并且能够积极参与、配合好学校的心理健康教育工作。

（一）提高家长对心理健康教育工作的认识

首先，我们需要从观念上提高家长对心理健康教育工作的认识，提高他们对学生心理健康的重视程度。尽管随着我国心理健康工作的普及，越来越多的家长开始意识到学生心理健康的重要性，但是仍有部分家长因为各种因素的影响，知道却做不到，缺少对学生心理健康问题的关注。其中，比较典型的问题之一就是"唯分数论"，很多学生因为家长过高的学业期望而产生了焦虑、抑郁等心理问题，甚至有些学生因为不堪重负选择自残、自杀。家长之所以"知道却做不到"，还是因为对心理健康教育工作本身的重要性认识不够，或者说并没有真正意识到心理健康的重要性。因此，我们仍然需要加强对学生家长思想观念的"塑造"，让其内心真正认同心理健康教育工作，并且将"知道"转化为"做到"。

提高家长对心理健康教育工作的认识，一是要帮助家长树立正确的"教育观"，让家长意识到"教育的本质是人"，"忽视心理健康而追求学习成绩是不可取的"，"心理健康是学习的前提和基础，也是孩子长远发展的基础"，"每个孩子都有属于自己的路"；二是要帮助家长树立正确的"健康观"，让家长认识到"心理健康和身体健康同样重要，二者缺一不可"，并帮助家长消除心理问题的"病耻感"，让家长"像对待感冒发烧一样的对待心理问题"；三是要帮助家长以"发展的眼光"来看待孩子的心理问题，即心理跟身体一样，"孩子现在很健康，不代表不需要心理健康教育，也不代表未来一定不会出心理问题"，"孩子的心理问题并不是无可救药的，而是可以改善的"。

　　具体说来，我们可以在心理健康主题家长会上通过具体的故事、案例（如社会新闻中的典型例子）来唤醒家长的意识；也可以邀请家长参与心理健康教育主题的校园开放日或者心理文化节等，让家长在丰富的活动（如校园心理剧、心理健康课程观摩等）中感受心理健康的重要性；还可以在家长学校中开设专门的心理健康教育课程，通过系统化的学习提高家长的认识……总之，方法很多，我们可以在实际工作中灵活选择合适的方式。

（二）提高家长开展家庭心理健康教育的能力

　　很多家长虽然意识到了心理健康的重要性，但是对于"怎么判断孩子有没有心理健康问题"，"如果孩子有心理问题该如何干预"，"怎样预防孩子出现心理问题"等感到无能为力，尤其是面对中学阶段青春期的孩子。因此，在提高了家长对心理健康教育的认识之后，我们可以通过办好家长学校，进一步提高家长开展家庭心理健康教育的能力。

1. 做好家长学校心育课程需求的调研

　　首先，我们可以提前收集不同年段家长的实际需求和建议，有的放矢地办好家长学校，开展有针对性的家庭心理健康教育指导。我们可以给家长发放电子版的调查问卷，让家长利用空余时间在手机上就可以方便地完成。此外，我们也可以充分利用家长委员会，让家委会成员定期收集家长在心理健康教育方面的需求，然后将家长们普遍存在的问题汇报给学校和教师。我们还可以设立长期的家长学校意见征集渠道，如信箱、电子邮件、网络平台、微信等，让家长可以及时、方便地向学校和教师提出需求和建议。

××学校关于家长学校"心育大讲堂"的调查问卷（部分示例）

尊敬的家长：

您好！

感谢您参与本次关于家长学校"心育大讲堂"的问卷调查。"心育大讲堂"是专门为家长开设的，目的在于让家长认识和掌握孩子的心理发展规律，更好地开展家庭心理健康教育。本问卷采用匿名形式，不会泄露您的任何私人信息，请您如实填写。答案没有对错之分，我们只是想了解每一位家长对家长学校最真实的想法，以确保更有针对性地开展家长心育课程。

1. 您孩子的年龄_____性别_____年级_____
2. 您在孩子心理健康教育方面主要有哪些困惑（问题）？
3. 您希望家长学校"心育大讲堂"开设哪些课程？
4. 您希望家长学校"心育大讲堂"在什么时间开课？
5. 您希望家长学校"心育大讲堂"采取哪些形式？
6. ……

本次调查到此结束，感谢您的支持与配合！

2. 设计系统的家长学校心育课程

在前期调研的基础上，我们可以组织学校优秀的心理健康教育教师、德育教师、班主任等人员设计、研发出系统、丰富的家长学校心育课程。如果校内师资力量不足的话，我们也可以联合校外专家、教授、社区专业人员等一起设计课程，或者采取政府购买的方式开发出贴合家长需求的家长学校心育课程。

一般来说，家长学校心育课程可以包含以下几个模块的内容：一是关于青春期孩子身心发展规律的知识，目的在于帮助家长更好地了解自己的孩子，比如"青春期学生的大脑发育和认知发展有什么特点"，"青春期学生的生理发展特点"，"青春期学生的情绪、人际关系等会发生哪些变化"，等等；二是关于心理健康的基本知识，比如"中学生常见的心理健康问题有哪些"，"如何识别孩子的心理问题"，"如何预防心理问题"，"如何正确认识抑郁症"，"如何识别孩子的心理危机并合理干预"，等等；三是关于家长如何提升自身素质，改善家庭环境的知识，比如"如何做情绪稳定的父母"，"如何正确与青春期孩子沟通"，"如何与孩子一起成长"，"如何建立和谐的夫妻关系"，等等；四是关于学生成长过程中的一些常见问题的处理方法，比如"孩子沉迷网络、手机，怎么办"，"孩子学习没有动力，怎么办"，"如何帮助孩子做好生涯规划"，"如何防止孩子遭受校园欺凌"，等等。

3. 做好家长学校心育课程的效果管理

设计好了丰富的家长学校心育课程之后，我们就要引导家长积极参与。例如，为了方便家长的参与，我们可以同步开展线下和线上课堂，让家长可以自由选择学习的时间和方式；为了鼓励家长学习，我们可以采取"积分制"、定期评优等方法。同时，我们需要加强对家长学校心育课程的效果管理。在每一次课程结束后，我们可以让家长填写课程评价表，以便进一步完善相关课程。我们也可以委托家委会，定期收集家长对于家长学校心育课程的反馈，包括"家长们最喜欢的课程有哪些"，"家长对课程有哪些意见"，"家长还希望开设哪些课程"等。

🗂 工具箱

家长学校心育课程反馈表

课程时间		上课形式		主讲人	
课程主题					
我的收获					
我的反思					
我的建议					

当然，除了家长学校这种形式之外，我们还可以通过定期召开家长会、专题家长讲座，给家长发放心育家长手册，给家长写信、定期推送微信公众号文章等多种途径对家长进行心理健康教育方面的指导，提升家长的心理健康教育素养。

三、关注特殊学生的心理健康，提供个性化指导

家校合力维护学生心理健康，我们还需要重点关注特殊学生及其家长，并对他们提供个性化的指导。我们这里所说的"特殊学生"既包括来自来自留守、流动、离异、重组、单亲等特殊家庭的学生，也包括有生理缺陷、心理和行为问题的学生。与普通学生相比，这些学生更容易出现心理健康问题，更加需要家校合作，因此我们需要重点关注。

（一）为特殊学生建立心理健康档案

为了方便对特殊学生的心理信息进行追踪，及时对特殊学生提供心理健康方面的帮助，我们首先可以为特殊学生建立专门的"心理健康档案"。这样，即使学生出现换班、换老师、换学校等情况时，也可以让接任教师更方便地掌握学生的情况。以抑郁症学生为例，2021年11月教育部《关于进一步落实青少年抑郁症防治措施的提案》明确规定要"将抑郁症筛查纳入学生健康体检内容"，并要求学校"建立学生心理健康档案"。

具体来说，学生心理健康档案可以包括：学生基本信息、学生年度心理测评报告、学生家庭信息（包括家长联系方式、家庭经济情况、家庭结构等）等内容。如果学生曾经患过心理疾病，还应该将曾经的诊断证明、治疗情况以及治疗结果、恢复情况等信息补充进来。例如，对于患抑郁症的学生，学生现在的抑郁评分是多少，用药情况如何等信息都应该在心理健康档案中有所体现。不过，特别需要注意的是，学生

心理健康档案的信息一定要严格保密，不能随意将学生和家长的隐私对外泄露，以免对学生造成不良影响。

（二）定期对特殊学生及其家长进行心理疏导

我们需要定期对特殊学生及其家长进行心理疏导。以抑郁学生为例，一方面，我们可以利用学校心理咨询室对学生进行心理疏导，给学生的抑郁情绪一个发泄的渠道，让抑郁学生感受到来自学校和教师的温暖和关心，减轻学生的心理痛苦。另一方面，我们可以定期对抑郁学生进行家访，或者邀约抑郁学生家长来学校，加强与抑郁学生家长的沟通联系，以及对抑郁学生家长的个别指导。每次沟通可以留下客观翔实的书面记录，便于对特殊学生和特殊家庭进行跟踪指导。

第一，我们可以帮助抑郁学生家长坚定信心，缓解焦虑情绪。比如让家长了解"抑郁症不是绝症，而是可以治疗的"，同时也要让家长意识到"抑郁症的康复需要一个长期的过程，着急并不利于孩子康复"。第二，我们可以为家长提供一些具体的陪伴，或者提供帮助抑郁学生的方法，比如哪些可以做，哪些不建议做等。家长应"多听少说"，可以适当使用肢体语言表达对孩子的关心，可以多花时间陪伴孩子，可以建议孩子多参与体育运动等；不要催促孩子"赶快高兴起来"，不要故意回避问题，不要告诉孩子"你知道我为你付出了多少努力吗"，等等。

第 **11** 章

家校齐心
为学生中高考
保驾护航

第 1 节 ● 家校共助学生做好中高考"备考初期"的准备

第 2 节 ● 家校共助学生做好中高考"备考中期"的准备

第 3 节 ● 家校共助学生做好中高考"冲刺阶段"的准备

第 4 节 ● 家校共助学生顺利度过中高考考后时光

教师和学校的困惑

教师1 中高考临近，家长愈发紧张，还到处给孩子买一些所谓的补品，劝他们不要买也不听，真怕孩子吃出问题来，那可是得不偿失呀！要怎么跟家长沟通呢？

教师2 有些家长为了不影响孩子高考，即使夫妻早已经形同陌路，也坚持等到孩子高考结束后再离婚，为了高考全家上上下下恨不得将孩子当"祖宗"似的供着，反而让学生觉得家里气氛怪怪的，也不知道要怎么跟家长说才好。

教师3 家长焦虑不安的心情可以理解，但他们也太容易草木皆兵了，经常是听说一个关于中高考政策的"小道消息"就跑过来跟我确认，也不知道信息来源是哪儿，我反复解释也不愿意听。真不知道怎么办。

教师4 有些学生高考分数不错，却因为没有做好填报志愿的准备，随便填了个学校，最后不得不从大学退学回来复读，真是太可惜了！

中考和高考是中学生人生中的两场重要考试，同时也是学生家长们最关心的两件"大事"。几乎每一位家长都十分关心"我的孩子能否有一个好的中/高考成绩"，"我的孩子能否顺利考上好高中/大学"等问题。通常，学生中高考成绩的好坏也被当成衡量教师教学水平高低和学校教学质量好坏的一个重要标准。很多家长认为，学生考得好，就是因为学校和教师教得好，否则就是学校和教师不行。

实际上，中高考考的不仅是学生、教师和学校，还有家长和家庭。虽然家长们都非常关心孩子的中高考，但是当中高考真正临近时，他们却并不知道如何正确地帮助学生做好准备。比如有的家长过于看重中高考成绩，而忽视了孩子的心理健康；有的家长则忽视了孩子的职业生涯规划和志愿填报，导致孩子"赢了高考，输了大学"……如果家长能够在中高考备考期间摆正自己的位置，扮演好自己应该扮演的角色，做好学生的强力后盾，则有利于学生在中考和高考中正常发挥，甚至超常发挥，走好升学这条路，反之则可能起到"反作用"。

　　作为教师，我们一定不能忽视家长在学生中高考过程中的作用，而是需要充分发挥学校教育和家庭教育的合力优势，与家长一起帮助学生做好中高考备考初期、中期、后期（冲刺阶段）以及考试后各个不同时期的准备工作。

第 1 节　家校共助学生做好中高考"备考初期"的准备

　　"好的开始是成功的一半"。因此，帮助学生做好"备考初期"的准备可以为迎战中高考打下坚实基础。所谓"备考初期"是指学生刚刚进入初三或者高三的这段时间，大约是备考的前三个月，即9月初至11月底期间。此时，家长可能陷入焦虑、恐慌和迷茫之中，不知道如何帮助学生备战中高考。学生也将面临学习、生活、心态等多方面的变化，可能会出现一些暂时的不适应。因此，在备考初期，我们的主要任务就是帮助家长尽早明确自己的角色，帮助学生尽快地适应初三、高三的备考生活。

一、帮助家长尽早明确自己在学生备考中的角色

帮助学生做好备考初期的准备，我们一定不能忽视了家长的重要性。中高考不是学生一个人的战斗，家长在学生备考中也扮演着非常重要的角色。但是有时候家长竭尽全力为孩子付出了很多，却收效甚微，甚至事与愿违，其中很大原因是家长没有摆正自己的位置，没有扮演好自己应该扮演的角色。因此，在备考初期帮助家长正确认识自己在整个备考过程中的重要性，配合学校做好各项工作，使其不给学校"添乱"，不给学生"添堵"，非常有必要。具体来说，我们需要帮助家长在学生备考期间扮演好以下几种角色：

（一）"陪伴者"角色

初三和高三阶段是学生人生中非常重要的两个阶段，此时学生会面临更多的困难、更大的压力，因此更加需要家长的陪伴。然而，关于陪伴，很多家长容易陷入两个极端。

第一个极端是"缺少陪伴"。有的家长因为工作太忙，没有时间陪伴孩子，或者没有意识到中高考是家长需要陪孩子一起闯的"关"，因此在初/高三备考期间仍然是"甩手掌柜"，将孩子"全托"给老师。有的家长认为"孩子的学习我帮不上忙，生活上也容易招孩子烦"，因此在中高考备考期间对孩子不闻不问。这导致有些学生觉得"反正父母也不管我，就没必要努力了"，缺乏备考动力，陷入迷茫的状态。

另一个极端是"过度陪伴"。进入初三或者高三阶段后，有的家长几乎每天都围着孩子转，彻底放弃了自己原来的生活，给孩子当起了"全职保姆"。有的家长把自己的工作辞掉了，特意在学校附近租房陪读。还有的家长在陪读期间当起了"监工"，时刻盯着孩子有没有学习，考试成绩如何等。一旦学生在备考期间有任

何松懈，他们就会不停地唠叨、催促。这导致有些学生压力过大，容易出现学习倦怠等。

实际上，学生才是中高考的"主角"。在备考期间，家长只需要扮演好"陪伴者"的角色，不给孩子添乱，不过度干预就够了。我们需要帮助家长正确地认识这一点，并且指导家长科学"陪伴"孩子。具体来说，我们可以指导家长：第一，要学会接纳孩子现有的状态和学习能力，让孩子按照自己的学习节奏进行备考，不过多干扰或者打乱孩子的学习节奏，而是做好自己力所能及的事情，比如做好后勤保障工作等；第二，要学会"多听少说"，在陪伴孩子备考过程中要学会正确与孩子沟通，不要大事小情过分关心，频繁询问"你要不要休息一下"，"你复习得怎么样了"，"这次考试考得怎么样啊"等问题，而是在孩子不愿意讲的时候安静地做个旁观者，当孩子愿意讲的时候再进行沟通；第三，要学会合理安排孩子的生活，不大包大揽，不要让孩子"只管学习，其他的什么也不用管"，而是让孩子适度参与家务劳动、课外兴趣班、社会实践等，给予孩子一定的私人空间。

（二）"支持者"角色

帮助家长扮演好"陪伴者"的角色，目的在于让家长在备考期间"不添乱"。这可能会导致一部分家长误认为"不给孩子添乱"就意味着"什么也不用做"。其实，家长除了要在备考期间扮演好"陪伴者"，不添乱或者少添乱之外，还需要扮演好"支持者"的角色，即在关键的时候给孩子一些点拨或者帮助，为孩子的备考增添一些"助力"，让孩子知道"我不是一个人在战斗"。

具体来说，我们可以从以下三个方面入手，指导家长在中高考备考期间扮演好"支持者"角色。第一，我们可以指导家长从生活方面为学生提供一些支持，做好备考期间的衣、食、住、行等后勤保障工作。例如，家长可以主动了解一些营养搭配的知识，保证学生备考期间一日三餐营养均衡，保证孩子的身体健康；家长可以鼓励孩子积极参与打球、跑步、游泳等体育锻炼，增强体质；家长还可以为孩子营造一个安静、舒适的睡眠环境等。第二，我们可以指导家长从学习方面为学生提供一些力所能及的支持。例如，为孩子创造一个相对独立、安静、不受打扰的学习空间；为学生提供必要的学习用品和学习资料，如电脑、白板、地球仪、课外书籍等。第三，我们可以指导家长从职业生涯规划方面为学生提供一些必要支持。对于初三学生来说，家长可以提前了解、收集中考相关的政策；做好孩子目标高中的资料收集和调研；提前了解职业高中和普通高中的区别、未来前景等。对于高三学生来说，家长可以提前了解高校招生政策和招生批次；了解高考的政策，如新高考、强基计划等；做好孩子目标院校的调研，包括招生录取情况、专业特色、就业前景等。

（三）"疏导者"角色

进入初三和高三备考阶段后，学生都不可避免地会遇到一些压力，导致情绪出现波动，甚至心理失衡。这些压力可能来自周围同学，也可能来自父母、老师的期待，还可能来自日益繁重的学习任务、频繁的考试等。如果学生一直处于高压力状态下，不仅会直接影响备考效果，还可能损害学生的身体健康，甚至引发不可挽回的危机事件。因此，在备考期间，家长还需要扮演好的一个角色就是"疏导者"，及时帮助学生处理各种不良情绪、化解学习压力。

首先，我们要指导家长控制好自己的情绪。进入备考阶段后，很多家长也会出现不同程度的情绪和心理问题，比如焦虑、失望、恐惧、愤怒等负面情绪。如果家长不能很好地控制自身情绪，则可能将这些不良情绪传递给学生，从而加重学生的心理负担。家长只有先处理好自己的情绪、压力，才能够充当好孩子情绪的"稳定器"。因此，我们要提醒家长注意：不要把工作和生活中的情绪带到家庭中；夫妻不要或者尽量少在孩子面前吵架；不要因为"恨铁不成钢"而抨击、挖苦孩子；不要在家庭刻意制造紧张、恐怖的备考情绪等。

其次，我们还需要指导家长学会帮助孩子化解不良情绪。例如，家长可以引导孩子意识到备考期间出现情绪波动、紧张、焦虑、迷茫等是非常正常的，从而帮助孩子学会接纳自己的不良情绪；家长也可以引导孩子适当离开学习，通过做运动、听音乐、外出散步、和同学交流等多种方式来转移注意力，合理释放负面情绪。

（四）"配合者"角色

做好中高考备考工作是一项需要学校和家庭、教师和家长共同配合的工作。如果家校之间互相不了解情况，不仅可能造成资源浪费，影响学生的整体备考效果，还可能引发家校冲突。例如，有些家长在不了解学校备考复习节奏的情况下到处盲目地打听，并且偷偷找家教给孩子补课，生怕孩子"被甩下"。结果反而扰乱了学校原有的复习计划，影响学生的备考效果。因此，帮助家长在备考中扮演好"配合者"角色就显得十分有必要。

具体来说，帮助家长扮演好"配合者"角色，我们可以从以下几个方面入手。第一，鼓励家长主动与教师进行沟通交流，尤其是在遇到问题时。可以鼓励家长通过微信、打电话等沟通方式向学校老师咨询学生的学习情况，了解学生的复习计划和节奏，了解学生目前主要存在哪些问题等，以便及时发现学生在备考期间的"漏洞"，及时补救。第二，引导家长学会给学校"帮忙"，不给学校"拖后腿"。要相信学校和老师，理解和支持学校和老师的做法，并且全力配合老师做好后勤保障、督促落实等工作。第三，引导家长积极参与学校的各项活动、工作。例如，积极参与学校组织的初/高三年级家长动员大会、家长工作坊、家长课堂等，并在这个过程中主动提出自己的建议，帮助学校完善备考工作。

二、帮助学生尽快适应初/高三备考生活

通常来说，进入初/高三以后，学生的学习、心理和生活等都将发生明显的变化，比如学习任务变重了，考试变多了，心理压力变大了，生活节奏变快了……这些新的变化可能会导致学生无法适应初/高三生活，迟迟无法进入备考状态，最终影响整体备考效果。因此，帮助学生尽快适应初/高三备考初期的生活非常有必要。具体来说，我们主要可以从心理、学习和生活三个方面入手，帮助学生尽快适应初/高三生活。

（一）帮助学生做好心理适应

在备考初期，因为环境的变化，家长和教师期待的变化等，学生也会出现不同的心理变化。有的学生会觉得浑身是劲，充满斗志；有的学生觉得很迷茫，缺乏紧迫感；有的学生则会感到焦虑、紧张和恐惧。总之，每天做不完的题、上不完的课、父母的殷切希望和老师的密切关注等都不可避免地会使学生出现一些心理上的不适应。具体来说，我们可以帮助学生做好以下几种常见心理的调适。

第一，帮助学生克服恐惧心理。心理学研究表明，当人进入一个新环境时，会自然而然地产生一些恐惧、不安的情绪。对于初三和高三学生来说，初/高三是一个全新的学习阶段。新的学习任务、新的学习要求、新的老师等都可能使学生产生恐惧心理。因此，帮助学生做好心理适应，首先应该帮助学生克服恐惧心理。我们可以帮助学生正确认识中高考，让学生意识到"中高考并不是人生唯一的出路，而是一段独特的人生经历"，帮助学生克服由于错误认知带来的恐惧心理。我们也可以帮助学生正确认识初高三生活，了解整个初/高三阶段都有哪些事情要做，帮助学生克服由于未知带来的恐惧。总之，我们可以根据学生恐惧的原因，有针对性地给出解决办法。

第二，帮助学生纠正无所谓心理。有些学生进入初高三之后，可能会表现得非常

"淡定"，甚至有点淡定过头了。其实这也是学生没有完全进入初高三备考状态的一种表现。这些学生可能因为长期成绩不佳，认为"再怎么努力也没用"，所以对中高考表现出"无所谓"的态度。还有的学生可能因为对于未来缺乏明确的规划，没有明确的学习目标，所以迟迟无法进入备考状态。对于这些抱有"无所谓"心理的学生，我们可以帮助他们做好职业生涯规划，帮助他们设立一个合理的目标。例如，对于初三学生，可以鼓励他们探索职业兴趣，引导学生选择一个合适的职业高中；对于高三学生，可以引导他们畅想一下未来10年的生活，明确自己未来想要做什么工作，现在需要做好哪些准备。

第三，帮助学生缓解紧张、焦虑心理。进入初/高三之后，由于学习一下子就变紧张了，考试难度一下子变大了，竞争压力也变大了，学生很容易出现紧张、焦虑的情况。这部分学生往往对自己的要求比较高，比较看重考试成绩。对于这样的学生，我们需要帮助他们放平心态，让他们意识到在初/高三阶段有紧张、焦虑情绪是非常正常的，考试成绩有高低起落也是正常的，考试的目的不是取得高分数，而是扎实地掌握知识。我们也可以鼓励学生每天通过写日记的方式来调整自己的紧张、焦虑心态，自我解压；或者通过和同学组成学习小组，抱团取暖，共同解压。

（二）帮助学生做好学习适应

进入初/高三之后，学生可能会感觉到有写不完的作业、考不完的试、做不完的题，还可能面临着换老师、换班级、换学科等问题，因此可能出现上课走神、不能坚持学习等学习不适应的状况。具体来说，我们可以从以下几个方面帮助学生做好学习适应。

第一，帮助学生调整学习态度。初/高三阶段的学习和其他年级截然不同，这个时候的学习以复习为主，学习新知识为辅，所以有些学生可能会觉得枯燥乏味，容易出现学习态度不端正的问题，进而影响学习适应。帮助学生调整学习态度，我们可以让学生明白"学习需要持之以恒"，需要不断地积累才能掌握扎实的知识，一时的成败并不能代表最后的胜利；我们可以让学生懂得"勤能补拙"，每天坚持练习，严格要求自己；我们还可以鼓励学生勇于提问和超越，遇到不会的内容及时请教老师和同学，把学习当成超越自己而不是与某位同学竞争。

第二，帮助学生纠正学习方法。每位学生在长期的学习过程中都积累了一套自己的学习方法，但是这些方法可能并不适用于初/高三阶段的学习。因此，我们需要帮助学生在结合自身实际情况的基础上，适当纠正学习方法。例如，学会搭建知识网络，在扎实掌握整个中学阶段知识的基础上，通过思维导图、知识树等方法把知识网络化、系统化。我们还可以鼓励学生及时对知识点进行归类、总结，通过建立错题本等方法掌握易错知识点。

第三，帮助学生养成良好的学习习惯。在初/高三备考初期，如果可以帮助学生养成良好的学习习惯，那么也可以帮助学生更快地适应快节奏、高压力的初/高三学习生活。例如，我们可以帮助学生养成主动学习的习惯，主动完成老师布置的学习任务；我们可以帮助学生养成主动反思的习惯，主动、及时做好知识点的复习、归纳和总结等；我们也可以帮助学生养成善于提问的学习习惯，遇到自己无法解决的问题时，不要不懂装懂，导致恶性循环，而是主动请教同学或老师。

（三）帮助学生做好生活适应

进入初/高三阶段之后，学生的生活节奏与以前相比变得更紧张了，休息时间相对更少了。有些学生可能会因此出现失眠、犯困、胃口不佳、消化不良等生活上的不适应。我们有必要帮助学生养成规律的作息，以便学生更好地适应初/高三生活。具体来说，帮助学生做好生活适应需要注意以下几点。

第一，帮助学生养成适当午休的生活习惯。无论学生有无午休习惯，都可以建议学生试着在12:00~14:00期间小憩一下，即使只是闭目养神也有助于提升下午的学习效率。形成固定的作息时间可以更好地维持饱满的精神状态。

第二，帮助学生养成尽量不熬夜的生活习惯。尽管大部分学生习惯熬夜学习，但实际上效率并不高，只是给自己一种很努力的假象。熬夜后白天上课脑子就会不清醒，"捡了芝麻丢了西瓜"。因此，我们应该建议学生按时就寝，不熬夜或者少熬夜。

第三，帮助学生养成定时就餐的生活习惯。中高考是一场持久战，健康的身体是革命的本钱，而健康、规律的饮食是保证健康的重要前提。为了保证充沛的精力、健康的体魄，我们应该建议学生养成定时就餐的习惯，尽量不要因为学习而耽误或者错过吃饭。另外，为了给长时间学习提供足够的能量，还可以适当加餐。

此外，我们还应该鼓励学生养成定期运动的习惯，以及合理使用手机、电脑等电子设备的习惯。

第2节　家校共助学生做好中高考"备考中期"的准备

在学生顺利度过了初/高三的备考适应期之后，就正式进入了最艰苦的"备考中期"。备考中期大约指的是12月初至4月底这段时间，是学生复习备考最关键的时期。一般来说，在这段时间里，学生会经历多轮复习、多次模拟考试，这些都是在为最终的中高考冲刺做好准备。

对于学生而言，备考中期是相对艰苦而漫长的，也是最容易出成绩的时期。可以说，备考中期准备得如何，将很大程度上决定学生中高考考得怎么样。然而，备考越是艰难，学生越容易出现各种心理问题。因此，学生要想顺利度过漫长的备考中期，就必须首先过了"心理关"。谁能坚持到最后，谁就能取得最后的胜利。

一、备考中期学生常见的心理问题

随着备考的深入，学生的心理会逐渐发生一些变化，甚至出现一些心理问题，从而严重影响学生的备考状态。那么，在备考中期，学生容易出现哪些心理问题呢？

（一）倦怠心理

备考中期，大多数学生在经过长时间紧张、单调的复习备考之后，会出现不同程度的"身心俱疲"的状况。这就像长跑一样，中间段是最难坚持的。长时间的剧烈运动消耗了大量体力，身体慢慢进入"假疲劳期"，感觉似乎随时都要坚持不住了，而终点又似乎遥遥无期。这种疲劳现象表现在学习上就是"学习倦怠"，即对学习、复习逐渐产生了厌倦心理。有的学生可能会在学习中常常出现注意力不集中、走神儿的现象，有时候似乎一节课下来啥也没有听进去，或者什么内容都没有记住。

造成学生倦怠心理的原因很多，有可能是长时间重复、枯燥的学习造成的，也有可能是长期紧张的学习引起的身体疲劳，还有可能是在学习中出现了"高原现象"。如果学生长期处于倦怠的心理状态，那么将严重影响后期的备考效果，使学生出现明显的学习效率下降、学习兴趣减退等"后劲不足"的现象。因此，我们需要帮助学生克服倦怠心理。

帮助学生克服倦怠心理，很重要的一点就是要合理安排学生的备考生活，给大脑一个放松的时间。长期备考讲究的是张弛有度，即该学习的时候学习，该休息的时候休息，该锻炼的时候锻炼，该娱乐的时候娱乐。因此，我们应该尽量丰富学生的备考生活，不能让学生的生活只有备考这一件事情。比如可以在课后组织学生参与体育锻炼，可以在假期组织学生外出旅游，可以让学生做自己感兴趣的事情，包括唱歌、绘画、跳舞等。

知识链接

复习备考中的"高原现象"

"高原现象"一词源于教育心理学中动作技能学习的练习曲线。动作技能学习的练习曲线显示，练习者开始时进步快，曲线中间有一个明显的或长或短的进步停顿期，后期进步慢。中间的停顿期叫作"高原期"或"高原现象"。我们把在复习中出现的学习效率停滞不前的现象称为考生的"高原现象"，即经过一段时间的复习之后，感觉学习成绩再难有提高了，学习效率低下，甚至前面学过的知识都感到模糊不清了。

备考中"高原现象"的表现有：

（1）觉得越学越糊涂，越学越吃力，好像越学越"退步"；

（2）学习兴趣大减，学习效率大大降低；

（3）成绩不见其长反见其减，或者忽高忽低，飘忽不定；

（4）开始怀疑自己的学习方法，开始怀疑第一轮复习的作用，开始无法与老师同步；

（5）内心苦闷，彷徨焦虑，情绪烦躁；

（6）严重的甚至出现失眠，饮食不好等现象。

（二）自我否定心理

备考中期，学生已经开始了多轮模拟考试，有考试就会有考试成绩的波动。这时，有些学生可能会因为多次考试失败而出现自我否定心理，开始怀疑自己的能力，丧失信心。由于长时间看不到自己的进步，学生还可能会出现习得性无助，从而自暴自弃，破罐子破摔。

帮助学生走出自我否定的阴影，关键是要帮助学生找回学习的自信心。此时，我们可以跟学生一起回顾以前考试的"高光时刻"，让孩子意识到"以前我可以做到，以后也一定可以做到"。我们也可以和学生一起复盘考试失败的原因，看看到底是哪方面出了问题，并引导学生认识到"失败是因为努力不够或者努力的方向不对"。我们还可以和学生一起制订阶段性的小目标，让学生可以在每一次小的进步中找回自信心。最后，很重要的一点，我们需要让学生了解"自信源于当下，只有一切准备就绪了，该做好的都做好了，才能够真正由内而外散发自信"。

（三）骄傲自满心理

在备考中期，还有些学生可能会在多次模拟考试中发挥比较好，甚至有超出预期的发挥，因此被"胜利冲昏头脑，认为自己已经准备得很好了"，从而有所松懈，甚至放弃努力。这种满足现状的心理可能会使学生陷入虚假的自信，忽略了对问题的寻找和解决，导致后期复习备考效率不高，甚至最终导致失败。

对于这类学生，我们同样需要帮助他们做好心态的调整。具体来说，我们可以这样做：第一，帮助学生正确认识考试和考试分数，不要因为考试分数大悲大喜，因为分数只是一种表象，更重要的是从分数中找到问题，总结经验和教训；第二，引导学生不要轻视任何小问题，不要认为"这些题我都会做，只是太马虎了"，而是重视"马虎"背后的深层次问题，比如学习习惯是否存在问题，知识点是否真的吃透了等；第三，帮助学生学会归因，尤其是对于自己成功的归因，比如试卷上得分的知识点是否真正掌握了，是因为自己真的努力了，还是只因为运气好"蒙"的。

二、备考中期帮助学生做好心理调适的途径

长期、高强度的备考，学生不可避免会出现一些心理变化。那么，我们应该如何帮助学生做好备考中期的心理调适呢？

（一）加强家校沟通

我们在中高考备考期间，尤其是在备考中期，要加强与学生家长的沟通联系，以便及时将学生的备考情绪变化、心理问题等向家长汇报，让家长和我们一起帮助学生过好备考中期"心理关"。

从沟通的时机来看，我们可以抓住学生模拟考试后这个关键时机。一般来说，在每一次重要的考试后，我们都需要与学生家长有一次沟通。并且，这与学生的考试结果如何没有关系。也就是说，不管学生是考得好还是考得差，都需要让家长掌握情况，避免"问题导向"的家校沟通。

从沟通的内容来看，我们可以汇报学生的考试结果。但是，需要注意的是，在告知家长学生考试成绩时要尊重学生隐私，不要互相攀比。除了考试结果之外，更重要的是，我们需要和家长沟通学生的学习和心理状态等。在交流问题时，我们需要注意不能只谈问题，还应引导家长多看积极方面。最后，在谈完问题之后，我们最好还可以给家长一些具体的建议和方法，让家长明确地知道"接下来我应该做什么，怎么做"。

从沟通的方式来看，我们需要顾及效率，采用一些集体化的沟通方式。例如，针对学生存在的共性问题，可以采用中期家长会、考后家长会，给家长的一封信等途径；针对学生存在的个性化问题，则可以采用微信私聊、打电话、做家访等途径。总之，我们可以根据实际需要，灵活选择沟通方式。

（二）加强对家长的指导

我们还需要加强对家长的指导，让家长知道具体应该"怎么做"。针对学生在备考中期出现的共性问题，我们可以有针对性地邀请专家开展专题家长讲座，包括"如何帮助孩子做好心理调适"，"如何构建和谐的亲子关系"，"考试后，如何正确与孩子谈成绩"等。除了专题家长讲座之外，我们也可以在家长学校中开设专门的备考中期家长课程，或者邀请家长参加学生的中期考试总结主题班会。

 案例分享

合肥滨湖寿春中学高三年级家长会共商"二模"后策略①

为了进一步加强家校沟通，更好地帮助广大高三学子科学备考，与家长们共商迎考良策，4月18日下午，滨湖寿春中学高中部隆重召开了高三年级"二模"家长会。

会议一开始，学生部张主任强调了本次家长会的重要意义，交代了本次家长会的议程。然后由高中部崔校长做主题广播讲话，崔校长先将我校"二模"考试的成绩向广大家长们做了细致反馈，肯定了同学们取得的优异成绩和喜人进步，同时指出同学们目前学习过程中存在的问题，并结合当前学段的特点给家长们和同学们提出了众多切实有效的建议。随后，崔校长重点谈了考前冲刺及高考期间家长应该做些什么，他希望广大家长朋友能够做到以下几点：（1）尽量不要给孩子施加压力；（2）降低过高的期望，让考生心里有"底"；（3）不仅要关注孩子的分数，更要关注孩子的身心健康。

最后，由各班主任在教室内召开班级家长会，各任课老师进班与家长亲切交流。班主任们结合"家校联动，共创未来"的主题，就"二模"考试的成绩和班级同学们的学习现状召开了会议。

此次高三家长会的召开，加强了家长与学校及老师间的有效沟通，增进了了解，统一了认识，明确了备考目标，为我校2015年高考再创佳绩打下了坚实的基础。

---

① 合肥滨湖寿春中学微信公众号.

第3节 家校共助学生做好中高考"冲刺阶段"的准备

俗话说，"行百里者半九十"。中高考"备考后期"（冲刺阶段）在整个备考中起着最终决定性作用。有研究者发现，考试前大约40天的时间，学生的状态好坏对考试结果有着重要影响。因此，在最后冲刺的这段时间，我们非常有必要和家长一起帮助学生做好各项准备工作。

一、冲刺阶段，需要帮助学生做好哪些准备

有些影响学生考试成绩的因素是需要长期积累的，如学科知识和学习能力；而有些影响学生考试成绩的因素是可以在短时间内培养的。在冲刺阶段，由于时间紧迫，我们应该主要关注那些能够在短期内提升的影响学生竞技状态的因素，如饮食、睡眠、应试技巧等。具体来说，我们主要需做到"三个高度关注"：高度关注学生的应试心态；高度关注学生的饮食、睡眠；高度关注学生的应试技巧。

（一）帮助学生调整好应试心态

随着中高考的临近，学生的心理会变得非常复杂，还可能会出现一些心态的失衡，其中比较典型的心态就是恐惧、担忧、焦虑。当中高考真正要来临时，学生会产生一种本能的怯场心理。他们会感觉自己好像还没有完全复习好，或者没有完全准备好，因此害怕考试来临。有的学生会担心在考场上发挥不好，或者担心万一没有考好无法向家长、老师交代，因此感到焦虑、紧张，严重的甚至会出现"考前焦虑综合征"。

考前适度的紧张和压力会促进学生认真复习，达到良好的复习及考试效果。但是，过度的紧张、焦虑和慌乱，反而会影响学生的正常发挥。因此，如果学生出现比较严重的考试焦虑，我们则需要帮助他们调整好应试心态。

知识链接

如何判断学生是否有严重的考试焦虑？

一般来说，如果学生出现了以下4类情况，则可能提示他们出现了较严重的考试焦虑：

（1）肌肉紧张，无缘无故心慌，胸闷，血压升高，出汗或手脚冰凉等；

（2）情绪上总是烦躁，无助，担忧，有时候也会胆怯，缺乏信心，自我否定，长时间无法自行缓解；

（3）头昏脑胀，注意力无法集中，思维经常处于僵滞停顿状态，休息后也不能减轻；

（4）失眠，厌食，肠胃紊乱，甚至发烧或内分泌紊乱等情况。

具体可以这样调整心态：

第一，帮助学生正确认识考试。正确认识考试的重要性，既不夸大也不缩小其重要性。学生之所以产生过度的焦虑，主要在于过分夸大了考试的重要性。

第二，帮助学生树立自信心。自信心是成功的重要前提，如果学生感觉心里没有底气的话，就很难在考试中发挥出应有水平。我们可以和家长一起，将"以鼓励为主"作为教育原则，多引导学生发现自己的优势，多回顾以往的成功经验。我们应指导家长不要给予孩子过高的考试期望，或者给孩子施压，要帮助学生设置合理的考试目标，帮助学生放下"包袱"。

第三，尽量不要刺激学生。在考试冲刺阶段，学生容易出现情绪波动。一点小事就可能引发学生情绪的爆发，从而影响学生的复习备考，甚至影响将来考试的发挥。

因此，我们应该和家长一起尽量多从正面引导、教育学生，避免与学生发生强烈的冲突。

最后，我们还可以传授学生一些调节情绪的小技巧，比如运动、深呼吸、正念练习、冥想、听音乐、找人倾诉、写日记等。

知识链接

写下你的焦虑

2011年，发表在《科学》杂志上的一篇研究发现，让学生花10分钟时间写下关于考试的焦虑情绪和想法可以提高他们的考试成绩。并且，焦虑程度越高的学生书写的效果越明显。这是因为在书写的过程中，大脑中的焦虑被释放了出去，从而使大脑处于最佳状态，就好像电脑的CPU内存被释放之后速度更快一样。这种通过书写的方式表露内心情感和想法的方式在心理学上叫作"**表达性书写**"。

通过表达性书写来缓解考试焦虑，可以这样做：

（1）选择一个安静、不受打扰的空间和时间，保证书写的私密性和连续性。安静的卧室或者书房都是不错的选择。

（2）尽可能深地表露自己的情绪和想法。在保证隐私的情况下，表露的情绪和想法越充分，书写的效果越好。

（3）保证连续性。一旦开始书写，请不要中断，也不用担心拼写或者语法上的小问题。如果觉得没什么可写的了，也可以重复之前写过的内容。你可以反复写同一件事，也可以每天写不同的内容。

（4）关于书写的频率和时间。你可以每天至少书写15分钟，连续写3～4天或者每周固定一天，连续写上几周。

（二）帮助学生调整好应试作息

研究发现，在冲刺阶段，学生的作息时间安排是否科学合理也会对考试成绩有较大影响。但是，临近考试，有些学生可能会因为时间紧迫开夜车备考，或者把自己的学习几乎"塞"得满满当当，导致学"木"了。实际上，这样的时间安排并不利于复习备考。真正的高手，都会科学合理地安排冲刺阶段的学习时间。那么，我们应该怎样和家长一起，帮助学生科学合理地安排学习时间呢？

第一，合理安排运动时间。科学研究发现，适量的运动不仅有助于缓解学生的紧张、焦虑情绪，还可以增强学生体质，提高学习效率。在冲刺阶段，有些学校为了抓学生的学习，可能不安排体育课，或者即使安排体育课，课时也明显不足。这其实并不利于学生复习备考。因此，从学校角度来看，我们应该尽量不侵占学生体育锻炼的时间，让学生上好体育课。此外，我们还可以指导家长适当督促学生加强体育锻炼。

需要注意的是，作为即将参加中高考的学生来说，选择什么样的体育运动也是有讲究的。此时，我们应该建议学生尽量选择一些低负荷、危险系数较小的运动，如散步、慢跑、打羽毛球、乒乓球、踢毽子等。运动时间以30～45分钟为宜。一般来说，我们不建议冲刺阶段的学生参加长时间、剧烈的体育运动，因为这样容易造成身体受伤，同时消耗较大，影响学习精力。

第二，合理安排各学科的学习、复习时间。在冲刺阶段，作为教师，尤其是班主任要注意协调各科教师之间的工作，做到时间上统一步调，统一安排。任课教师要有大局观，不要只顾为自己的学科抢时间，要注意把握本学科中高考命题的规律，加强备课，精选习题，减轻学生负担，提高课堂效率。

此外，我们还可以协同家长，指导学生根据自己的实际情况，制订一个符合自己需求的考前学习计划或者考前复习计划。在这个学习计划中，可以重点针对"偏科"问题，解决弱科知识，做好查漏补缺，在查漏补缺中逐渐增强学生的考试信心。

第三，合理安排睡眠时间。长时间睡眠不足容易造成免疫力低下，注意力不集中，学习效率低下，长此以往甚至可能引发神经衰弱、神经性头痛和植物神经紊乱等。因此，对于即将参加中高考的学生来说，睡眠时间不足对复习、备考是非常不利的，对身体伤害也很大。只有高质量的睡眠，才能保证考生有足够的精力应付每天繁重的复习任务。如果睡眠不能保质保量，第二天的精神状态肯定不好，复习效果也会大打折扣。

一般来说，一个成年人每天的睡眠时间大约为8小时。作为即将参加中高考的学生来说，最好能够保证每天8小时睡眠时间，或者至少应该保证每天6～7小时的睡眠时间。如果晚上的睡眠时间不够，还可以利用中午午饭后的时间"小憩"一会儿，以便恢复精力，保证下午的学习效率。不过，每个人的身体素质不一样，具体睡眠时间也因人而异。只要学生第二天醒来之后不感觉疲劳，那就说明他们的睡眠已经足够。

知识链接

利用考前48小时，帮助孩子把身心状态调整到最佳

1. 督促孩子按计划的高考作息时间起床，比如6:50、7:00起床，然后可以听一些轻缓的音乐，适量做一些慢跑、跳绳等有氧运动，把身体和大脑唤醒。

2. 在正式考试的时间段（高考是上午9:00-11:30、下午15:00-17:30），根据考试节奏做一套难度不大的模拟试题，可以帮助大脑在这个时间段集中注意力。

3. 中午安排大约1小时的午休，不要进入深度睡眠，可以冥想放松身体、或10-20分钟小睡。

4. 晚饭后不适合再开展高难度、高强度的学习。可以让孩子阅读喜欢的书籍、看轻松的电影，调节大脑。睡前可以花10-20分钟做一套冥想放松，反思、回顾一天的学习，肯定

自己的进步，鼓励自己克服遇到的困难；然后在脑海中冥想曾经的快乐时光、或者森林海滩等静谧的环境，让大脑彻底进入放松阶段，同时调整心态，给自己积极暗示，为马上到来的大考做好准备。

5. 考前48小时，全家都可以配合这个时间点调整作息和生活节奏，尽量以充沛的精力和放松的心态一起迎接大考。

第四，加强营养，均衡饮食。现代营养学发现，学生的智力、精力和营养是密切相关的。因此，我们需要与家长一起配合好，尽可能为学生创造一个良好的生活条件，使学生有健康的体魄、旺盛的精力，保持好考前的最佳竞技状态。那么，我们应该如何帮助学生过好营养关呢？

首先要养成良好的就餐习惯，保证三餐吃饱吃好。人体的六大营养素：碳水化合物、蛋白质、脂肪、维生素、微量元素、水。每一样元素对于人体来说，都是不可或缺的。考前，学生应该保证三顿正餐补充这些主要的营养物质。有的学生因为作业繁重，喜欢边吃饭边做题，这些做法都是非常不可取的。因为它影响了营养的摄入，久而久之，还容易造成胃肠的疾病。

其次可以有适当的加餐。课间休息时，学生也可以考虑适当加餐。可以吃一些水果，如苹果营养丰富助消化，香蕉营养丰富还能缓解紧张情绪，番茄富含维生素C可增强抵抗力，都是不错的选择。此外，还可以选择吃一些坚果，如核桃、松子、花生、芝麻，这些食物富含补脑的营养元素，对考生来说，都是非常好的食补材料，给劳累的大脑及时充电。

最后要注意慎重选择营养补剂。有些学生和家长习惯在考前服用一些营养品，希望能够消除疲劳，考试时顺利发挥。现在市场上的营养补剂种类繁多，良莠不齐。建议考生慎重选择营养品，如果没有必要就不要服用营养补剂。如果确有需要的，则应咨询营养师或者医师，在他们指导下服用，确保安全。

 **案例分享**

会上瘾的"聪明药"①

　　田静第一次吞下那片"聪明药"时，并没什么特殊感受。妈妈对她说这是"聪明药"，能提升她的学习状态。想了想不断下滑的成绩，她就混着水把药片吞了下去。然而，最初她只是每天早晨上学前吃一片，两三个月后，服药量就变成了每天两片、三片。但这时，田静感觉自己的课堂专注度提高了，服药两个多月后的那次月考，她还考进了班级前十。

　　但服药后，田静就开始掉发、失眠，妈妈发现异常后让她停了药，但停药后的她开始头疼、恶心，浑身上下说不出的难受，课又听不进去了，看书、做题也不行。于是，她想要说服妈妈让自己重新吃药，遭到拒绝后，自己又忍不住到网上找药、买药。结果她买到的药和以往不同，并在服药后出现头疼、恶心等以往没有过的症状。渐渐地，她彻底离不开新欢的小药片了，服药量也不断增多，高考前一个月左右稳定在每天四片，高考当天直接吃了五片。

　　高考结束后，妈妈带田静去医院检查，结果发现她买的的"聪明药"和妈妈买给她的不一样，主要成分是亚甲双氧甲基安非他命，俗称摇头丸，于是开始了漫长的治疗、戒断之路。

　　"聪明药"的主要成分是哌醋甲酯，常见商品名包括利他林、专注达等，它其实是一种中枢神经系统兴奋剂，在药效内，服用者的注意力提升、疲劳感下降，但在大剂量服用时可能成瘾。在中国，哌醋甲酯被卫生行政部门列入第一类精神药品名单，是严格的处方药。因此，家长不要盲目相信"聪明药"，抱着提升孩子学习成绩的初衷，却让孩子成为了"瘾君子"。

---

① 庞礴，实习生，齐鑫. 会上瘾的"聪明药". 新京报［N］. 2019-02-20（A12）.

（三）帮助学生掌握必要的应试技巧

最后，在冲刺阶段帮助学生掌握一些必要的应试技巧也十分重要。具体来说，我们可以和家长一起帮助学生做好以下准备：

第一，帮助学生提前做好考试准备。考试前，我们需要帮助学生了解考试的时间、地点、规定携带的物品等，并提前做好准备，而不是等到考试当天或者考试前一天晚上才开始准备。在考试的前两天，我们可以在规定时间内，带领学生提前去考场探路，熟悉一下考试环境。我们还可以指导家长帮助学生准备好考试规定的文具，并且提前试用一下这些文具是否好用。如果可以的话，尽量不要使用全新的文具，以免在考场上出现意外。为了保险起见，文具也可以多准备一份。

第二，帮助学生掌握必要的考试技巧。具体来说，我们可以和家长一起帮助学生掌握以下考试技巧：

（1）审题技能。审题要冷静，要充分考虑题目中的条件，总体把握材料，还要善于把握关键点。发下试卷之后，应将试卷大体看一遍，初步了解题量以及各题的难度情况，以便分清轻重缓急，掌握好答题时间。

（2）解题技能。解题时要细心，要做到要点明确、思路清晰、层次分明、分析到位。做题的时候要"先易后难"，遇到难题答不出来的时候，先跳过，保证简单的题目做对、做完，再逐一攻克难题。对于实在不会做的题目，例如数学题最后的大题，那就能破解多少就写多少，能做到哪一步就写出哪一步，哪怕把自己觉得可能用得上的公式写上去都行，总之不要留白。

（3）书写工整，语言规范。尽量做到书写速度快、卷面净、字体美，语言要规范、精练、准确。

第三，帮助学生掌握一定的考场心态调节技巧。在考试前，为了保持心态平静，可以在发试卷前的10分钟不要讲话，闭目做几次深呼吸，排除一切杂念。在考试过程中，为了避免心态失衡，不要"跟一道题死磕"，尤其是那些平时在生活中就比较容易急躁、较真的学生。另外，考试中也不要和别人"攀比"，要保持自己的节奏。比如身边有人翻卷子时，不一定是别人做得快，可能是不知道怎么做。在考试后，不要关心考过的内容，不要和同学对答案，特别是当后面还有考试时，应将已考过的科目暂时抛开。对答案可以等全部考完、官方公布了全部学科的答案之后再进行。只有这样，才能保持平静的心情，避免出现焦虑。

最后，我们还可以提前教学生一些在考试过程中放松身体的方法。如果在考场上感到紧张，就可以随时采用这些放松方法，让自己平静下来，比如深呼吸、肌肉放松等。

知识链接

考场上的放松技巧

如果学生在考场上遇到了难题，心情开始紧张，出现"怯场"心理时，可以运用以下技巧进行自我调节。具体步骤如下：

（1）先自我暗示：微闭双眼，身体坐正，双手放在膝盖上，对自己说："不要紧张，我应该放松。"反复3~4遍。

（2）然后深呼吸：全身放松，双手放在膝盖上，慢慢地深呼吸，同时默念"吸——"，然后慢慢地呼气，默念"呼——"，这样反复地多做几次，一分钟约6~8次，大约1~2分钟后自己会感到呼吸、心跳恢复正常。

（3）最后再自我暗示：默念"现在一切正常，我一定能成功"3~4遍。

二、如何指导家长帮助学生做好冲刺阶段的准备

在冲刺阶段，我们除了从学校层面合理安排教育、教学计划，组织学生考前专题培训活动，如考前学生心理减压讲座、考前学生心理团体辅导等之外，还需要加强与

家长的沟通交流，以及对家长的指导，让家长和我们一起助力学生做好冲刺阶段的准备。那么，我们可以通过哪些途径开展与家长的合作呢？

（一）开好考前家长会

为了营造和谐的冲刺阶段备考氛围，加强家校协作，形成家校合力，我们可以组织临考前的家长会，包括临考前年级家长会和班级家长会。

年级家长会可以重点围绕以下内容开展：第一，向家长汇报学校中高考备考情况，包括学生参加了哪些训练，学校组织了哪些学生活动等，增进家长对学校整体备考情况的了解；第二，向家长说明，冲刺阶段家校合作的必要性和重要性，共同商讨临考前学生教育和管理的关键问题；第三，提出对家长的希望，并指导家长在临考前具体需要做好哪些工作，如何科学陪伴孩子迎考，比如"家长要对孩子充满信心，多鼓励孩子"，"不要随便改变孩子的学习、饮食、睡眠等节奏"，"家长要控制好自己的情绪，不要过度关心"等。

🔒 **工具箱**

临考前年级家长会内容（示例）

针对临考前学生存在的紧张、焦虑情绪，我们可以通过线上或线下的方式举办主题为"消除考前焦虑，建立家庭温馨心灵港湾"的考前年级家长会。家长会可以包含以下内容：

1. 面对考试，学生和家长在焦虑什么？
2. 家长和孩子的焦虑情绪如何消除？
3. 科学有效的ABCD四步陪伴法，助力孩子考试。
4. 充足、科学的考前准备，营造温馨的家庭环境。

临考前的班级家长会可以由班主任、科任教师和学生一起参加。相对而言，班级家长会参与人员要少很多，因此可以针对本班实际情况，适当增加交流、互动环节。例如，可以邀请学生分享自己临考前真实的内心感受和需求，了解学生希望从哪些方面得到家长的帮助。我们也可以邀请优秀家长分享自己的陪考经验。最后，我们还可以邀请不同学科的任课教师来给学生和家长提出一些实用的建议。

（二）开好考前家长辅导讲座

我们还可以为家长邀请专家举办专题辅导讲座，对家长进行全方位的指导。根据学生和家长的真实需求，我们可以有针对性地邀请不同领域的专家为家长举办讲座。例如，我们可以邀请营养学专家，为冲刺阶段的家长举办主题为《营养专家助力考前冲刺》的讲座，帮助家长学习如何合理搭配饮食，助力学生中高考。针对学生考前情绪紧张、心理压力大的情况，我们可以邀请专业的心理健康教师或心理咨询师指导家长从家庭角度帮助学生减压。此外，我们还可以邀请学科教师，或者有经验的班主任来指导家长，在冲刺阶段应该怎样帮助学生做好应考准备，掌握必备的应考技巧。

（三）发放考前家长指导手册

除了举办临考前家长会、家长辅导专题讲座之外，我们还可以通过给家长发放"中高考考前指南""中高考考前家长手册"等宣传资料加强对家长的指导。与家长会和家长讲座相比，发放家长指导手册的好处在于，家长可以随时翻阅，多次重复学习。

一般来说，中高考考前家长指导手册可以包括如下内容：一是考前家长如何帮助学生调整好作息和饮食；二是考前家长如何帮助学生调节心理，比如"考前家长不该说什么"，如何回答孩子"如果我考不好怎么办"等问题；三是家长如何帮助学生准备好考前用品，比如哪些东西必须带，哪些不能带，哪些需要多准备一些等；四是一些突发问题的应对，比如"考试期间孩子生病了怎么办"，"学生头场考试考砸了怎么办"。

我们可以在备考期间组织专业的心理健康教师、优秀班主任、校外营养学专家等多领域专家共同编写中/高考考前家长指导手册。

第 4 节　家校共助学生顺利度过中高考考后时光

中高考结束后，大部分家长可能会觉得突然"松了一口气"，认为"我的任务终于完成了"，于是不再管孩子，导致这些"准高中生"或"准大学生"们考完之后就彻底放飞自我，处于"玩玩玩"的状态。还有一部分家长可能会担心孩子考不上理想的高中或者大学，特别关心孩子的考试成绩，使整个家庭陷入等待"宣判"的紧张、焦灼的气氛中，导致孩子心理压力巨大，甚至可能导致孩子因为预估的考试成绩不理想而精神崩溃。

其实，中高考结束后一直到上高中或者大学前这段时间，对于学生来说都是非常关键的。因为中高考虽然结束了，但是围绕中高考的很多事情并没有结束，甚至才刚刚开始。我们有必要和家长一起，帮助学生正确对待中高考考试成绩，调整好考后心态；思考未来的人生道路，做好填报中高考志愿的准备；合理规划暑期生活，为适应高中或大学新生活做好入学准备，或者为走入职场做好职业准备等。

一、帮助学生做好考后心理调适

中高考结束后，突然从紧张的复习备考状态进入松弛的考后状态，学生可能会出现一些心理上的不适应，比如觉得茫然不知所措，无所事事等。另外，由于不能理性接受考试成绩，学生也可能会出现紧张焦虑、悔恨不已的心理状态，甚至导致"轻生""自暴自弃"的后果。因此，中高考结束后，帮助学生做好考后心理调适依然非常重要。

（一）要及时开展考后学生心理辅导

中高考虽然结束了，但是我们的工作并未完全结束。此时，我们如果忽视了学生考后心理辅导工作，尤其是考试发挥不理想学生的心理辅导，就可能造成不可挽回的后果。因此，作为教师，我们要及时开展考后学生心理辅导工作。

第一，我们可以在考后或者考试成绩发布后，"第一时间"通过心理健康筛查、电话、微信、家访等方式，全面了解学生的心理健康状况，以便及时对学生的心理问题进行疏导。

第二，在心理健康筛查的基础上，我们可以充分利用学生返校的时间（如发放毕业证书、组织志愿填报等），组织校内外专业的心理健康教师或心理咨询专家，召开全年级学生大会，对学生进行专业的、有针对性的心理辅导，帮助学生正确认识中高考成绩，客观面对考试结果，丰富暑假生活，缓解各种可能出现的考后异常心理，平稳度过中高考考后时光。

第三，我们可以建立考后学生心理问题长效跟踪反馈机制。一方面，我们需要加强宣传工作，比如利用学校微信公众号等，及时向学生和家长推送有关考后心理调适的文章。另一方面，我们可以建立学校心理援助热线，并尽快公布给全体学生和家长，以便有心理问题的学生可以及时寻求帮助。对于在考后心理健康筛查中高风险的学生，我们要定期跟踪，有必要时可以请专业的心理健康工作者介入。

 **案例分享**

高考后心理调适指南①

在不少人眼中，高考结束意味着"解放"。其实，对于还要经历查分、填报志愿、等待录取通知书的考生们而言，他们在高考后要面临的心理考验并不弱于考前，很可能会出现心理、行为或情绪上的"适应性障碍"。考生和家长要客观对待高考结果，调节好考后的生活和心理状态。

对于考试成绩不理想的考生而言，可尝试通过在阳光下运动，沉浸在公园、花园、森林等自然环境中，或是采用深呼吸、肌肉放松、冥想和瑜伽等简单的做法来自行缓解情绪。此外，一些团队运动能增加人际互动，也有助于避免考生出现焦虑感。

对于成绩较为理想的考生而言，应注意避免陷入长期的精神亢奋与激动，及时调整回正常生活轨道，专注于现实生活，为即将开始的大学生活做好规划。

对于那些考后感到空虚、无聊的考生而言，要尽量树立新的目标，将注意力转移到新的事物上，并从中找到自我价值感。

家长在孩子高考之后也扮演着重要的角色。一方面，家长要保持自身情绪稳定，同时避免过分敏感地去探索孩子的情绪和行为，给孩子造成额外的压力。另一方面，家长要引导考生建立"上、中、下"三策的心理保障，即让孩子知道考的特别好、中等、很差分别应该怎样，多重的应对方案有助于孩子稳定心理状态。家长需要让孩子感受到，即便没有取得好成绩，家长也不会因此嫌弃自己。

如果考生无法通过自我调节回归平稳状态，持续一段时间出现情绪低落、不愿交流、食欲不振、睡眠障碍、兴趣丧失等状态，就需要寻求专业的心理帮助，让心理咨询师或医生来帮助自己缓解压力，以在未来更加积极、顺利、独立地参与社会生活。

---

① 岳佳仪. 这份心理调适指南，送给高考后的你们 [N]. 光明日报，2023-06-24（05）.

高考只是通向未来的第一站，风景一直在路上。希望所有的考生都能带着一颗勇敢、乐观的心，向未来再出发！

（二）要指导家长帮助学生做好考后心理调适

我们还需要高度重视家长对学生考后心态的影响，并通过召开考后家长会、给家长的一封信等多种途径，引导家长做好自身心理调适，并帮助学生做好心理调适。具体来说，我们需要做好以下几方面工作。

1. 指导家长首先调整好自己的心态

对于学生而言，中高考成绩出来后，最难过的一关就是"家长关"，尤其是对于考试成绩不理想、发挥失常的考生而言。一般来说，中高考发挥失常，大多数学生都会有愧疚、悔恨、失望甚至绝望等心理。这时，如果家长再"火上浇油"，责备或者埋怨学生不努力等，那么就会让学生本就难受至极的心痛上加痛，甚至生出自暴自弃的念头来。因此，中高考结束后，无论学生考得怎么样，家长首先要做到的就是"淡定"。家长要放平心态，理性对待孩子的中高考成绩。

具体来说就是，如果孩子考试发挥正常，分数与自己的期望值比较接近，那么家长就应该表示"知足"，并肯定孩子的努力，而不是告诉孩子"你要是再努力一点就可以考一个更好的学校了"。如果孩子超常发挥了，比平时考得还要好，那么家长在表扬和祝贺孩子的同时，也需要注意不要过于放纵孩子，让孩子误认为"考得好就可以为所欲为"或者"考得好就可以彻底放松"等。最重要的是，如果孩子考试成绩不理想，实际分数比预估分数要低很多时，家长尤其需要注意调整好失望心态，心平气和地理解和包容孩子，而不是指责孩子，避免加重孩子的心理压力。

2. 帮助家长了解中高考后学生常见心理问题

除了帮助家长调整好自己的心态之外，我们还需要帮助家长了解中高考后学生容易出现哪些心理问题，以便家长有效识别学生可能存在的心理问题，及时进行干预。

一般来说，对于刚刚经历完中高考的学生而言，骤然从"高度紧张"的状态转换成"极度放松"的状态，比较容易出现以下几种类型的心理：

一是"彻底放纵型"心理。有些学生可能会觉得考试结束后应该彻底放松一下，以补偿自己长时间复习备考的辛苦付出。于是，彻底放飞自我，连续睡好几天，连续玩游戏，整日沉迷网络世界或者整日和同学聚会等，生活毫无规律，放纵无节制。这种生活持续一两天能理解，但如果一直这样就会"易放难收"，导致学生沉迷放纵，完全不为后续的学习和生活做准备。

二是"迷茫失落型"心理。有些学生因为长时间受到学习压力的影响，考试结束后会出现一种"无所适从"的感觉，觉得长期以来的奋斗目标忽然间消失了，不知道该做些什么，也找不到自己的方向，做什么都觉得没意思。

三是"紧张焦虑型"心理。有些学生在等待分数、等待录取的过程中，倍感煎熬，吃不好睡不好，总担心自己的考试成绩不理想，或者无法被理想的学校录取。有些严重的学生甚至还会出现失眠、多梦等问题。

四是"悔恨回避型"心理。有些学生因为在考试中没有发挥出正常水平，考试成绩没有达到自己、家人和老师的预期，觉得非常羞愧，对不起大家，情绪低落，打不起精神，甚至不愿意见人。有些严重的学生还可能出现抑郁情绪，甚至自残、自杀行为。

3. 帮助家长掌握中高考后学生心理调适的方法

最后，我们还需要帮助家长了解如何帮助孩子做好考后心理调适，帮助他们掌握一些具体的心理调适方法，让家长明白自己该做什么，不该做什么。具体来说，家长可以从以下几个方面入手，帮助孩子做好考后心理调适。

第一，帮助孩子适度放松心情，保持良好的生活习惯。考试结束后，适度的放松是有必要的。在分数还没有出来期间，家长要发挥好"避风港"的作用，营造宽松和谐的家庭氛围，不要急于让孩子估算考试分数，也不要追问孩子"考得怎么样"，更不要指责孩子。家长可以安排一些全家参与的文体活动，或者给孩子几天时间让孩子通过睡觉、运动、看电影、和同学逛街等多种方式去放松一下心情。如果条件允许，家长还可以带孩子一起外出旅游，帮助孩子释放压力。

不过，需要注意的是，考后的放松并不是"放纵"。在允许孩子放松的同时，家长也应该提醒孩子注意劳逸结合、保持规律的作息和有序的生活，不要暴饮暴食，晨昏颠倒，毫无节制地玩。因此，家长不能从原来对孩子的"严格管理"变为"完全不管不问"。

另外，如果家长发现孩子出现情绪异常，或者生活陷入失控状态，应积极寻求老师或者专业心理健康工作者的帮助。

第二，帮助孩子接受考试结果，理性面对现实。当考试成绩出来后，家长需要帮助孩子正确对待考试结果，理想面对现实，尤其是在孩子考试成绩不理想的情况下。家长可以帮助孩子认识到"既然是考试，就有成功也有失败"，"中高考的失败并不意味着整个人生的失败"，"考试成绩是受知识积累、心理素质、临场发挥等多方面因素影响的，没有考好并不意味着没有努力"，"无论成功还是失败，都已经成为过去，悔恨、内疚都无法改变结果，唯有珍惜当下，做好自己目前能做的事"，"失败也是人生的一笔宝贵财富，我们应该以更长远的目光看待中高考结果"等。最重要的是，家长要让孩子感受到"无论考试结果如何，父母对自己的爱是没有改变的"。

此外，家长还可以鼓励孩子多和同学或者自己信任的人交流，通过适当自我暴露的方式来宣泄内心的负面情绪。

二、帮助学生做好填报志愿的准备

中高考结束后，很多家长都觉得自己的任务已经完成了，可以"下岗了"，但其实他们还面临着一个非常严峻的考验——辅助孩子填报志愿，尤其是对于高三学生家长而言。对于初三学生来说，他们也面临着中考分流的问题，到底是选择普通高中还是职业高中，也是一项重要的抉择。如果志愿填报失误，学生可能会面临"被退档"或者"滑档"的问题，也可能会面临选择了不理想的专业或大学，最终导致对所学专业不感兴趣，不得不退学、换专业或者就业困难等多种问题。

因此，中高考结束后，我们还需要邀请校内外专家举办志愿填报专题家长讲座，或者开设专题家长课堂等，指导家长如何帮助学生填报好志愿，如何选择自己喜欢且适合的人生道路。具体来说，我们可以从以下几个方面对家长进行指导。

（一）帮助家长认识到他们在孩子志愿填报中的重要性

有些家长认为，指导孩子填报志愿这件事情应该是学校和老师的职责，似乎和自己没有多大关系，并且自己也没有能力做好这件事情，因此对于孩子将来选择什么学校、什么专业很少关心。其实，这是对于学生志愿填报的严重误解。尽管学校和老师在学生志愿填报方面有重要的引导作用，比如为学生提供一些普适性的、政策层面的知识和信息等，但是由于时间精力有限，我们没有办法针对每一位学生的个体情况一一进行细节性的指导。相对教师而言，家长在学生的志愿填报中有着更重要的作用，他们才是孩子志愿填报真正的"军师"。因此，我们首先需要帮助家长认识到这一点，让他们成为协助孩子完成志愿填报的主要力量。

具体来说，家长至少可以在孩子志愿填报中充当三个角色：一是积极聆听者，家长应该认真聆听孩子对于未来的畅想，鼓励孩子主动思考"我喜欢什么专业"，"我适合什么类型的学校"，"我未来想成为什么样的人"等问题；二是探索引导者，家长应该引导和鼓励孩子积极探索自己的兴趣所在，收集填报志愿所需的政策信息、专业信息、大学信息、行业信息等；三是资源支持者，家长在孩子有需要的时候，可以给予一些资源支持，比如帮助孩子寻找合适的访谈对象，提供一些岗位参观体验的机会，或者带孩子去参观游览他心仪的大学和城市等。

（二）帮助家长了解和掌握志愿填报的基本知识和方法

接下来，我们还需要帮助家长了解和掌握一些关于志愿填报的基本知识和具体方法。以高三学生填报高考志愿为例：

首先，我们需要帮助家长了解高校招生和录取的一般流程，以及不同志愿填报的基本原则等，避免"高分落榜"。高校招生和录取一般包括"确定批次线→填报志愿→院校调档→院校录取"几个流程；平行志愿录取时按照"分数优先，遵循志愿"的原则进行投档，而顺序志愿遵循的是志愿优先的原则，按"志愿+分数"的原则投档。

其次，我们需要指导家长帮助学生选择合适的院校和专业。家长可以和孩子一起根据孩子的高考成绩和省内分数排名，并结合各学校的历年分数线，筛选出孩子成绩能够报考的院校，包括能很稳妥进入的学校，根据往年录取线比较有把握的学校，以及有机会冲一冲但录取机会比较小的好学校。然后对不同类型的院校做进一步的了解，包括了解目标院校的招生章程、招生政策、专业分配方式、特殊类招生录取规定、学费标准、身体受限条件、单科成绩要求等，确定孩子是否满足相关要求。有条件的家长还可以带孩子去心仪的学校实地参观考察校园环境、办学条件，感受大学的氛围，了解真实的大学生活是怎样的，从而让孩子结合自己的喜好来缩小院校选择范围。

此外，我们还可以指导家长通过人物访谈的方式，帮助孩子选择合适的院校和专业。如果孩子对某个院校或者专业感兴趣，家长就可以利用身边亲朋好友的资源，找到一位曾经就读于该校该专业的目标人物，了解这所院校的实际情况，以及这个专业的教学情况和就业情况等。

（三）指导家长为孩子找好"退路"

假如孩子在中高考中发挥失利，我们还可以指导家长为孩子找好"退路"。一是选择"复读"。家长可以提前了解和联系关于孩子复读的事情，并最终遵循孩子的意愿决定是否选择复读。二是选择出国留学。对于家境较好的学生来说，可以选择出国留学。三是选择职业院校或专科院校。如果学生考试成绩不理想，也不愿意选择复读，家庭也没有能力选择出国的话，那么就可以考虑选择一所合适的、就业前景好的职业院校或专科院校。

在这里，特别值得注意的是，我们需要帮助家长正确认识职业院校和专科院校，改变部分家长认为"读职高都是没前途的"或者"专科读出来也没什么用"等偏见。

三、帮助学生做好升学准备

中高考结束了，对于学生来说这并不意味着求学之路的结束，反而是一段新旅程的开始。对于初三毕业生而言，他们可能面临着要开始全新的高中生活；对于高三毕业生而言，他们可能面临着要开启全新的大学生活。为了使学生更好地适应高中或者大学生活，我们还需要帮助他们在暑假期间做好升学准备。

对于初中生而言，我们可以指导家长通过与老师或者高中在校生交流，查阅高中学校网站，走访高中学校等多种方式，提前了解高中学习各阶段的要求，以及高中生活是怎样的。另外，由于高中的学习节奏、学习方法以及老师讲课的方式等都会与以前有很大不同，我们还可以指导家长帮助学生做好高中入学准备，比如培养自主学习习惯，巩固初中知识，提前预习高中课程，了解高中学习的重难点等。

对于高中生而言，我们可以指导家长通过查看报考指南、大学官方网站、实地走访大学校园、采访大学生等多种方式，提前了解大学生活以及大学对学习的要求等。由于升入大学后，无论学习方式还是生活方式都将发生很大变化，我们可以提前帮助高中生做好大学入学准备。我们可以指导家长鼓励高中毕业生多做一些有意义的事情，多接触社会，比如自己买菜做饭，独自旅行，学车，参与社会公益活动等。为了让暑假过得更充实，还可以制订一个暑假计划，提前为成为一名合格的大学生做好准备。

🔗 知识链接

高中生暑假生活计划

对于高中毕业生而言，可以利用暑假的时间，做以下有意义的事情，提高自己的获得感与成就感：

（1）回顾高中生活，写写回忆录，甚至写写小说，把中学留给你的种种印记进行梳理，这将是一生宝贵的财富。

（2）享受阅读，沉浸在高考过后没有压力静心读书的快乐之中，这是一种美好而难得的体验。

（3）提高家务技能，为大学生活攒下技能点，如学着为家人做饭，定个小目标，学会做三样特色菜，6月到8月，每月学一样，多次实践，争取成为你的招牌菜。

（4）尝试做一点公益活动，帮助周围需要帮助的人。可以自己联系社会福利机构去做志愿服务。

（5）学一项新的技能，如摄影、绘画、乐器、驾车等，这些能会让你的生活变得更加丰富和有趣。

（6）开展实践活动，探索外部世界，有机会的话，到一些公司或企业实习，积累社会经验的同时，说不定还能为自己赚到一些零花钱呢。